August Maurus Feierabend

Geschichte der eidgenössischen Schützenfeste

August Maurus Feierabend

Geschichte der eidgenössischen Schützenfeste

ISBN/EAN: 9783743430082

Hergestellt in Europa, USA, Kanada, Australien, Japan

Cover: Foto ©ninafisch / pixelio.de

Weitere Bücher finden Sie auf **www.hansebooks.com**

Geschichte

der

eidgenössischen Schützenfeste

von

Gründung derselben im Juni 1824 in Aarau

bis und mit der

Jubelfeier im Juli 1874 in St. Gallen

nebst

geschichtlicher Einleitung über das schweizerische Schützen=
wesen früherer Jahrhunderte,

geschildert von

M. August Feierabend.

---◆---

Aarau, 1875.

Druck und Verlag von H. R. Sauerländer.

M. August Feierabend,

Geschichte der eidgen. Schützenfeste.

Eidgenossen, beharret ewig in enger Verbindung im Krieg und Frieden durch vaterländische Sitten und Freuden gemeinschaftlicher Feste Eine Nation wie Eine Familie.

Johannes Müller.

Dem eidgenössischen Schützenbunde

und

seinen gleichgesinnten Freunden

geweiht

vom

Verfasser.

Vorwort.

Bei Anlaß der fünfzigjährigen Jubelfeier des eidgenössischen Schützenbundes in St. Gallen im Juli 1874 kamen von Schützen und Schützenfreunden im In- und Ausland, besonders aber über den Ozean herüber von den vielen in's Leben gerufenen schweizerischen Schützenvereinen in allen Welttheilen zahlreiche Nachfragen nach der im Jahr 1844 gedruckten Geschichte der eidgenössischen Freischießen von August Feierabend, Arzt in Hochdorf.

Da das zur Zeit günstig besprochene Werk längst im Buchhandel vergriffen ist, so kam der Verfasser zu dem Entschlusse, als zweite, vollständig umgearbeitete Auflage eine vollständige Geschichte des schweizerischen Schützenbundes seit seiner Gründung in Aarau im Juni 1824 bis und mit der Jubelfeier desselben im Juli 1874 in St. Gallen zu schreiben und mit dieser Säkularschrift eine fühlbare Lücke in unserer vaterländischen Geschichtschreibung auszufüllen.

Das eidgenössische Centralkomité des schweizerischen Schützenbundes in St. Gallen, mit dem der Verfasser sich in's Einvernehmen setzte, begrüßte das Unternehmen als ganz zeitgemäß und versprach demselben seine thatkräftige Unterstützung. Das ist die Ursache, warum dieses Geschichtswerk als Abschluß des ersten halben Jahrhunderts des eidgenössischen Schützenbundes erscheint. Dasselbe bietet ein klares Bild von dem Ringen des Schweizervolkes in Waffen nach dem unter großen Mühen und Anstrengungen endlich glücklich erkämpften neuen Bunde der Eidgenossen.

Möge nun das Buch den Wünschen und Erwartungen eines großen Theiles der Schweizerschützen und Schützenfreunde diesseits und jenseits des Ozeans entsprechen und bei ihnen eine wohlwollende und befriedigende Aufnahme finden!

Das ist für den Verfasser der beste Lohn für alle Mühe und Arbeit und dann wird er für sein Thun auch froh werden.

Luzern, Weihnachten 1874.

Der Verfasser.

Erster Abschnitt.

Geschichtliche Einleitung.

Das Schützenwesen unserer Väter in frühern Jahrhunderten.

Mit richtigem Naturgefühl haben unsere wehrhaften Vorfahren zu allen Zeiten mit der Liebe zu ihrer Freiheit und Unabhängigkeit auch die frohe Waffenlust verbunden. Von jeher war die blanke Waffe des Schweizers Stolz und Zier; ihre Entziehung aber, das Ehr- und Gewehrloswerden, seine größte Schande. Wer in heißer Freiheitsschlacht mit Muth und Kraft die Waffen zu führen wußte, der war von unsern Vätern gepriesen und stand in hohen Ehren. Vor allen Waffen aber galt ihnen das sichere Geschoß mit seiner geheimnißvollen in weiter Ferne wirkenden Macht, dessen eifrige Pflege ihnen sehr am Herzen lag. Darum wurde auch der rasche, thatkräftige Schütze, der

„Sein ganzes Leben lang den Bogen
„Gehandhabt und sich geübt nach Schützenregel:
„Der oft geschossen in das Schwarze,
„Und manchen schönen Preis sich heimgebracht
„Vom Freudenschießen;
„Der sicher den Vogel zu treffen wußte
„In der Luft, und auch nicht fehlte
„Das Haupt des Kindes: nicht fehlte
„Auf das Herz des Todfeindes, der ihn
„Wollt' verderben," (Schiller.)

darum wurde Wilhelm Tell der Lieblingsheld des Schweizervolkes, das sich selben durch keine grübelnden Geschichtskriteler je aus dem Herzen herausreißen läßt.

Schon früh war die edle Schützenkunst bei Alt und Jung heimisch zu Berg und Thal im freien Schweizerlande. Städte Dörfer hatten ihre freien Plätze, wo die Knaben unter Anleitung von Erwachsenen, die ihnen als Vorgesetzte gegeben waren, sich mit der Armbrust übten, um nach der Lehmscheibe („Tätsch") zu schießen und im Wettlauf, Ringen, Steinstoßen und Reiten die junge Kraft zu erproben. Die erwachsenen, waffenfähigen Bürger traten in Schützengilden zusammen. So bildeten sich schon zu Ende des vierzehnten Jahrhunderts in Zürich und Luzern die dortigen Zünfte zum Schützen.

Aus der Schützenzunft in Zürich gestaltete sich zur Zeit des traurigen Zürcherkrieges, die reckenhafte Gesellschaft der Böcke. In Luzern dagegen erhielt die dortige Schützenzunft schon im Jahre 1427 ihre an Vorrechten reiche Schützenordnung, nach der jeder fromme Biedermann, der von der Mehrzahl der Gesellen zum Mitgliede der Zunft aufgenommen war, in seiner Wohnung sein eigenes Gewehr und Harnisch, auch einen Feuereimer haben und der Zunft einen silbernen Becher von acht Loth Gewicht oder sechs Gulden, dann ein Tischtuch, ein Dutzend Teller und Handtücher nebst vier Maaß guten Weines bringen mußte. Der Zunft schenkte die Regierung schon frühe ein eigenes Haus mit Trinkstube und gab auf zehn Sonntage des Jahres immer einige Paar Hosen aus weißem und blauem Zeug und etliche Harnische zum Verschießen. Am letzten Donnerstag in der Fastnacht wehte die Zunftfahne lustig vor dem Fenster der Schützenstube. Zur Erinnerung an die Mordnacht warfen sich an diesem Tage die fröhlichen Gesellen der Schützenzunft in ihre blinkenden Harnische. Hoch auf ihren Helmen schwankte die stolze Pfauenfeder, das verhaßte Abzeichen der österreichischen Partei. Die Gesellen der Metzgerzunft, zum Angedenken, daß sie durch ihren Muth in der Mordnacht Freiheit und Leben ihrer Mitbürger gerettet, erschienen mit dem Abzeichen der Eidgenossen. Zur bestimmten Stunde und auf bestimmten Plätzen stießen unter großem Lärm die Gegner aufeinander, kämpften lang und freudig, trennten sich wieder, um auf's Neue zuletzt sogar im Nachen auf dem See aneinander zu gerathen. Abends endlich bei Fackelschein zogen zuletzt Sieger und Besiegte Arm in Arm durch die Stadt auf das Zunfthaus der Schützen, wo ein von der Regierung gegebener Schmaus, froher Scherz, Gesang und Tanz den langersehnten Freudentag beschlossen. Das war der sogenannte Landsknechtenumzug in Luzern.

War damit die Feier der Harnischschau verbunden, so erhielten die Schützen sechzig Doppelhacken zum Schießen aus dem Zeughaus. Die Stadtvenner, der Stadthauptmann und der Amtsschultheiß, welche besondere Tartschen tragen mußten, musterten dann beim Fackelschein Gewehre und Harnische und der nächtliche Zug durch die Stadt und die Kämpfe gewannen erhöhten Glanz.

Der regsame Sinn für Wehr und Waffen, der stetsfort den Vätern innegewohnt hat, ließ dieselben schnell die furchtbare Macht erkennen, der mit der Erfindung des Schießpulvers geboten war, und rasch und entschlossen mußten sie selbe für sich nutzbar zu machen. In den neapolitanischen Feldzügen und auf den Kampffeldern von Oberitalien hatten sie bei Stürmen und in den blutigen Feldschlachten den großen Vortheil der spanischen Hackenbüchsen klar erkannt. Ihre Einführung in die eidgenössischen Kriegsreihen wurde daher eifrig betrieben. Ueberall bildeten sich Gesellschaften von Feuerschützen. So in Bern die Gesellschaft der Reismusketenschützen, in Basel die Zunft der Feuerschützen, in Genf die Gesellschaft der Hackenbüchsen (pour l'exercice de l'arquebuse). Dieser regen Umgestaltung des Schützenwesens blieben die Obrigkeiten keineswegs fremd. Sie scheuten vielmehr keine Kosten, den Ihrigen auf bestimmten Schießstätten wöchentliche Gaben — meist Hosen, doch auch Geldgaben — zum Verschießen auszusetzen, ja selbst anerkannte Schützenmeister zur Einübung ihrer Schützen zu berufen und reichlich zu belohnen.[1]

Meistens bestunden nun die Stachel- oder Armbrustschützen neben jenen der Feuerschützen weiter fort. Die Erstern hatten in Basel ihr eigenes Stachelhaus am Ende des Petersplatzes mit dem Schießplatz längs der Stadtmauer.

---

[1] Schon zur Zeit der Sempacherschlacht beriefen die Zürcher den Schützenmeister von Straßburg, um ihre Jugend in der Schießkunst zu unterrichten. — Zwei Rittern, welche die treffliche Schießkunst lehrten, zahlte der Rath von Basel im Jahr 1473 die Summe von 69 Franken.

Sie übten sich alle Sonntage. Keiner konnte jährlich mehr als ein Paar Hosen gewinnen, die der Rath je nach Anzahl der Schützen aussetzte.² Der zweite Preis bestund in einem Ringli. Um Geld durfte nicht höher als vier Pfenning auf ein Spiel geschossen werden. Sie hatten ihr Fähnlein und wenn in Feuers- oder Feindesnoth gestürmt wurde, mußte Jeder mit seiner Armbrust zu seinem Fähnlein laufen und durfte ohne Wissen der Obern niemals davon weichen. Den Schützenmeistern stund während der Uebungen eine Art Gerichtsbarkeit zu, jedoch dem Rathe unbeschadet. Wer auf der Zielstatt zornsweise den Andern schlug, wurde nach der Schützenmeister Erkenntniß darum gebessert, und mußte ein Pfund Wachs geben. Das päpstliche Legat verlieh im Jahre 1477 den Schützen sogar einen Ablaßbrief, wonach die damaligen und zukünftigen Mitglieder an den Jahrzeittagen der Zunft und noch an vier andern Festtagen sich hundert Tage Ablaß von allen auferlegten Bußen durch den Gottesdienst bei den Augustinern erwerben konnten.

Den neuentstandenen Feuerschützen gab der Rath in Jahr 1466 auf Mittwoch vor Ostern eine Ordnung.³ Sie mußten schwören, mit den Büchsen gehorsam zu sein in allen Nöthen und an allen Enden, wohin sie geordnet würden, das Beste zu thun, auch die Kunst, die sie mit dem Schießen lernen werden, niemals gegen die Stadt Basel und die Ihrigen zu gebrauchen. Den Bürgern von den Zünften gab alsdann der Rath Jedem eine Handbüchse, wofür jedoch die Zunft gutstund. Dann erhielten sie jeden Sonntag, an denen geschossen wurde, zu drei Schüssen Klotz und Pulver und wöchentlich in den 6 Sommermonaten einen halben Gulden zu verschießen für die Hosen. Die Schützen wählten unter sich auf ein Jahr ihren Uertenmeister. Wer einen Sonntag die Hosen gewonnen hatte, der mußte den nächsten Sonntag bei den Zeigern Aufsicht halten. Wer die zweitbeste Gabe gewonnen hatte, mußte den Schützen anzünden. Wer aber die mindeste Gabe gewonnen, der mußte bei der Uerte sein und mit dem Knechte Brod und Wein besorgen. Je

---

² Im Jahre 1492 gab der Rath nur 12 Paar Hosen zum Verschießen, weil es damals weniger Schützen gab, als vormals.
³ Wurstleisen, III, S. 193.

nach dem Werth der Gaben erhielt der Zeiger 1 Schilling bis 2 Pfenning. Wem die Büchse dreimal versagte, der hatte denselben Schuß verloren. Jeder mußte den vorgeschriebenen Nagel bei sich führen, um denselben immer prüfen zu können bei Verlust seines Schusses. Jeder Schütze, welcher schießen wollte, mußte auf die zwölfte Stunde nach dem Imbiß auf der Schießstätte anwesend sein. Keiner durfte aus einer andern als der eigenen Büchse schießen. Gestraft wurde auch, wer Klotz und Pulver vom Schießplatze heimtrug, ohne sie verschossen zu haben.

Die selbstgewählten Schützenmeister richteten über die Gesellen, ohne Abbruch der Rechte des Rathes bei Zank, Schwüren und Scheltworten. Die ersten Uebungen fanden im Stadtgraben statt, wo eine Zielstatt errichtet war. Gegen Ende des fünfzehnten Jahrhunderts wurde ihnen die Wiese vor dem Spalenthore angewiesen, welche daher den Namen der Schützenmatte erhielt.

Nach der Schützenordnung, die Andreas Ryf, ein eifriger Schützenfreund, um das Jahr 1593 in ein eigenes Buch eintrug, welches mit dem Gesellschaftswappen (eine Schloßbüchse in rothem Feld) geziert ist, wurden alle zwei Jahre zwischen Ostern und Pfingsten ein oberster Schützenmeister, 4 Mit- und 2 Uertenmeister von den Schützen gewählt und gab die Stadt ihnen jährlich 50 Paar Hosen zum Verschießen. Die Büchsen theilte Ryf in Ziel- und Reisebüchsen, theils mit Lunten, theils mit Feuerschlössern. Nur die eingeschriebenen Schützen wurden damals auf die Thürme und Letzenen gelassen zu den Hackenbüchsen und andern Geschossen. Die Reisbüchsenschützen mußten eigene Feuergeschoße haben. Die Wahl der Schützenmeister eröffnete immer der regierende Bürgermeister mit einer Anrede. Je von jeder Zunft 1 Mann und die vier Meister des Werkhofes wurden zu Kiesern ernannt und aus einem Dreiervorschlag der Schützenmeister gewählt. Derselbe ermahnte zum fleißigen Schießen und zum pünktlichen Erscheinen auf dem Sammelplatz in Lärmzeiten. Auf irgend einer Zunft speiste man Abends 6 Uhr zu Nacht. Oft waren mehr als hundert Mann an der Tafel. Der rege, fröhliche Geist in den Schützenzünften führte frühzeitig zu gemeinsamen Schützenfesten und Freischießen.

Der brüderliche Beistand in der Noth der Kriegsläufe hatte die

Herzen der Miteidgenossen mannigfach verknüpft und strebte in Friedenszeiten in richtigem Gefühle zu dem Mittel der Verbrüderung, um in Noth und Kriegsgefahr des brüderlichen Beistandes gewiß zu sein. In solcher Weise wurde gegenseitiger Treusinn wach erhalten. Mit diesem Geiste des Schützenvolkes stimmte dann auch die Politik der Regenten überein, so lange sie für dieselben, mit denselben und durch dieselben lebten. Bereitwillig boten sie daher die Hand, durch häufig wiederkehrende gemeinsame Feste die Fertigkeiten der Eidgenossen in der edlen Schießkunst, sowie in andern gymnastischen Uebungen zu unterhalten, den Urstoff ihres angestammten Charakters rein zu erhalten und kräftig zu nähren und dadurch warme vaterländische Gesinnung und trauliche Verbrüderung zu erzwecken. Dem weisen Geiste unserer Väter dienten derlei Schützenfeste auch zur Ausgleichung bestehender Spaltungen oder auch wohl zur Verhütung derselben und zur Befestigung geschlossener Friedensverträge. In dieser weisen Politik that sich besonders Zürich mit seinen Fastnachten hervor, bei denen die nützlichen Waffenübungen niemals fehlen durften.

Derlei Freischießen wurden bald allgemein, bald auch nur zwischen einzelnen Ortschaften und Ständen ausgeschrieben.

Sie bezweckten besondere freundschaftliche Verbindungen, Frohsinn und gegenseitiges Vertrauen. Die Obrigkeiten erwiesen diesen Bestrebungen volle Aufmerksamkeit und Freigebigkeit, indem sie die Schützenfeste als wirksame Pflanzstätten kräftiger, republikanischer Gesinnung, als Sammelpunkte brüderlicher Vereinigung zwischen Bürgern verschiedener Regierungsformen und als spielende Vorübungen zu ernsten Kriegen erachteten.

Sie waren ihnen das natürlichste und kräftigste Bindungsmittel zwischen dem freien Volke in Waffen und der volksthümlichen Regierung.

Wie daher die Schützengesellschaften in hohem Ansehen stunden, so hatten auch die Gesellenschießen Jahrhunderte hindurch ihren guten Klang. Die Schützen erhielten zum Besuche derselben von ihrer Obrigkeit genügliches Reisegeld. Kehrte dann ein glücklicher Schütze von einem entfernten Gesellenschießen, wie solche jedes Jahrzehnt die reichen Städte am Rhein auf oft 80—100 Stunden Entfernung ausschrieben, mit den besten Gaben nach Hause, so rechnete die Vaterstadt solche Auszeichnung sich zur eigenen Ehre an, und erhielt der glückliche Schütze noch obendrein reichliche Geschenke. War der Besuch eines Schießens beschlossen, so mußten alle Gesellen, welche die Schützenfahrt mitmachen wollten, sich beim Schützenmeister anschreiben lassen. Sie suchten dann Alle miteinander in einer Herberge zu sein, und Lieb und Leid brüderlich unter sich zu theilen. Traulich war der Empfang der Festgeber, Herberge und Bewirthung meist unentgeltlich, und zuletzt brachten die frohen Gäste sehr oft reiche Geschenke mit nach Hause. Dem Ausschreiben der Armbrustschützen war auf angeleimtem Pergamentstücklein genau durch eine Oeffnung die Dicke des gesetzlich zulässigen Bolzen beigegeben, so wie durch eine Linie die Länge des Werkschusses bezeichnet wurde, der beim Ausmessen der Scheiben, sowie ihrer Entfernung angewendet wurde. Die Abenteuer oder Gewinngaben bestunden bald in einem zierlichen Pferde mit hübsch gezierter Decke, bald in einem mächtigen, mit Blumengewinden um die Hörner geschmückten Ochsen, bald in silbernen, ja vergoldeten Bechern, goldenen Ringen, bald in zierlichen seidenen Fähnchen, an deren Zipfel in sammtnen Beutelchen die Geldgewinnste hingen. Letztere galten als die geschätztesten Siegeszeichen zur festlichen Rückkehr in die Heimat, als Zierde für die heimelige Stube, zum frohen Angedenken an den gethanen Meisterschuß. Der Doppel wechselte je nach dem Werthe der ausgesetzten Abenteuer und mußte vor dem Beginn des Schießens durch die Schützen erlegt werden. Sein Ertrag wurde unmittelbar für Geldgaben des Hauptschießens, oft aber auch für ein Nachschießen verwendet. Alle anwesenden Schützen wählten sich beim Beginn des Gesellenschießens ihre eigene Obrigkeit, die je nach der größern oder kleinern Anzahl Schützen aus sieben bis neun in der Schießkunst besonders erfahrenen Mitgliedern bestund, den sogenannten Siebnern oder Neunern. Zwei oder fünfe wählte man aus den Schützen des Festortes und zwar oft die höchsten Standeshäupter, die sich die Wahl zur großen Ehre anrechneten; die übrigen fünf oder vier aber wurden mit entsprechender Stellvertretung der Kantone und Nachbarstaaten aus der Zahl der übrigen Schützen bezeichnet. Sie hatten die Schützenordnung zu handhaben, Streit und Schimpf zu schlichten, die Polizei zu üben, den Doppel zu Nachgaben zu vertheilen und endlich die Bolzen und Büchsen zu prüfen und zu zeichnen.

Immer mußte mit freiem schwebendem Arm geschossen werden.

Die anwesenden Schützen wurden nach den Kantonen in gleichgroße Rotten abgetheilt, und das Loos bestimmte ihre Reihenfolge auf der Schießstätte. Die Anzahl Schüsse, die jeder Schütze thun konnte, war verschieden, meist fünfzehn, achtzehn und vierundzwanzig, die dann in verschiedene, meist drei bis vier Gänge nach Reihenfolge des Looses abgetheilt wurden. Die nächsten 2—6 Schüsse auf die Geldgaben hießen Ritterschüsse; sie erhielten eine seidene Fahne, einen Ehrenkranz, oft auch noch Geldpreise.

Jedes Freischießen umfaßte nach dieser Ordnung eine gewisse Anzahl von Ehrengaben, die in dem Einladungsschreiben verzeichnet waren und sodann die durch die Siebner oder Neuner bestimmten Nachgaben aus dem Doppel, welche je nach dem Schützenbesuch sehr wechselten. Die Ehrengaben wurden theils durch die Obrigkeit des Festortes, theils durch freiwillige Steuern der dasigen Schützen, theils endlich durch großmüthige Beiträge vaterländischer Schützenfreunde gebildet. Zu dankbarer Auszeichnung gingen diese sodann beim Schützenzuge durch die Straßen voran und zwar zur Seite des Schützenmeisters, der in schwarzseidener, in langen Streifen aufgeschnittener Kleidung, in schwarzem mit weißen Straußenfedern geschmücktem Baret, mit vierfach über die Schultern geschlungener, schwerer goldener Kette und in vollem, in Locken herabwallendem Barte die ganze Würde seiner geachteten Gilde sehr stattlich vertrat. Bescheiden war meistens nun im Anfang der Aufwand bei diesen Festen, um so größer die Gastfreundschaft, die Traulichkeit und die heitere, ungetrübte Lebenslust. Die herzlichste Wohlmeinenheit ersetzte reichlich den leeren äußern Prunk, dagegen war, wie F. Balthasar sehr schön gesagt, das geheiligte Recht, so eng Verbündete in dem Schooß seines Landes, seiner Stadt, seines Hauses aufzunehmen, selbe in Einfalt und mit Liebe zu bewirthen, unsern Vätern ein wahrer Segen. Bisweilen wurde auf solch' ein Schützenfest ein neues Schützenhaus gebaut, ja sogar mit einer neuen Uhr geziert; Lustzelten mit den Landeswappen der festbesuchenden Schützen errichtet, die gastfreundlichen Häuser sorgfältig herausgeputzt und gescheuert. Auf der Reise fanden die wackern Schützen überall ehrenvolle Aufnahme und meist unentgeldliche Bewirthung. Man ehrte in den Schützen eines Standes denselben selbst, und dieser, zartsinnig, bezeugte in warmem Dankschreiben gerne, daß er die erwiesene Ehrenbezeugung auch anerkannt habe.

Ebendadurch gewannen die bedeutungsvollen eidgenössischen Schützenfeste ebenso sehr an vaterländischer Weihe und nationalem Selbstgefühl, wie an zartsinniger und ritterlicher Färbung, die jede Ungezogenheit von Schützen als Beleidigung des betreffenden Standes, dem sie angehörten, streng ahndete und gerne Leute zurückbleiben sah, durch die man seinen Stand in den Augen seiner Miteidgenossen etwa bloßstellen zu müssen fürchtete.[4]

Je nach den politischen Gestaltungen der Zeitläufe, dem Wechsel der Gesinnungen und Sitten und dem Geiste der Zeit zeigten sich die eidgenössischen Freischießen in frühern Jahrhunderten sehr verschiedenartig. Oft finden wir längere Zeit deren Festbaum in vollen Blüthen und mit reichen Früchten. Dann aber erscheint er wieder blätterlos wie abgestorben in langem Winterschlaf. In seinen Lebenszuständen bietet sich uns ein sicherer Höhenmesser des jeweilig waltenden Volksgeistes und seines dichterischen Aufschwunges. In ihm lebt und waltet vorzugsweise der Charakter der schweizerischen Nationalität und in ihm gibt sich die Stärke vaterländischer Begeisterung vorzugsweise kund. Derselbe bietet uns in den Zeitwenden mehrerer Jahrhunderte jeweilen das getreue Spiegelbild von der Gesinnungsweise und den jeweiligen Sitten des damaligen Schweizervolkes und wird ebendadurch äußerst merkwürdig und lehrreich.

Die ersten Spuren traulicher Zusammenkünfte der Eidgenossen verschiedener Kantone in Lust und Freude und beim edlen Spiel der Waffen finden wir in den Fastnachten unserer Vorfahren. Bald gab dazu eine Kirchweih, bald ein großes Freischießen Anlaß. So finden wir nach Beendigung des alten Zürichkrieges, von Zürich

---

[4] So schrieb z. B. Hans von Staal vom Freischießen in Freiburg nach Mühlhausen: „Ich hab' diesem armen frommen getreuen Bötlin kein Büchs wollen geben, um daß Niemand verdacht werd; der wollet bas vonstet wisen, und von Mund wenig beselchen; er trinkt gern Wyn."

angeordnet, im Jahre 1447 eine solche Fastnacht in dieser Stadt* zur Sühne innerer Mißhelligkeit, zur Wiedereinführung alter, wahrer Freundschaft, löblicher Vertraulichkeit und Auslöschung feindlicher Bitterkeit ob verübter kriegerischer Thaten. Da zogen die Eidgenossen, fünfzehnhundert Mann stark, hin, vorbei an den Brandstätten der von ihnen verwüsteten Dörfer, über das Schlachtfeld von St. Jakob an der Sihl. In den Vorstädten, wo sie vor wenig Jahren auf den Leibern erschlagener Brüder gezecht, wurden sie von den Zürchern treuherzig begrüßt. Von den Wällen winkten an der Stelle der todtbringenden Donnerbüchsen weißblaue Friedensfahnen. Eidgenössisch und ehrlich wurden die Gäste gehalten und in Spielen und Lustfahrten auf dem See wurden ihnen mannigfache Ergötzlichkeiten geboten. Die schönste Einigkeit herrschte unter den versöhnten Gegnern; doch wurde von den Eidgenossen der gelehrte Dr. Felix Hämmerlin, Chorherr am Großmünster, der unglimpflich gegen sie geschrieben, zur Nachtzeit aufgehoben, dem Bischof von Konstanz zugeführt, der ihn sodann in das Barfüßerkloster in der Au in Luzern als Gefangenen einsperren ließ. Vermuthlich war er mit den Böcken, den wackern Schützen nicht in den Frieden eingeschlossen und darum störte die Aufhebung keineswegs die Freuden der Versöhnung.

In gleicher Weise verscheuchte Zürich im Jahr 1483 durch eine Fastnacht die drohenden Wetterwolken, die sich damals am vaterländischen Himmel angesammelt hatten und zwar wegen damaliger Münzstreitigkeiten zwischen ihm und den kleinen Kantonen. Zweihundert aus den letztern Orten kamen auf erlassene Einladung nach Zürich und genossen daselbst mehrere Tage das freudigste Gastrecht.

Drei Jahre nachher (1486) lud Uri seine Bundesgenossen von Zürich auf die Kirchweih nach Altdorf. Ihrer 80 Mann zu Pferd, 130 zu Fuß, der Bürgermeister, mehrere Rathsherrn, der Propst und mehrere Chorherrn an der Spitze, folgten der Einladung, wurden in Zug und Schwyz herzlich empfangen und bewirthet. Zu Küßnacht und in Brunnen harrten ihrer die Schiffe der Urner. Auf der Wiese vor Altdorf empfing sie der regierende Landammann mit folgender Rede:

---
* Stettlers Chronik, IV. Buch S. 171.

„Gestrenge, Ehrsame, Weise, liebe Herren! Meine Herren „befehlen mir, Euch Alle willkommen zu heißen, und Euer und Eurer „Nachkommen zu Gutem, zu ewigen Zeiten nimmer zu vergessen. „Wir und unsere Nachbarn wollen auch das um Euch und Euere „Nachkommen ewig verdienen, so sehr das immer in unserm Vermögen „steht und ist. Und darum, liebe Eidgenossen, solltet Ihr gegen „Jemand der Unsern einige Klage haben, so bitten wir Euch freund= „schaftlich und ernstlich, uns dieselben gar nicht zu verhehlen, in der „Hoffnung, alles des Gänzlichen abzuthun und beizulegen; denn „Ihr seid Jene, bei denen wir gut Rath suchen, Ihr seid unser „Aller Trost und Hoffnung, und zu denen wir ein besonderes Ver= „trauen haben. Jetzt legen wir in Euere Hände und Gewalt, was „wir haben und besitzen, Speise, Trank, Haus, Hof — kurz Alles, „Nichts ausgenommen."

Froh verlebten die Eidgenossen mehrere festliche Tage. „Da „waren — nach Gerold Edlibach's handschriftlicher Chronik — „wilde Gemsen, Steinböcke, Rehe, Hirschen Bären und wilde Schweine „mehr als man essen mochte, dazu die köstlichsten Weine: Malvasier, „der köstliche Claret und Ipsikraz, rother und weißer Veltliner; „der Elsässer war das — minst und schwächst!"

Früh morgen begann das Gelage mit Malvasier und Semmeln, darnach folgte gebratenes und gesottenes, zahmes und wildes Fleisch; und das trieb man bis in die Nacht. Mit dieser Kirchweih waren damals ebenfalls Schützenübungen verbunden.

Das erste, eigentliche eidgenössische Freischießen hat im Jahr 1452 in der Stadt Sursee im Kanton Luzern statt= gefunden. Von vielen Brandunglücken hatte diese damals gewerb= thätige Stadt sich durch die emsige Thatkraft seiner Bürger bald wieder erholt. Oft hatten sie schon vorher mit ihren Nachbarn in Zofingen gemeinsame Wettschießen abgehalten. Da schrieben im bemeldeten Jahr auf Ansuchen der Bürger, Schultheiß und Rath ein eidgenössisches Freischießen mit der Armbrust aus und den so= genannten offenen Spielen, als Schwingen, Laufen, Steinstoßen. Die Schußweite betrug 120 Schritte.[a] Das Schützenfest wurde

---

[a] Hans Maurer: „Denkmal des Geschmacks, der Sitten und Bräuche der alten Eidgenossen."

zahlreich besucht. Auf freiem Felde stund das Freudenlager der Schützen mit den Kantonswappen der Festbesucher. Der löbliche Gedanke der Bürger von Sursee fand überall in der Eidgenossenschaft freudigen Anklang und Nacheiferung.

Schon im folgenden Jahr (1453) schrieb Bern wieder ein eidgenössisches Freischießen aus. Solothurn gab seinen Schützen 15 Gulden Reisegeld dahin. Im nächsten Jahr folgte Aarberg; 1458 Biel, sodann Wangen und Aarwangen. Die freigebigste Gastfreundschaft beherbergte die Schützen und der Staat bestritt die Kosten für die öffentlichen Mahlzeiten.[7] Unter den ausländischen Schützenfesten, die auf erhaltene freundschaftliche Einladung von Schweizerschützen besucht wurden, sind bemerkenswerth: Das erste Freischießen in Straßburg im Jahr 1456 und das wegen der Folge des Plappartkrieges so verhängnißvolle Freischießen in Konstanz im Jahr 1458.

Um der seit der Zeit des traurigen Zwischenreiches schon eng verbündeten Schwesterstadt Straßburg zu zeigen, wie nahe ihr Zürichs Hilfe in der Noth sei, unternahmen rüstige Gesellen das kühne Wagniß, von Zürich in einem Tage mit einem warmen Hirsebrei die Limmat, Aare und den Rhein hinunter nach Straßburg zu fahren und mit ihrem noch warmen Gerichte ihre erstaunten Freunde zu überraschen. Denselben Abend tanzten die muntern Gesellen von Zürich lustig vor ihrer Herberge in Straßburg und warfen die berühmten Zürchersemmeln unter das sie umringende Volk. Hösch von Zürich gewann die erste Gabe im Laufen und Heinrich Waldmann im Ringen und Steinstoßen.

Zu dem Schießen in Konstanz hatten Bürgermeister und Rath alle Orte der Eidgenossenschaft mit freiem Schirm und Geleit geladen. Luzern sandte den Stadtarmbruster Jakob Ratzenhofer und Anton Schärer, beide des Raths, Melchior Ruß, den Stadtschreiber und Heini Rüpfi, die dann auch für die Reise mit Geld und Anderm versehen wurden; was auch von andern Orten geschehen.[8] Diebold Schilling[9] erzählt den Hergang des

---

[7] Als die Bieler nach Solothurn kamen, beliefen sich die Kosten des Staates auf 34 Pfd. 12 ß.
[8] Diebold Schilling, Chronik, Fol. 62 a.
[9] Chronikon, Fol. 62 b.

entstandenen Zwistes folgendermaßen: Als nun die Schützen nach Konstanz kamen und den Doppel erlegen wollten, zog nun jeglicher Schütze Geld aus seinem Sekel und Münz, die in seiner Herren Gericht und Gebiet gäng und läufig waren. Etliche der eidgenössischen Schützen hatten nun aber Bernerplappart, darauf der frommen und biberben Lüten von Bern Zeichen, der Bär, stand. Etlichen der hochtrabenden Herren von Konstanz gefielen diese nicht. Sie spotteten daher, es stehe eine Kuh darauf und hießen die Münz einen Kuhplappart. Das müßt die biberben Lüt von Eidgenossen sehr übel, absonderlich der von Luzern Lüt und Schützen, die über dieses Schmähwort sich aufhielten und meinten, man solle ihren Leut laut verschriebenem und besiegeltem Geleit nicht solches zu Leide reden. Sie sahen das so übel an, als wenn die Luzernerschützen trotz dem Geleit übel geschlagen, behandelt und geschädigt wurden. Die Schützen blieben indessen, bis das Schießen sein Ende hatte. Als aber der Rath von Luzern die Kränkung vernahm, erging alsogleich seine Mahnung um Genugthuung an alle Mitstände. Ehe ihre Harste erschienen, hatten Luzern und Unterwalden bereits ihre Panner aufgerollt, fielen in's Thurgau, eroberten und brandschatzten Weinfelden, wo Ritter Berchthold, ein Vetter jenes unbesonnenen Spötters, als Vogt saß. Nur ein Lösegeld von 5000 rheinischen Gulden konnte die geängstigte Stadt vor der Rache der gekränkten Eidgenossen erretten. Mit diesem zarten nationalen Ehrgefühl und dem entsprechenden frischen und raschen Handeln wuchs der schweizerische Schützengeist rasch zu Macht und Ansehen heran. Bürger und Obrigkeit wetteiferten immer mehr und mehr, die eidgenössischen Gesellenschießen oder Mayen mit reichlichen Gaben auszustatten und die eidgenössischen Gäste würdig zu bewirthen. Nachdem Bern zum frohen Antritt des Jahres 1461 alle gemeinen Eidgenossen auf eine Fastnacht zu sich eingeladen, erschienen viele Bürger und Landleute von Luzern, Uri, Schwyz, Unterwalden, Freiburg, Solothurn mit denen von Saanen, und wurde nichts unterlassen, um, wie Stettler sich ausdrückt, eine Uebereinstimmung und Korrespondenz und hiermit eidgenössische Wohlmeinung zu pflanzen. Freiburg folgte mit einer gleichen Einladung. Auf den 8. Mai 1462 schrieb sodann Solothurn in einem großen Foliostaatsschreiben ein großes

Gesellenschießen an alle Kantone aus. Drei Tage dauerte die Uebung, während welcher alle Schützen der Eidgenossenschaft gastfrei gehalten waren. Wiederum auf Mittwochen vor St. Margarethen im Jahr 1465 lud Zürich seine Bundesgenossen zu einem großen Armbrustschießen zu sich. Die Gaben waren: Ein verdeckt Pferd, 20 fl. gewerthet; ein anderes 16 fl., ein drittes 14 fl.; ein verdeckter Ochs 12 fl., ein anderer 10 fl., ein dritter 8 fl.; ein silberner Becher 5 fl., eine silberne Schaale 4 fl., ein goldener Ring 3 fl., ein anderer 2 fl., ein dritter 1 fl. Sodann verschiedene Stücke Tuch, endlich ein Schwert zum Abenteuer. Gleichzeitig waren auch Abenteuer für die offenen Spiele ausgesetzt, z. B. Schürlitztuch, 400 Schritt darum zu laufen; 1 fl. drei Sprünge zu ebenen Füßen zu thun, dann mit einem Anlauf und endlich mit einem Bein. Weiter: 1 fl. drei Steine zu stoßen, und zwar einen jeden drei Stand weit. Im Jahr 1471 gab Sursee wieder ein zweites eidgenössisches Schießen. Ihm folgte ein Jahr darauf Zürich im Herbstmonat auf St. Felix- und Regulatag. Auch da waren die Abenteuer: 3 Ochsen, ein silberner Becher und 3 goldene Ringe. Jeder Schütze konnte 16 Schüsse thun und hatte 6 Schilling Zürcherwährung als Doppel zu erlegen. Es wurde auch ein Glückshafen aufgestellt mit 3 silbernen Bechern, einer silbernen Schaale und 2 goldenen Ringen. Die Namenseinlage kostete einen Schilling. Auch die offenen Spiele mit verschiedenen Sprüngen kamen in Anwendung.

Auf das große eidgenössische Schießen folgte dreizehn Jahre später (1485) ein ähnliches in St. Gallen. 445 Büchsen- und 208 Stachelschützen kämpften daselbst um die reichen Preise und die daran geknüpfte Ehre. Dabei durften die offenen Spiele und der beliebte Glückstopf nicht fehlen. Die Gaben waren: 60, 50, 45 fl.; Die Gewinnste des Glückshafens betrugen 266 fl. Neun Jahre später (1490) auf St. Bartholomätag schrieb Solothurn wieder ein großes, eidgenössisches Gesellenschießen aus, das von den Schützen aller Kantone zahlreich besucht wurde. Die beiden Schultheiße, der Stadtschreiber und Etliche des Rathes übernahmen die Obmannsstellen der Neuner. Sonntag nach Maria Geburt begann das Fest. Freundschaftlich wurden die Eidgenossen empfangen und bewirthet. Allgemeine Theilnahme und heitere Herzlichkeit würzten das Fest, und das schweizerische Nationalgefühl fand dadurch einen neuen Aufschwung. Wenige Jahre nachher versammelten sich die Schützen aus allen Orten in der Stadt Zürich zur Gründung eines eidgenössischen Schützenvereins und zur Entwerfung einer Schützenordnung für denselben.[10] Der erste Entwurf derselben lautete folgendermaßen:

„Wir gemeine Schießgesellen der Büchsenschützen von Städten „und Ländern gemeiner Eidgenossenschaft, welche kürzlich in der „Stadt Zürich versammelt waren, thun mit diesem Brief allmänniglich kund, daß wir zu Nutzen und Ehren einer gemeinen Eidgenossenschaft nachfolgende Ordnung verabredet haben, in der Hoffnung, daß solche für einen künftigen Mayen thunlich sei, und daß „unser Vorhaben zu Fried' und Einigkeit unter uns allen dienen, „und Feindschaft, Unwille und Widerwärtigkeit unter uns vorgebogen und abgestellt werde, wie die Artikel von Wort zu Wort „also lauten:

„Zum Ersten: von welchem Ort, Stadt oder Land der Eidgenossenschaft einen solchen Mayen zu haben ausgeschrieben wird, „dasselbe solle auch immer die beste Gabe aus der Stadt oder „aus dem Landesseckel hergeben; die andern Gaben, welche vorbestimmt „werden, sollen durch die Schützen zusammengeschossen werden, welche „den Mayen besuchen, seien sie dann Fremde oder Schützen des „Festortes und zwar aus deren Doppel."

„Welches Ort einen solchen Mayen ausschreibt, soll auch die „Vollmacht haben, Armbrust- und Büchsenschützen zu laden, auch „einen Hafen auskünden zu lassen. Wo aber letzterer aufgestellt „werde, muß solches in gemeiner Schützen Kosten geschehen."

„Auf einen solchen Mayen soll Niemand kommen, er habe dann „sein eigen Schießzeug, Schießvorrath und Doppel und was zu „solchem zu zahlen gehört. Es sollen auch nicht zwei aus einer „Büchsen schießen, noch irgend ungesetzliches Zeug gebraucht werden, „sondern ein jeder soll seine Büchse durch die Siebner beschauen, „und mit dem Stadt- und Landeszeichen anzeichnen lassen."

---

[10] S. schweizerischer Geschichtsforscher, V. Band, Seite 64.

„Es sollen auch von den Gesellschaften keine Spielleute mit=
„gebracht werden, sondern der Stadt oder des Landes Spielleute,
„wo der Mayen ist, in gemeiner Schießgesellen Kosten das Schießen
„aus gebraucht werden."

„Der Mayen soll auch jährlich von Ort zu Ort ausgeschrieben
„und durch nichts aufgeschoben oder verhalten werden, es wäre denn,
„daß Krieg, Mißwachs, Tod oder andere Mißhändel einfielen, davor
„Gott sein wolle, daß dann ein solcher Mayen wohl abgestellt und
„verschoben werden möge durch den Rath der Stadt und der Länder
„gemeiner Eidgenossenschaft."

„Es soll auch ein solcher Mayen und Schießen von Niemand
„ausgeschrieben werden, als von solchen, so in der Eidgenossenschaft
„Gerichten und Gebieten gesessen sind, auch von solchen, so der Eid=
„genossenschaft insgemein oder einem Orte besonders oder auch
„mehreren zugewandt sind. Auch soll nicht schuldig sein, Ausländer,
„so nicht zur Eidgenossenschaft gehören, schießen zu lassen."

„Es sollen auch immer zwei des Rathes, wo ein solcher Mayen
„ist, vor andern Herren auserwählt werden, die in gemeiner Schieß=
„gesellen Kosten bei den Siebnern sitzen sollen, und wenn dann
„einige Personen, einer oder mehr, kriegerischen Aufruhr und andern
„Zwiespalt anheben sollten, so sollen sie solches ihren Herren vor=
„bringen, um dieselben Thäter und ihre Helfer nach Verdienen zu
„strafen."

„Diese Artikel haben wir, die obgenannten Schießgesellen zum
„Lobe einer gemeinen Eidgenossenschaft und uns, auf daß Friede
„und Ruh unter uns gemehrt werde, so angesehen und uns auf
„selbe vereinigt, doch mit dem Vorbehalt, daß unsere Herren und
„Obern von Städten und Ländern insgemein, oder ihre bevoll=
„mächtigten Boten, wo sie immer miteinander versammelt seien,
„solche unsere Ordnung mindern, mehren oder auch ganz abschaffen
„mögen, nachdem es sie dünkt, daß es nützlich und ehrbar sei, alle
„Gefährde und Arglist dabei vermeiden."

Im Jahr 1500 scheint der Entwurf zur Genehmigung der Tag=
satzung in Zürich vorgelegt worden zu sein, die dann auf St. Verena=
tag erkannte:

„In Betreff des Gesuches der Büchsenschützen unserer Eidgenossen "einen Mayen aufzurichten, der jährlich, von Ort zu Ort gehalten "werden soll mit Abenteuer und Gaben ist angesehen worden, daß "solches dieser Zeit abgestellt sei."

Nach Beendigung des siegreichen Schwabenkrieges, während welchem der Name der Eidgenossenschaft vorzüglich zur Geltung kam, hatte zu Anfang des Jahres 1504[11] der Große Rath von Zürich auf den Augustmonat ein „großes" Freischießen ausgeschrieben, das aus allen Orten und aus den entferntesten Städten, wie Insbruck, Nürnberg, Augsburg, Stuttgart, Frankfurt am Main[12] sehr zahlreich von Schützen besucht wurde. Auf der schönen Halbinsel, bei der die Limmat sich schwesterlich mit der Sihl vereinigt, stunden die Scheiben und die zahlreichen Lustzelten der Schützen mit ihren Wappen. Reiche Abenteuer lockten die Schützen. Die beste Gabe betrug 110 Gulden, dann weitere 90, 80, 70, 60, 50, 45, 30, 20, 19, 18, 17 bis auf 1 Gulden. Die 6 Ritterschüsse erhielten der erste 6, der zweite 5 und so herab bis 1 Gulden, dazu einen Ehrenkranz und ein Kleinod.

460 Bogen- und 236 Stachelschützen nahmen an dem rühmlichen Wettkampf lebhaften Antheil. Zuerst begann das Armbrustschießen, Sonntags an St. Lorenzentag. Nach dessen Schluß hob sodann das Büchsenschießen an. Den angekommenen Schützen sandte der Rath Ehrenwein auf ihre Herberge. Für die muntere Jugend spielte eine ausgesuchte Musik lustig zum Tanze. Während die Männer mit der Armbrust und der Büchse ihr Schützenglück erprobten, versuchten dagegen andere ihr Glück in den Loosen des Glückshafens.[13] Alle Tage, so lange man schoß, gab der Rath den Schützen zur Abendürten Wein im Ueberfluß mit schmackhaften Semmeln und Füllweggen[14]; dazu Käse, Birnen und Pfirsiche.[15] Das Fest

---

[11] Am 9. Januar. Unter dem Schreiben ist sowohl die Größe des Werkschuhs als des Zweckes und des Schwarzen in verjüngtem Maaßstab abgebildet.

[12] Nach Anshelm 54 Städte.

[13] Für jedes eingelegte Loos zahlte man einen Etschkreuzer. Der erste Gewinn bestund in 50, der zweite in 45, der letzte in einem Gulden.

[14] Vermuthlich der noch jetzt bei uns beliebte Birnenweggen.

[15] S. Edlibachs handschriftliche Chronik.

dauerte vier Wochen und endigte mit den offenen Spielen, deren zum letztenmal die Chroniken bei Anlaß der eidgenössischen Freischießen erwähnen. An dem fröhlichen Feste nahmen Leute aus allen Ständen, Geistliche und Weltliche Theil [16]. Die Schützen richteten auf's Neue ein Gesuch an die Tagsatzung in Luzern, daß alljährlich von Ort zu Ort ein Gesellenschießen in der Eidgenossenschaft möchte abgehalten werden, um die Schützen unter einander bekannt und befreundet zu machen.

Die Tagsatzung schickte eine Abschrift des Bittgesuches an alle Stände, um deren Antworten einzuholen. Aber schon damals wurden derartige Bestrebungen besser durch rege Volkstheilnahme als durch nachgesuchte Tagsatzungsbeschlüsse gefördert. Es kam zu keinem Beschlusse in der Angelegenheit und der alljährliche Mayen unterblieb. Umsonst hatte Bern vier Jahre später das Gesuch von Neuem angeregt und mit dem ganzen Gewicht seines Ansehens unterstützt. Auch diesmal fiel sein Antrag «ad instruendum» in Abschied und wurde von Seite der Mitstände mit so wenig Theilnahme aufgenommen, daß die Mehrheit derselben ihn nicht einmal einer schriftlichen Antwort würdigten.

Das von der Diplomatie mißachtete eidgenössische Schützenwesen sah sich dadurch auf seine eigene Kraft verwiesen und das war nicht das schlimmste. In der waffenbrüderlichen Gesinnung der lebensfrischen Jugend fand die edle Schießkunst stets freudigen Anklang. Schon die Knaben zogen damals gerne zum eidgenössisch brüderlichen Wettkampf mit der Armbrust über die Kantonsgrenzen hinaus. So erzählt Diebold Schilling [17], wie die jungen Knaben und Armbrustschützen in Uri auf Sonntag vor hl. Kreuztag im Herbst 1507 an die Knaben und Schützen der Stadt Luzern ein freundliches Einladungsschreiben erlassen zu einem Schießen in Uri und ihnen 15 Gulden zu Aventuren bezeichnet haben.

Die Einladung wurde angenommen und den Knaben wurden zwei Mitglieder des Rathes als Botschaft mitgegeben. Am Samstag fuhr man nach Uri ab. Mit Auszeichnung wurden die jungen

---

[16] Im Verzeichniß der Festbesucher von Edlibach sind die Franziskaner von St. Gallen und die Chorherrn von Embrach genannt.
[17] S. dessen Chronik Fol. 293 b.

Schützen von Jung und Alt daselbst empfangen und bewirthet und freudig kehrten sie mit 14 Gaben und Fähnlein wieder nach Hause. Wiederum auf St. Leodegartag Abends kamen nächstes Jahr 50 Armbrust- und Bogenschützen von Uri herunter nach Luzern, um Kirchweih feiern zu helfen und mit den Luzernern in der edlen Schießkunst zu wetteifern. Sie blieben wohlbehalten und mit allen Ehren überhäuft bis Mittwoch. Wiederum auf Samstag nach Bartholomä 1509 kamen die Urner Schützenknaben auf ein Schießen nach Luzern. Sie brachten ein Paar Hosen als Gewinn nach Hause, doch blieb auch diesmal die Mehrzahl der Gaben den Knaben von Luzern[18]. Basel, froh seines Beitritts in den Bund der Eidgenossen, strebte stets nach Gelegenheit, seine Bundesbrüder bei frohen Festen in seinen Mauern zu sehen, und den Bund der Herzen enger zu knüpfen. Hierin gingen Bürger und Behörden Hand in Hand. So reichten im Jahr 1523 beide Gesellschaften der Schützen an den Rath das Gesuch ein, ein allgemeines eidgenössisches Gesellenschießen mit der Büchse und dem Bogen auszuschreiben, was auch der Rath bereitwillig weit und breit that. Auf Montag nach St. Margarethentag wurde mit der Armbrust der Anfang gemacht; acht Tage nachher mit der Büchse. „Es war — wie ein Zeitgenosse schreibt — Alles überaus hübsch gerüstet." Neben den Zelten der Schützen stunden zahlreiche Krambuden und Schenkhäuschen da. Aeußerst zahlreich war von Seiten der Eidgenossen der Besuch des wohlgelungenen Festes; ebenso von benachbarten Nationen, von Freiherren, Grafen, Rittern und ehrbaren Bürgern[19]. Die Straßburger gewannen die erste Gabe mit dem Bogen; die von Ulm jene mit der Büchse, jede 40 Gulden an Werth. Ehrenvoll wurde den Siegern auf dem Rückweg das Ehrengeleit gegeben. Zwei Jahre nachher hielt Glarus ein eidgenössisches Freischießen. Das nächste Jahr (1526) zogen die St. Galler nach ihrer durch Handel und Verkehr, wie durch die neue Glaubensverbesserung engverbündeten Schwesterstadt Zürich hinunter und luden dann die Zürcher auf das nächste Jahr zu sich im Herbstmonat zu einem Freischießen ein.

---

[18] Schilling, Chronik, Fol. 333 b.
[19] Ochs II. Cap. 455.

454 Schützen folgten dem Rufe, muntere mit silbernen Ketten und Wappenschildern geschmückte Spielleute, sodann der Vogt von Kyburg als Schützenmeister, Schultheiß Bonstetten und Rathsherr Effinger als Rathsboten an der Spitze. Bei Schönenwegen harrten ihrer 200 in Blau und Weiß gekleidete St. Galler mit Harnisch und Hellebarden, ihnen voran Bürgermeister von Watt, Reichsvogt Christian Studer und 30 Räthe mit 24 Büchsenschützen. In zierlichen Reden wechselten der Bürgermeister von St. Gallen und der Schützenmeister der Zürcher Gruß und Gegengruß. Darauf zogen die St. Galler mit ihren lieben Gästen Arm in Arm in die Vaterstadt ein. Obwohl das Schießen vorzugsweise zu Ehren der Zürcher angeordnet war, so erschien doch aus dem nachbarlichen Appenzell Landammann Ulrich Isahaut, mit zahlreichen, wohlgemuthen Appenzeller-Schützen; von Konstanz Junker Flohe mit 50 Schützen; von Lindau Bürgermeister Bodmer und Junker Rothenberg mit 27 Bürgern; ebenso Schützen von Lichtensteig, Wyl, Bischofzell, Arbon und aus dem Rheinthal. Sieben Tage währte das Schießen und während demselben wurden die Schützen auf den Zünften und in den Lustzelten gastfrei gehalten. Täglich brachten die Stadtknechte Ehrenwein in großen Kannen in reicher Fülle auf die Zielstatt. Bürgermeister und Räthe führten Abends ihre Gäste zum Schmause, und für jede Schützenrotte besorgten zwei Abgeordnete alles Bequemliche. Endlich schloß das schöne Fest ein Festmahl mit 736 Gedecken, alles auf Kosten der Stadt. Während demselben kamen aus 16 Gemeinden 400 mit Spießen und Hellebarden bewaffnete Knechte mit ihren Ammännern und Hauptleuten in die Stadt und überbrachten einen Ochsen von ausgezeichneter Größe. Hauptmann Gerster, ein achtzigjähriger Greis, dankte den Zürchern als ihren Schirmherren im Namen derselben für den Besuch und bat, die dankbare Gabe anzunehmen. Dafür dankte Schützenmeister Lavater mit freundlichen Worten und mit der Versicherung, solches ihren Herren und Obern zu rühmen, in der Hoffnung, die Freundschaft später zu verdienen. Die Schützen von Zürich schenkten dann den Gottshausleuten 10 rheinische Gulden als Dankzeichen, nicht aber den Ochsen zu bezahlen. Den Schluß des Festes machte ein feierlicher Umzug durch die Stadt. Auch der

Abt des Stiftes war freigebig gewesen mit reichlichem Ehrenwein während der Festdauer.

Im Jahr 1533, 1540 und 1545 hatte Basel die Eidgenossen zu einem gemeinschaftlichen Gesellenschießen geladen. Beim ersten betrug die erste Gabe 25 Goldgulden. Beim zweiten wurden alle Festbesucher Mittags und Abends auf den Zünften gastfrei bewirthet. Bei dem letzten Schießen gab Solothurn seinen Schützen 19 Gulden Zehrung mit und wurden die Freiburger-Schützen daselbst auf der Durchreise jedesmal gastfrei gehalten.

Nach den blutigen Religionskämpfen gab Zürich 1547 ein Freischießen, ein zweites im Jahr 1549, von dem Bullinger in einem Briefe an seinen Freund Blarer mit unverkennbarer Aengstlichkeit wegen möglicher konfessioneller Reibungen sich also äußerte:

"Unser Schützenfest läßt sich gar wohl an. Es ist eine schöne "redliche Gesellschaft von mehrern Orten der Eidgenossenschaft: Bern "hat sehr viele Männer, Luzern 35, Schwyz eine gute Zahl, Zug "viele, Solothurn 15, Schaffhausen viele. Diese alle haben ihre "Rathsboten bei sich, ihre eigenen Musikanten, mit der Städte und "Länder silbernen Wappenschildern sehr schön gerüstet. Sie zeigen "auch, daß sie mehr um Freundschaft zu stiften, denn anderer Sachen "wegen gekommen seien. Die von Uri und Unterwalden erwartet "man, denn man sagt, es kommen ihrer Etliche. Gestern sind an "dreihundert Bürger mit Geschütz und Spießen, den Eidgenossen "zu lieb, aufgezogen. Ich hoffe viel Gutes. Gott verleihe seine "Gnade! Es ist Jedermann mit einander freundlich."

Dennoch bildete nur zu bald die konfessionelle Entzweiung eine Kluft zwischen den Eidgenossen, welche bestimmend auf die gemeinsamen Gesellenschießen einwirkte. Freundschaftlich besuchten sich noch im Jahr 1554 und 1555 die Schützen von Biel und Solothurn und im Jahr 1560 kamen die von Bern nach Solothurn. Weiter folgten mehrere Schützenfeste, so zu Delsberg 1562, zu Olten 1563, zu Aarburg 1566, in Altorf und Schwyz 1577 und in St. Gallen 1578, wo der Rath 50 Gulden an die Unkosten schenkte, jedoch mit der Bedingung, daß ohne sein Vorwissen in Zukunft keine fremden Gäste mehr geladen werden. Mit größerer Theilnahme wurde von den Schweizerschützen das zweite große Freischießen in

Straßburg im Jahr 1566, noch mehr aber das dritte daselbst im Jahr 1576 besucht.

Im siebenzehnten Jahrhundert schrieb 1604 Solothurn, dessen Namen die Heldenthat seines Schultheißen Wengi über den Hader konfessioneller Parteiung gehoben, ein großes eidgenössisches Gesellenschießen mit der Muskete an alle Orte der gemeinen Eidgenossenschaft aus. Die erste Gabe bestund in einem silbernen Becher, 30 Kronen werth; daneben waren noch 24 Hauptgaben. Das Schießen begann den 7. Weinmonat und währte 3 Tage. Die Schützen von Basel, welche auf diese Zeit nach der Frankfurter Messe ein Gesellenschießen anordnen wollten, verwies der Rath auf das nächste Jahr und legte ihnen dagegen auf, das Schießen in Solothurn zu besuchen. Zum Schlusse des Festes wurden sämmtliche Schützen zu einem köstlichen Nachtmahl auf das Rathhaus geladen und dann mit großer Freundschaft verabschiedet [20]. Zwischen den Schützen von Freiburg und Bern hatte sich sowohl in Solothurn als auf der Heimreise in Bern eine besonders trauliche Freundschaft und Verbrüderung gebildet, zu deren Befestigung und Erinnerung sie zwei zierliche Becher anfertigen ließen mit den Wappen und Schützenzeichen der beiden Städte, jeder 70 Kronen an Werth, von denen der eine auf der Schützenzunft in Bern, der andere auf der in Freiburg zu Ehren der Gesellschaft und zur Fortsetzung der Freundschaft aufbewahrt wurde. [21]

Das nächste Jahr darauf schrieben die Basler wirklich ein großes, zweifaches, freies Gesellenschießen mit der Muskete und dem Hacken aus, das an Großartigkeit der Einrichtungen wie an Menge der Festbesucher alle frühern weit übertraf und wovon J. R. Stettler eine ausführliche Beschreibung hinterlassen hat. Von den Schützen und Schützenfreunden waren zu demselben 614 Gulden zusammengelegt worden. Als Hauptgabe war ein hoher silberner und übergoldeter Becher bestimmt, 300 Gulden an Werth; sodann ein zweiter 100 Gulden. Der Doppel betrug 4 Gulden. Derselbe wurde nach Gutdünken der erwähnten Neuner zu Silber- oder Goldgaben ver-

---

[20] Die Staatskosten betrugen 290 fl. 10 kr.
[21] Stettler's Chronik 1622.

wendet, welche auf die Hauptgaben folgten. Die Kugel mußte genau 2 Loth wiegen und mit der Muskete besichtigt und gewogen werden. Die Schußweite betrug 805 Werkschuh und die freischwebenden Scheiben hatten 3 Werkschuh und 5 Zoll in der Runde. Jeder Schütze konnte 15 Schüsse thun in 5 verschiedenen Gängen, welche das Loos bestimmte. Der Glückliche, welcher unter den 15 Schützen das Schwarze in der Scheibe am meisten getroffen, erhielt 6 Ellen gefinter Pariser Sarien, 12 Gulden an Werth, sammt einer Ehrenkrone. Zu den Hauptgaben und den 2 Ritterschüssen wurden seidene Fahnen gegeben. Das Freischießen mit dem Hacken zeigte als erste Gabe einen silbernen und übergüldeten Becher, 133 Gulden an Werth, und einen zweiten von 60 Gulden. Die Schußweite betrug 500 Werkschuh. Neben den 6 Scheiben für Muskete und Hacken waren noch 2 Schleckscheiben aufgestellt. Auf dem Schützenplatz waren zwischen der Zielstatt und dem Schützenhaus zu beiden Seiten 6 schöne, große Zelte errichtet, von denen die zwei ersten, als der Stadt Basel gehörig, frei blieben, die dritte mit den angehefteten Wappenschildern war für die vier Waldstätte und Zug bestimmt; die vierte: Bern; die fünfte und sechste: Zürich, Glarus, Schaffhausen und Appenzell; die siebente: Basel; die achte: Freiburg im Uechtland und Solothurn; die neunte: den unter dem Hause Oesterreich Angesessenen; die zehnte: denen des römischen Reiches; die eilfte: denen von Würtenberg und Baden; die zwölfte war wieder freigelassen. Freitags, den letzten Mai rückte Landgraf Moritz von Hessen sammt Gemahlin mit vielen Wagen und Pferden von Straßburg her in die Stadt. Ihm überbrachte eine Rathsbotschaft zum Willkommgruß ein halbes Fuder Wein, vier Salmen und 12 Säcke Haber. Samstag, den 1. Juni rückten in großer Anzahl zu Fuß und Pferd und mit klingendem Spiel die Berner-Schützen ein und wurden unter Kanonendonner vom Aeschenthor herab feierlich empfangen [22]. Abends kamen die Schützen von St. Gallen und Schaffhausen zu Schiff den Rhein herunter; letztere mit treff-

---

[22] Vinzenz Holzer, des Raths, war der Berner Obmann. Die Obrigkeit gab ihm 500 Pfd. an die Kostensteuer und lieferte den Schützen die Geschosse in einem besondern Verschlag nach Basel. S. Stettlers Chronik.

lichen Trompetern, unter ihnen ein Knabe von 6 Jahren, der die
Baßtrompete blies. Ihnen folgten die Zürcher, ebenfalls zu Schiff.
Sonntags rückten die Solothurner ein, unter dem heldenmüthigen
Hans Stocker, Obervogt von Dorneck. Die Auswahl der Herberge
war den Schützen freigestellt. Um 11 Uhr zogen die Schützen von
Basel mit ihrer Fahne auf den St. Petersplatz. Daselbst gab
ihnen der Landgraf von Hessen drei Räthe und Hofjunker mit,
welche in einem sammtnen Seckel 100 Goldgulden sammt einer Fahne
zu einem Nachschießen zu überbringen hatten. Hierauf rückten, immer
von Basler-Schützen begleitet, die Angesessenen des Hauses Oesterreich
auf die Zielstatt. Ihnen folgten die der Markgrafschaft Baden,
sodann die von Bern, Zürich, Schaffhausen und St Gallen; endlich
die von Mümpelgard. Die von den übrigen Orten, ohne Fahnen
hergekommenen Schützen trafen ohne feierlichen Empfang auf dem
Festplatz ein. Nur ungerne vermißte man die Botschaften der fünf
katholischen Orte. Auf der Schießstätte brachte im weiten Kreise
der Gäste und Schützen der Stadtschreiber mit herzlichen Worten
den Schützengruß. Denselben erwiderte im Namen der Städte und
zugewandten Orte der Eidgenossenschaft Heinrich von Schönau,
Obmann von Zürich. Hierauf wurden alle Schützen in 7 Loose
getheilt und die Neuner gewählt. Das erste Loos in der Reihen=
folge der Schützen bei den Musketen fiel auf Zürich; bei den Hacken
auf die Ansäßen des Hauses Oesterreich. Dann wurden die Doppel
erlegt und die Büchsen gezeichnet. Es hatten sich 457 Musketen
und 339 Hackenbüchsen eingefunden, somit zählten beide Geschosse
4 weniger als 800 Schützen. Montag, den 3. Juni, Nachmittags,
begann das Schießen. Seidene Fahnen von verschiedener Farbe
und mit der Nummer der Loose bezeichnet, wurden sowohl für die
Musketen wie die Hacken zur Anzeige der Reihenfolge vor die
betreffenden Zelte gesteckt. Dienstag, den 4. Juni, traf der französische
Ambassador von Solothurn ein und wurde Nachmittags zugleich
mit dem Markgraf von Hessen und seiner Gemahlin unter Kanonen=
donner von den Basler-Schützen feierlich auf den Schießplatz begleitet.
Freitags, den 14. Juni, zogen die Schützen mit ihren Gaben in
die Stadt. Es wurden über 400 taffetne Fahnen mit ebenso
vielen Gewinnsten gezählt. Die beste Gabe in der Muskete,

300 Gulden an Werth, hatte Burkard Born in Drutikon im Kt. Solothurn gewonnen; die zweite Junker Abraham von Grafenried von Bern; die dritte Durs Krauter von Solothurn. Die beste Gabe im Hacken: Kastor Keller, Stadtbot von Bern; die andere (60 Gulden): Martin Furlemeyer von Liestal, Kt. Basel. Mittwochs vorher hatte der Rath 50 Goldgulden in einem schwarzen Sammetbeutel mit weißen Schnüren den Schützen zu einem Nachschießen überreichen lassen. Die Gabe wurde für die Muskete, die des Landgrafen von Hessen aber für den Hacken bestimmt. Der Doppel in letzterm betrug einen Dukaten, in der Muskete einen Reichsthaler. Es wurden nur 6 Schüsse gethan. Die Gabe im Hacken gewann: Daniel Gut, Leinweber in Basel; diejenige in der Muskete: Hans Ulrich Dünberger in Solothurn. Zum Schlusse des Schießens bot der Rath allen anwesenden Schützen nach alter Sitte eine vortreffliche Mahlzeit im obern Saale des Zeughauses, der eigens dazu ausgeschmückt worden und in den die Schützen mit klingendem Spiele eingerückt waren. Verschiedene Rotten junger Bürger wechselten als Diener der werthen Gäste unter Trompetenschall in den verschiedenen Gängen des Festmahles, zu dem alle Weiher ausgefischt wurden und eine obrigkeitliche Jagd angeordnet worden war. Sechshundert Schützen speisten unter trefflicher Bedienung fröhlich und wohlgemuth zusammen. Dann schloß das Mahl der Pfarrer zu St. Peter mit einem andächtigen Gebet. Hierauf verabschiedete der Stadtschreiber im Namen des Rathes alle werthen Gäste mit freudigen Segenswünschen, worauf im Namen der Eidgenossen Junker von Schönau den Ruhm und Dank derselben für das gelungene Fest aussprach.

Drei Jahre nachher, im Jahre 1608 gab Zürich den schweizerischen Bogen-Schützen ein gemeinsames Gesellenschießen. Die beste Gabe war ein silberner Becher, 16 Gulden an Werth. Die Bogenschützen von Schaffhausen und Winterthur wurden auf dem Hof und in Winterthur bewirthet. Die Kosten beliefen sich auf 189 Gulden 13 Schilling.

1615 gab Schaffhausen den Bogenschützen ein Gesellenschießen und vier Jahre später St. Gallen. Im Jahre 1641 gab Glarus ein schönes Gesellenschießen und zwar vorzugsweise den Schützen von

Schwyz, die zahlreich durch das romantische Klönthal hinüber zogen. Das Schießen dauerte 5 Tage. Es wurde ein Schützenrath von 15 Mitgliedern gewählt, darunter 9 von Schwyz, 6 von Glarus. Alt Landammann und Landeshauptmann Heinrich Brunner wurde als allgemeiner Schützenmeister erkoren. Es waren 75 Gaben für die Schützen ausgesetzt, darunter zwei goldene Becher mit Deckeln und eine vergoldete Traube, ein Geschenk des französischen Gesandten im Namen des Königs.

Im Jahre 1646 schrieb Herisau ein großes Gesellenschießen mit der Büchse aus. Es erschienen zahlreiche Schützen aus St. Gallen, St. Fiden, Wyl, Winterthur, Frauenfeld, Bischofszell, Rorschach, Toggenburg, Ober= und Unterrheinthal, Weinfelden, Goßau, Grafschaft Sax und Werdenberg. Mit eidgenössischer Freundlichkeit wurden sie von Landammann Tanner begrüßt und bewirthet. Abends begleiteten die Räthe ihre Gäste in die Herbergen. Die Obrigkeit schenkte jeden Tag Ehrenwein und die Standesgabe bestund in einem vergoldeten Becher, 44 Gulden 46 Kreuzer an Werth. Vier vaterländisch gesinnte Appenzellerbürger schenkten den Schützen nachträglich noch 3 Stiere zu einem Nachschießen. Im Jahr 1667 wurde in Gais, in Appenzell Außer=Rhoden, ein Gesellenschießen abgehalten. Die Regierung von St. Gallen schenkte ihren Schützen, welche hinzogen, 37 Gulden 37 Kreuzer an die Unkosten. Im Jahr 1668 war in Krummenau im Toggenburg ein Freischießen. Die St. Galler Schützen erhielten 24 Gulden an die Unkosten.

Im Jahr 1671 folgte sodann ein großes Freischießen in der Stadt St. Gallen, auf der gewöhnlichen Schießstatt gegen St. Leonhard. Dasselbe fand im Herbstmonat statt und dauerte 14 Tage. Die Ehrengaben waren: ein silber=vergüldeter Becher, 60 Gulden werth, als Ehrengabe der Regierung; ein Stier; ein Geisbock; fünf Ellen holländisch Tuch; fünf Ellen Schwarztuch; zwei Ellen fein roth Tuch; eine vergüldete Schnalle; ein Paar graue Hosen; ein rothes Wollenhemd; ein Paar rothe Hosen; ein Weiberpelz und ein Paar feine Weiberstrümpfe. — Jede der ankommenden Schützengesellschaften wurden von dem Bürgermeister und Räthen empfangen, in ein besonderes Quartier geführt und dort durch einen Staats=

beamten mit 12 Kanten Ehrenwein beschenkt. Sechs Rathsglieder waren während der ganzen Dauer ihres Aufenthaltes bestimmt, Gesellschaft zu leisten.

Am Schlusse des Festes ging der Zug der Schützen, je ein St. Galler und ein Gast, Arm in Arm vom Schießplatz durch die Stadt auf die Zunft zu Webern, woselbst der regierende Bürgermeister, Hans Joachim Haltmeier, eine traulich freundschaftliche Abschiedsrede an die Schützen hielt, welche im Namen derselben Seckelmeister Hans Konrad Geiger von Appenzell ebenso warm erwiderte. Darauf erfolgte ein Vespertrunk, an dem 600 Mann auf der Zunft der Weber und 200 auf jener der Schneider Theil nahmen. So endigte dieses durch seinen so treuherzig eidgenössischen Geist ausgezeichnete Freischießen zur besten Zufriedenheit und ließ noch lange freundliche Nachklänge in den Herzen der Theilnehmer zurück, wie die gedruckte Festbeschreibung es meldet. Jakob Frei von Trogen gewann den Herren-Becher als beste Gabe und Georg Lenggenhager aus dem Thurthal den Geisbock.

Acht Jahre später (1679) wiederholte die freundliche Gallusstadt das Fest noch einmal. Dasselbe wurde aber weniger zahlreich besucht.

Das letzte Freischießen, wovon uns die Chroniken Kunde geben, hatte im Jahre 1683 in Sursee statt, wo uns das erste entgegen gelacht hat. Dasselbe hatte unter Schützenmeister Jost Göldlin in sehr freundschaftlicher Weise auf 14. Oktober desselben Jahres seine reformirten Nachbarstädte im Aargau zu sich zu einem großen Ehrenschießen eingeladen, deren Schützen mit denen der Nachbarschaft auch zahlreich erschienen. Die Stadt hatte zum Verschießen ausgesetzt: einen Munistier und ein Silbergeschirr.

Mit dem Geiste eidgenössischer Verbrüderung verschwanden im achtzehnten Jahrhundert auch die eidgenössischen Gesellenschießen spurlos aus der Geschichte. Das fremde Pensionswesen mit seinem Sittenverderbniß hatte in diesem Jahrhunderte in den wilden Parteien der sogenannten Harten und Linden den Höhepunkt seiner Entartung erreicht [23]. Offener Todschlag unter dem entsittlichten

---

[23] Meister (Hauptscene der helvetischen Geschichte) verrechnet die öffentlichen und geheimen Gehalte von 1480 bis 1715 zusammen auf

Volke und grauenvolle Justizmorde der wechselnden Familienherr=
schaften waren an der Tagesordnung und zeichneten jene traurigen
Zeiten mit blutigen Buchstaben in unsere vaterländische Geschichte.
Geldgier und Herrschsucht der Regenten wie wilde Rohheit und
Parteiwuth des Volkes hatten jeden nationalen Sinn verdrängt und
die alten gemeinsamen Gesellenschießen zu einer „Unmöglichkeit" ge=
macht.

Erst gegen Ende des verkommenen Jahrhunderts regte sich das
vernachläßigte Schützenwesen wieder und wagte sich in einzelnen
Versuchen wieder über die Kantonsmarchen hinaus. So besuchten
1791 zwölf Schützen von Solothurn mit eigener Standesfahne und
in einem eigens zu der Fahrt eingerichteten und ausgeschmückten
Wagen ein Freischießen in Zug, wo sie mit einer Anrede empfangen,
zwei Tage gastfrei gehalten und dann feierlich wieder fortbegleitet
wurden.

Ebenso besuchten sich im Jahr 1795 die Schützen von Luzern
und Schwyz gegenseitig zum Wettschießen mit wechselseitigen Mahl=
zeiten. Zur alten Idee gemeinsamer eidgenössischer Verbrüderung
vermochten die Schützen jener Zeit sich nicht mehr zu erheben. Das
blieb einer spätern und bessern Zeit nach harten Prüfungen vorbe=
halten.

1,146,868,623 Gulden, aber auch die Zahl der Bürger, die dafür in fremde
Länder auf die Schlacht geliefert wurden, auf 700,000 Mann.

Zweiter Abschnitt.
Die eidgenössischen Freischießen des neunzehnten Jahrhunderts.

>Das Alte stürzt — es ändert sich die Zeit,
>Und neues Leben blüht aus den Ruinen.
>Schiller im W. Tell.

Wie ein allgewaltiger Orkan waren die Wogen der französischen Revolution auch über unser schweizerisches Hochland hinweggebraust, manches Alte zertrümmernd und verschlingend, aber auch neue Keime im Volksleben weckend, die von bösen Dünsten verdorbene Luft reinigend und erfrischend. Auf die Fluth der Centralität in der Helvetik war die Ebbe der Restauration des Patriziats nach dem Sturze Napoleons gefolgt. In ihrer äußern Ruhe, bei einer im Durchschnitt redlichen und sparsamen Verwaltung, reifte manche große und schöne Idee einer herrlichen Entfaltung entgegen. Was Waffengewalt nicht zu erzwingen vermochte, das erstrebte die Liebe in der Sehnsucht nach einer Verbindung gleichgesinnter Brüder zum Zwecke der Gestaltung eines zeitgemäßern, freien, öffentlichen Lebens. So bildeten sich Vereine auf dem Gebiete der Wissenschaften wie auf dem gemeinnützigen Strebens. So entstunden die schweiz. naturforschende, die schweiz. medizinische, die schweiz. thierärztliche, die schweiz. militärische, die schweiz. geschichtforschende, die schweiz. Prediger-, die schweiz. künstlerische, aber auch die helvetische, schweiz. gemeinnützige und schweiz. volksbildende Gesellschaft. Noch fehlte aber ein wesentlicher Vereinigungspunkt für die Schweizernation selbst. Es fehlten die alten nationalen Freischießen der Väter in veränderter, zeitgemäßer Form. Mit dem frohen, kräftigen Bewußtsein der angestammten Freiheit war auch im Schweizervolke die alte Liebe zu den Waffen und zwar zum neuen Stutzer auf's Neue erwacht und lebendig geworden. Ueberall, in Städten und in

Dörfern hatten sich wieder Schützengesellschaften gebildet, die sich zu kleinern Wettschießen gegenseitig besuchten. Mit der zunehmenden Lust und Liebe zu den edlen Waffenübungen des Scharfschießens erwachte auch ein zuerst unklarer, dann aber immer mächtigerer Drang zu einer gemeinsamen Vereinigung des schweizerischen Waffenvolkes in einem mächtigen Schützenbund. Bei einer derartigen Stimmung desselben bedurfte es nur der entschiedenen Anregung eines thatkräftigen Mannes, um die schwellende Knospe des schweizerischen Schützenbundes zur Blüthe sich entfalten zu machen. Das sollte auf dem Boden des jungen Kantons Aargau geschehen, dem schon so mancher eidgenössische Verein sein Dasein zu verdanken hatte. Im frohen Bewußtsein der errungenen Freiheit und Unabhängigkeit, ohne eitlen Wahn, am Ruhme der Väter zu zehren und mit ihm groß zu thun, sondern beseelt von dem als Zielpunkt thatkräftigen Bestrebungen sich gewählten Beruf, als geistiger Vorort eidgenössischer Vereine die nationale Einigung der schweizerischen Völkerschaften deutscher und welscher Zungen in allen Richtungen kulturwürdiger Bestrebungen immer mehr und mehr in's Leben zu rufen, bemühte sich der schöne Aargau, sich seine eigene Geschichte zu schaffen und in mannigfacher Beziehung war es ihm bereits mit glücklichem Erfolge gelungen. In solcher Weise fand die Idee eines eidgenössischen Schützenbundes und der mit demselben verbundenen schweizerischen Nationalfeste, im Sinn und Geiste einer besseren Zeit unserer Väter auf dem eidgenössisch bewährten Boden des Aargau's die geeignetste Pflanzstätte und die sorgfältigste und erfolgreichste Pflege. Seit der Gründung des Kantons hatten sich die zahlreichen Schützen desselben die Pflege der edlen Schießkunst zur ernsten Aufgabe gemacht und sich daher neben zahlreichen Bezirks- und Gemeinde-Schützenvereinen zu einer kantonalen Schützengesellschaft zusammen gethan, die alljährlich ein größeres Freischießen ausschrieb, an welchem auch Schützen aus benachbarten Kantonen zahlreich Antheil nahmen. Ein solches Kantonalschießen hatte denn auch im Jahr 1822 die Schützengesellschaft von Aarau ausgeschrieben. Während demselben brachte in trautem Freundeskreise plötzlich mit überwältigender Begeisterung und Klarheit die Anregung der Stiftung eines eidgenössischen Schützenvereines Herr

Schützenmeister Schmid=Guiot zur Sprache. Derselbe war ein trefflicher Schütze und gut körniger Eidgenosse, ein freisinniger und gebildeter Biedermann, der wegen seiner Tugenden allgemein bekannt war und dessen Name und Wort bei den Schützen guten Klang hatte auch über die aargauischen Kantonsmarchen hinaus. Die Anregung fand mit Jubel allgemeinen Beifall. Der Schützenmeister erhielt daher den Auftrag, einen allgemeinen Plan im Sinne der gemachten Anregung zu entwerfen, sowohl mit Rücksicht der Wohlthätigkeit einer solchen Vereinigung der Schweizerschützen, sowie derjenigen der finanziellen und technischen Verhältnisse. Sofort machte sich der Beauftragte mit voller Thatkraft an die Arbeit. Der Entwurf fand in der Schützengesellschaft der Stadt Aarau ungetheilten Beifall. Er wurde daher im Jahr 1823 zu näherer Ausarbeitung an einen Ausschuß von sieben Mitgliedern gewiesen, welche sich auf folgende drei Vorschläge einigten:

1) Die Mitglieder der Schützengesellschaft gründen ein Aktienkapital von 10,000 Fr. mittelst Aktien von 200—400 Fr., und zwar mit der Bedingung, daß allfällige Verluste nach Verhältniß der Aktien gedeckt würden, ohne Nachtheil des Schützengutes, jeder Gewinn dagegen, nach bestrittenen Umkosten, dem Schützenfonde als Kapital zufließe.

2) Sei die hohe Regierung um Genehmigung des Schießens zu ersuchen, sowie um beförderliche Mitwirkung zum Gedeihen des Unternehmens, Unterstützung durch eine Geldgabe und andere materielle Erleichterungen.

3) Auf gleiche Weise sei der löbliche Stadtrath anzugehen.

Diese Vorschläge wurden von der Schützengesellschaft einmüthig angenommen und in Zeit von zwei Tagen waren sämmtliche Aktien gezeichnet. Die hohe Regierung ihrerseits nahm das Gesuch sehr wohlwollend auf und wies dasselbe zur Berichterstattung an die Militärkommission, von der dann zweckmäßige Vorschläge und Empfehlung zu kräftiger Unterstützung an die hohe Regierung zurück gelangten. Daraufhin übertrug diese der Militärkommission die Oberleitung des ersten eidgenössischen Freischießens und ertheilte ihr den Auftrag, die Militärbehörden aller Kantone von dem eidgenössischen Vorhaben in Kenntniß zu setzen und durch ihre Vermitt=

lung zu bewirken, daß das erste Nationalfest von den bestehenden Schützengesellschaften und einzelnen Schützenfreunden zahlreich besucht werden möchte. Zugleich bestimmte die Militärkommission 2 Kanonen mit Schießzeug, Zelten und Kochgeschirr aus dem Zeughaus und erwirkte die nöthige Vollmacht zur Einberufung der nothwendigen Artilleristen auf Kosten des Staates. Endlich bewilligte die Regierung 600 Fr. in neuen Thalern als Ehrengabe in die Tellenscheibe.

Sofort setzte sich die Militärkommission in Verbindung mit dem Schützenausschuß und dieser wählte zu seinem Vorstand ein Mitglied der erstern: Hrn. Regierungsrath Rothpletz.

Der Stadtrath von Aarau seinerseits erklärte ebenfalls seine freudige Zustimmung zu dem vaterländischen Unternehmen und versprach die Mithilfe des städtischen Bauwerkes zur Aufstellung der Scheiben und nöthigen Blendung. Sodann schenkte er auch eine Ehrengabe von 300 Fr. in die Tellenscheibe. Als festleitender Ausschuß wurden ernannt: Hr. Regierungsrath Rothpletz als Vorstand; Artillerie-Hauptmann Herzog als Seckelmeister; Artillerie-Oberstlieutenant Bär als Sekretär; Hr. Schützenmeister Schmid-Guiot, zur Eintheilung der Gaben, Errichtung der Schießstätte, Anschaffung der Weine; Appellationsrichter Med. Dr. Tanner als ausschließlicher Festredner beim Empfang und Abschied der Gesellschaften sowie für die Trinksprüche zu Ehren der an der Tafel anwesenden Gesellschaften, Besorgung sämmtlicher Konzepte für alle Schreiben an Behörden und Gesellschaften; Fürsprech Dr. Tanner, für Verzierung des Festplatzes und Besorgung der Einquartierung; Buchhändler Christen, für Schreibmaterial und Druckarbeiten; die Oberstlieutenants Bär und Imhof für die Polizei auf dem Schützenplatze. Unterstützende Mitglieder waren noch: Rentmeister Fisch und Carl Herose. Herr Schützenmeister Märk übernahm den Dienst der Schießhütte und der Scheiben sowie der Kleidung der Zeiger. Der von dem Ausschuß erwählte Schützenrath hatte auf seine Kosten eine geräumige Speisehütte mit Küche, Keller und Vorrathsbehälter zu errichten und die Beköstigung der Zeiger und Abwarte zu übernehmen. Die übrigen Gebäulichkeiten ließ dagegen die Gesellschaft erstellen und sorgte auch für die Festmusik. Zwei Mitglieder übernahmen auch als Kommissäre die Handhabung der Ordnung und Schlichtung allfälliger Anstände. Drei Kanonenschüsse hatten die Ankunft und den Abschied jeder mit einer Fahne eintreffenden Gesellschaft zu begrüßen. Zwei Versammlungen sämmtlicher als Mitglieder sich anmeldender Schützen hatten den Statutenentwurf des schweizer. Schützenvereines zu berathen und die Constituirung desselben auszusprechen. Der von der Regierung genehmigte Schießplan wurde in deutscher und französischer Sprache an alle kantonalen Behörden und Schützengesellschaften mit freundlichem Begleitschreiben versandt. Derselbe hatte folgende Eintheilung:

Der gesammte Gabensatz betrug 10,000 Fr. Neben der eidgenössischen oder Tellenscheibe wurden vier weitere Stichscheiben aufgestellt (rother, gelber, blauer und weißer Stich) und sodann zahlreiche Kehrscheiben, im Ganzen 17. Die Tellenscheibe umfaßte die Ehrengaben der Regierung und des Stadtrathes von Aarau, sodann 400 Fr. von der Schützengesellschaft, zusammen 1300 Fr., zu denen noch ein silberner Becher als Ehrengabe der Stadt Lenzburg im Werthe von 120 Fr. kam. Die Scheibe umfaßte 31 Gewinnste. Für die erste Gabe stund die Wahl zwischen dem silbernen Becher oder 120 Fr. in Geld offen. Die letzte Gabe betrug 20, die Zeigerehre 14 Fr. Sämmtliche Gaben in dieser Scheibe waren ohne Abzug. Jeder der 4 übrigen Stiche umfaßte 80 Gaben, von denen die erste 80, die geringste 20 und die Zeigerehre 5 Fr. betrug; die Gesammtsumme für jeden Stich war 1800 Fr. Ebenso hoch war der Betrag der Kehrscheibe, eingetheilt in 100 Gaben, von denen die erste 80, die letzte 5 Fr. war. 600 Fr. waren für Prämien ausgesetzt. Jede erste und letzte Nummer Vor- und Nachmittags erhielt 10 Fr.; die meisten Nummern während jedem Tag 20 Fr.; die meisten Nummern während allen 6 Tagen 80 Fr.; die zweitmeisten 60, die dritt-, viert- und fünftmeisten 40, 35 und 25 Fr. Der Doppel in alle 5 Stiche betrug 16 Fr., in die Kehrscheibe 2 Fr. Neben diesen Scheiben war endlich noch eine Nummernscheibe aufgestellt nach Art der alten „Schledscheiben". Jeder Schütze, der in selbe schießen wollte, zahlte 4 Fr. Doppel. Dafür konnte er sechs Schüsse thun. Der Betrag des Gesammt-

doppels wurde sodann, nach Abzug eines Batzen auf 1 Fr., unter
alle geschossenen Nummern gleichmäßig vertheilt. Der gleiche Abzug galt auch in den Stich= und Kehrscheiben. Es durfte nur
von freier Hand geschossen werden. Die Schußweite sämmtlicher
Scheiben betrug 540 Schuh Berner Maß. Der Nummernkreis
der Stiche betrug 16 Zoll, derjenige der Kehrscheibe 3 Zoll. Es
durfte von Morgens 6 Uhr bis 12 Uhr und von 1 Uhr bis zum
Zunachten geschossen werden. Ein Kanonenschuß bezeichnete Anfang
und Schluß. Die Zeiger wurden aus allen Kantonen einberufen.
Zum Absenden wurden auswärtige Schützen beigezogen. Die Festzeit wurde vom 7. bis 12. Brachmonat festgesetzt. Den erlassenen
Einladungsschreiben waren von allen Seiten freudige Zusagen für
den Festbesuch gefolgt. So rückte die Zeit des ersten eidgenössischen
Schützenfestes heran.

Erstes eidgenössisches Freischießen in Aarau,
gehalten vom 7. bis 12. Brachmonat 1824.

> Ein Band mehr zu ziehen um die Herzen der Eidgenossen, die Kraft des Vaterlandes durch Eintracht und nähere Verbindung zu mehren und nach eines Jeglichen Vermögen gleichzeitig zur Förderung und Vervollkommnung der schönen, sowie zur Vertheidigung der Eidgenossenschaft höchst wichtigen Kunst des Scharfschießens beizutragen: das mag der Zweck des eidgenössischen Schützenvereins sein.
>
> **Entwurf des eidgen. Schützenvereins in Aarau, 1824.**

Zum Festplatze war die geräumige Ebene des Schachens auserwählt worden auf der Südwestseite der Stadt Aarau zwischen dem rechten Aarufer und den Anhöhen des Oberholzes, die gewöhnlich zu den kriegerischen Uebungen der Truppen sowie auch zum Jugendfeste benutzt wird. Eine grüne, mit Blumenkränzen und Inschriften gezierte Ehrenpforte bildete den Eingang des Schießplatzes. Rechts davon, auf gleiche Weise geschmückt, zeigte sich das Schützenhaus, von welchem herab auf beiden Seiten neben der eidgenössischen Fahne die Schützenfahnen der anwesenden Gesellschaften flatterten. Links stund das Gebäude des Empfangssaales, wo den mit einer Fahne ankommenden Schützen der Schützengruß und der Ehrentrunk aus goldenem Becher geboten wurden, in welchem sämmtliche Gaben in gestickten Säckchen, die der eidgenössischen Scheibe in rothsammtnen Säckchen mit weißem Kreuze aufgehängt waren. Von hier bis zur geräumigen Schießhalle befand sich ein großer freier Platz zur ungehemmten Bewegung der Festbesucher. Rechts davon waren unter einem Bretterdach zahlreiche Tische und Bänke, an denen täglich mehrere hundert Gäste speisten. Von der mit Kastanienbäumen geschmückten Schanze grüßten die donnernden Kanonen. Die Schießstätte im Hintergrund des Platzes war sehr bequem und geräumig. In bestimmter Entfernung davon, durch Blendung von grünen Tännchen hinreichend geschieden, stunden die

17 Scheiben; über der eidgenössischen Stichscheibe befand sich das lebensgroße Bild von Wilhelm Tell mit dem Knaben. Die nothwendige Waffenschmiede und Magazine zur Aufbewahrung der Stutzer befanden sich ebenfalls auf dem Platz. Außer den wenigen Ehrenwachen bei den verschiedenen Gebäuden bemerkte man gar keine Polizei auf dem Festplatz. Die Selbstachtung eines freien Volkes war den Tausenden von Festbesuchern die beste Schutzwehr gegen Unordnungen. Mit bundesbrüderlicher Gastfreundschaft öffneten die Bürger der Stadt Aarau den Miteidgenossen ihre Wohnungen, die dem festordnenden Ausschuß zur Verfügung gestellt waren und nach Wunsch sehr bereitwillig angewiesen wurden. Alle Einrichtungen des Festes hatten den Charakter edler, republikanischer Einfachheit, aber eines guten Geschmackes, sowie einer herzlichen, eidgenössischen Wohlmeinenheit. Sonntags den 6. Brachmonat waren sämmtliche Zeiger und in der Schießhalle Angestellten in's Gelübde genommen und ihnen die möglichste Vorsicht, Pünktlichkeit und Ordnung an's Herz gelegt worden. Montags den 7. Brachmonat, Morgens 6 Uhr, bei herrlicher Witterung, die bis an die zwei letzten Tage anhielt, verkündigten 22 Kanonenschüsse und der Schall feierlicher Musikchöre die Eröffnung des eidgenössischen Schützenfestes. Zuerst zogen die Schützen von Zürich ein. Ihnen folgten jene von Zofingen, sodann von Aarburg, einen greisen Schützen als Pannerträger an der Spitze. Sie wurden Alle vom wohlbestellten Festredner mit traulichem Schützengruß empfangen, und ebenso herzlich war die Erwiderung der Ankommenden. Der Lichtpunkt des Tages war der Einzug der Lenzburger Schützen. Voran schritt ein weißes, stattliches, mit Blumen und Federbüschen schön geschmücktes Pferd. Es trug auf jeder Seite ein Fäßchen, mit dem Stadtwappen von Lenzburg hübsch bemalt. Am Vordertheile desselben erblickte man das eidgenössische, am Hintertheile das aargauische Kantonswappen. Das eine der Fäßchen enthielt feinen weißen, das andere feurigen rothen Schloßberger Stadtwein. Es war das Geschenk ein Zeichen des Wohlwollens von Seiten des Stadtrathes von Lenzburg für die Schützengesellschaft der Stadt Aarau. Dem Saumrosse folgten in der Kadettenuniform zwei schmucke Knaben, von denen der Eine den in einem zierlichen Kästchen verschlossenen sil-

bernen innen vergoldeten Becher trug. Auf der Vorderseite desselben war das eidgenössische Kreuz, auf der andern das Wappen der Stadt Lenzburg, eingegraben einerseits:

„Kennt, Brüder unsre Macht:
Sie liegt in unsrer Treu!"

und anderseits:

Von der Schützengesellschaft der Stadt Lenzburg als Ehrengabe auf das eidgenössische Freischießen der Nachbarstadt Aarau 1824.

Den Lenzburgern folgten mit Fahne die Schützen von St. Urban, ohne selbe, aber zahlreich diejenigen von Thalweil, Wädensweil und Abgeordnete von Chur, mit Beglaubigungsschreiben der dortigen Schützengesellschaft wohl versehen.

Am Dienstag rückte die Amtsschützengesellschaft von Bern ein; ihr folgten die Schützen der Stadt Luzern und Willisau, endlich die von Sursee und Trachselwald.

Am Mittwoch erschienen zuerst die Schützen von Stanz mit dem Unterwaldner Panner, die Amtsschützengesellschaft von Konolfingen im Kanton Bern. Ferner die von Baden im Aargau, sodann Abordnungen von Genf und von Orbe im Kanton Waadt.

Am Samstag rückte eine zweite Abtheilung munterer Luzerner Schützen nach; sodann die Schützen von Brugg, Mellingen, Solothurn und Olten; sehr zahlreich die von Basel und Umgebung; endlich die Reismusketengesellschaft von Bern mit einer Abordnung von Biel. Hierauf die Schützengesellschaften der Städte Zug und Schaffhausen und die von Appenzell. Ohne Fahne waren gekommen: zahlreiche Abordnungen von St. Gallen, Glarus und Winterthur.

Am Freitag erschienen noch die Amtsschützengesellschaft von Aarwangen und eine Abordnung von Freiburg mit Beglaubigungsschreiben; endlich ein Abgeordneter von Neuenburg. Ungern vermißte man eine größere Anzahl von Schützen aus dem Waadtland.

Mit der Reinheit des Himmels und der Anmuth des gesegneten Geländes verklärte ein traulicher und froher Schützengeist das gelungene Nationalfest. Fröhliche Lieder erklangen ohne Unterbruch an den stets dichtbesetzten Tischen und mischten sich mit dem unausgesetzten Stutzerknallen im Schießstand und dem Kanonendonner von der Schanze her zum Gruß und Abschied der lieben Eidgenossen. Im lieblichen Grün unter freiem Himmel zählte die Mittagtafel alle Tage 3—400 frohe Gäste. Trefflich mundete Lenzburg's Ehrenwein den Schützen. Gesänge und Trinksprüche würzten das einfache Mahl und hoben das schweizerische Nationalgefühl. Wiederholt speisten die Mitglieder des eben versammelten Großen Rathes und der Regierung mit den eidgenössischen Schützen. Keine Spur von Rangunterschied oder der Verschiedenheit der Confessionen gab sich kund. Eidgenosse zu sein und zu heißen war an dem brüderlichen Feste der höchste Stolz. Ueberall Begrüßungen alter Freunde, rasche Anknüpfungen neuer Bekanntschaften bei offenen und freudigen Schweizerherzen. Ueberall eine bisher noch nicht dagewesene, vaterländische Begeisterung und eine in froher aber doch maßvoller Lust überströmende Heiterkeit. Am Dienstag, Mittwoch und Freitag Abends versammelten sich die eidgenössischen Schützen zur Gründung ihres Vereines auf dem Rathhaus. Der Präsident des festleitenden Ausschusses besprach mit warmen Worten den Zweck des zu gründenden Vereines, die Herzen der Eidgenossen enger und näher an einander zu ziehen, den Kleinsinn und die Sprödigkeit des Kantönligeistes untergehen zu lassen im Hochgefühl der schweizerischen Nation, und das zu wecken, was allein die Stärke der Schweizer ausmacht: Treue und Eintracht. Es wurde dann ein allgemeiner, kurzer und gedruckter Statutenentwurf ausgetheilt und auf die Probe von einem Jahr durch die Versammlung angenommen. Derselbe enthielt folgende Punkte:

1. Der Zweck des eidgenössischen Schützenvereins besteht darin, ein Band mehr zu ziehen um die Herzen der Eidgenossen, die Kraft des Vaterlandes durch Eintracht und nähere Verbindung zu mehren und nach eines Jeglichen Vermögen gleichzeitig zur Förderung und Vervollkommnung der schönen, sowie für die Vertheidigung der Eidgenossenschaft höchst wichtigen Kunst des Scharfschießens beizutragen.

2. Nur Eidgenossen, die das sechszehnte Altersjahr zurückgelegt haben, in bürgerlichen Ehren und Rechten stehen, und angesessene Fremde, welche nebst den angeführten Erfordernissen entweder mit ihren Familien in der Schweiz ansässig sind, oder sich bereits

fünf Jahr in derselben aufgehalten haben, können als Mitglieder in den Verein eintreten.

3. Jedes Mitglied verpflichtet sich durch den Eintritt in den Verein, so viel wie ihm möglich ist, die Freischießen, voraus aber die eidgenössischen zu besuchen, sich in der Schießkunst zu üben, oder durch seine Aufmunterung und Unterstützung, sei es durch Entrichtung von Doppel an ärmere Schützen, durch Ehrengaben und auf andere Weise zur Förderung und Uebung der Schießkunst beizutragen, auch alle Erfahrungen und erworbenen Kenntnisse, sowohl in der Schießkunst als auch in Verbesserung von Schießgewehren, in Beziehung auf Wirkung des Pulvers, angemessenere Einrichtungen, neue Erfindungen u. s. w. dem eidgenössischen Schützenvereine mitzutheilen.

4. Dem eidgenössichen Schützenvereine steht ein Zentralkomité vor.

5. Die eidgenössischen Freischießen werden abwechselnd in den verschiedenen Kantonen abgehalten. Nicht bloß die Schützengesellschaften der Hauptorte des Kantons, sondern alle diejenigen, welche sich in Rücksicht auf ihre Oertlichkeit als Versammlungsort eignen, können sich für Abhaltung der eidgenössischen Freischießen melden.

6. Sobald die Zusammenkunft des Vereines an einem solchen Freischießen festgesetzt ist und die hohe Regierung des betreffenden Kantons ihre Bewilligung dazu ertheilt hat, sollen die Unternehmer den Prospektus zur Genehmigung vorlegen und nachher, wenn selbiger genehmigt ist, ihn sogleich auf übliche Weise bekannt machen.

7. Die Freischießen sollen jeweilen, besondere Fälle ausgenommen, im Monat Mai oder Juni stattfinden.

8. Bei solchen Freischießen soll hauptsächlich dafür gesorgt werden, daß der wesentliche Zweck der Vereinigung, die Schützen in nähere Bekanntschaft und Verbindung zu bringen, erreicht werde.

9. An jedem eidgenössichen Freischießen soll eine eidgenössische Scheibe aufgestellt werden, um darin die Ehrengaben, welche von Höhern, von Gesellschaften und Privaten zur Aufmunterung der Schießkunst eingehen, nebst vier- bis fünfhundert Franken aus der Vereinskasse einzutheilen.

10. In die eidgenössische Scheibe können nur Mitglieder des Vereines je einen Schuß thun; doch müssen sie erst den für die Stichscheiben bestimmten Doppel erlegt haben. Diejenigen Mitglieder

des Vereines, welche entweder nicht Schützen sind, oder sonst durch besondere Umstände verhindert sind, selbst zu schießen, sind befugt, durch einen Schützen, der aber nicht Mitglied des Vereins sein darf, auf ihre Rechnung schießen zu lassen; sie müssen aber ebenfalls den Stichdoppel doppelt erlegen. Die Umkosten dieser Scheibe fallen den Unternehmern zur Last.

11. Auf alle übrigen Scheiben, welche von den Uebernehmern aufgestellt werden, genießen die Mitglieder des eidgenössischen Schützenvereins keine weitern Vorrechte vor den andern Schützen.

12. Der Verein hat eine eigene Fahne mit passender Verzierung. Sie wird bei jeder Zusammenkunft des Vereines aufgepflanzt und bleibt in Verwahrung bei dem Präsidenten, von wo aus dieselbe durch die den folgenden Versammlungsort besuchenden Mitglieder an denselben begleitet wird.

Dieser Entwurf wurde wirklich später mit wenigen Abänderungen zu den Satzungen des Vereins erhoben. Fahne und Sigill schenkte die kantonale Schützengesellschaft des Aargau's im Voraus dem neuen Verein. Das Ergebniß der belebten aber einträchtigen Berathung war überhin der allgemeine Wunsch, daß sich alle schweizerischen Schützengesellschaften zu solchem eidgenössischen Vereine die Hand bieten möchten. Sogleich traten demselben mit Namensunterschrift ganze Gesellschaften wie auch eine Menge einzelner Schützen bei. So traten aus dem Aargau allein 301 Mitglieder bei, aus Genf 86; aus der übrigen Eidgenossenschaft 184, so daß die Gesammtzahl der während des eidgenössischen Schützenfestes in Aarau eingeschriebenen eidgenössischen Schützen sich auf 571 belief.

13. Der Verein hat ebenfalls ein eigenes Sigill mit passender Inschrift, welches in den Händen des Präsidenten aufbewahrt wird.

Samstag, Nachmittags 3 Uhr, kündigte Kanonendonner den Schluß des Schießens an. Kein Unfall hatte das schöne Fest gestört, außer daß der Zeiger von Lenzburg, Fischer, durch seine eigene Schuld einen Schuß in den Schenkel erhielt. Er wurde auf Kosten der Gesellschaft sorgfältig und mit großen Geldopfern verpflegt und mit einer jährlichen Unterstützung bedacht.

Nach erfolgtem Schluß wurde unter Zuzug anderer eidgenössischer Schützen zum Abstich und zur feierlichen Vertheilung der ersten Preise geschritten. In der Tellenscheibe erhielt nach Wahl den silbernen Becher Herr Stadtammann Jäger in Brugg, den zweiten Geldpreis: Achilles Lotz, Schützenstatthalter von Basel. Rother Stich 176: Herr Lichtenhahn von Basel; 218 Herr Maurer von Büron. Gelber Stich: 1. Heinrich Eichholzer von Langnau, Kts. Bern. 2. Ulrich Hirschbrunner von Sumiswald, Kts. Bern. Blauer Stich: 1. Jakob Hotz von Thalweil, Kts. Zürich. 2. Hr. Hüni von Horgen, Kts. Zürich, Herr J. Amstad von Beckenried und Schlosser Ritz von Brugg, welche 3 Stichschüsse hatten und daher sich gleichmäßig in die Summe von 185 Fr. theilen mußten. Weißer Stich: 1. Lieutenant Bucher von Sins und Agent Zimmermann von Bern, Beide mit Zweckstreifern die Summe von 150 Fr. theilend. 2. Niklaus Leemann von Worb. In der Kehrscheibe gewannen mit einem Zweckschuß die erste Gabe: H. Wunderli von Richterschweil, Kts. Zürich, Friedr Hirt von Solothurn und Bezirkskommandant Rothpletz, die Summe von 150 Fr. theilend. Als Schützenkönig mit den meisten Nummern in den 6 Tagen (45) gewann den Preis von 80 Fr.: Hr. Konrad Bachmann von Richterschweil; die zweitmeisten (42) schoß Hr. Heinrich Zollinger von Wädenschweil; die drittmeisten (38) Jakob Wild von Richterschweil; die viertmeisten (36) Posthalter Sitz von Knonau; die fünftmeisten (26) Schützenmeister Rudolf Suter von Zofingen. In der Nummernscheibe wurden 680 Doppel gelöst und 861 Nummern herausgeschossen, was nach Abzug der 10 Prozent auf jede Nummer den Betrag von 28 Batzen abwarf.

Mit allseitiger Zufriedenheit und in guter Freundschaft schieden die Schützen auf freudiges Wiedersehen an dem nächsten eidgenössischen Freischießen in Basel, und priesen daheim den traulichen und heitern, eidgenössischen Schützengeist, der in Aarau zur vollen Geltung gekommen sei. Der günstige Boden seiner Aussaat daselbst entschied über sein kräftiges Sprossen auf Jahrzehnte hinaus, und über das Gedeihen, Erblühen und Erstarken des eidgenössischen Schützenbaumes.

Zweites eidgenössisches Freischießen in Basel,

gehalten vom 14. bis und mit dem 19. Mai 1827.

> Das zarte Reis, gepflanzt in Aargau's fruchtbaren Gefilden, der hochherzige Gedanke seiner Schützen ist bereits zum starken Baum herangewachsen und seine Wurzeln trinken die Wasser unserer See'n und Ströme; seine Aeste verbreiten sich durch alle Thäler und Gebirge unseres Vaterlandes und sein Blüthenschmuck spiegelt sich mit dem ewigen Eis unserer Hochgebirge in des Leman's spiegelheller Fluth.
> Rathsherr Minder von Basel.

Die reiche Handelsstadt Basel, die in den frühern Jahrhunderten ihren eidgenössischen Sinn in so manchem gelungenen Gesellenschießen kundgegeben hatte, bewarb sich am ersten eidgenössischen Schützenfeste um die Ehre, zum nächsten eidgenössischen Freischießen die Schweizerschützen in seinen Mauern begrüßen zu können, und ihr war auch der Wunsch freudig gewährt worden. Dennoch verflossen zwei Jahre, bis er in Erfüllung gehen konnte. Endlich zu Anfang des Jahres 1827 wurde auf den Vorschlag der Schützengesellschaft der festleitende Ausschuß durch das abtretende Centralkomité also bestellt: Oberschützenmeister Minder als Vorstand, Benedikt Sarasin als Seckelmeister, Oberst Wieland als Schreiber. Ihnen wurden dann für die verschiedenen nothwendigen Verrichtungen als weitere Mitglieder beigegeben: Stadtrath Oberstschützenmeister Jakob Keller-Paravicini und Thomas Geigy, Mitmeister der Feuerschützen; Samuel Braun, Major; Wilhelm Geigy, Genie-Hauptmann und M. Thommen von Waldenburg. Dieser Ausschuß erließ sodann den 18. Jänner desselben Jahres ein sehr freundschaftliches Rundschreiben an sämmtliche Schützengesellschaften in den Städten und Orten, mit der vorläufigen Anzeige, daß kommenden Mai das eidgenössische Freischießen mit einer Gesammtsumme von 12,400 Fr. in Basel werde abgehalten werden. An diese Summe zahlte die Feuerschützengesellschaft 10,000 Fr., der Stadtrath und die Regierungsbehörde zusammen 2400 Fr. sammt 5 silbernen Bechern als Ehrengabe. Der Schießplan wurde größtentheils dem von Aarau nachgebildet. Der Festplatz war die gewöhnliche Schießstatt der Schützengesellschaften vor dem Spalenthor. Den Eingang zu demselben zierte ein grüner Festbogen. Ein großes, hölzernes, mit Zweigen, grünen Laubgewinden und der eidgenössischen Fahne geschmücktes Gebäude, das für mehrere hundert Gäste Raum hatte, diente als Speisehütte. Vor den Fenstern des geräumigen Schützenhauses flatterten zur Seite der eidgenössischen Mutterfahne die zahlreichen Töchterfahnen der Schützengesellschaften aus allen Gauen des gemeinsamen Vaterlandes. Im Innern des Hauses zog der geschmückte Gabensaal die sehnsüchtigen Blicke der Schützen an. Die Schießhütte war geräumig und durch zweckmäßige Einrichtung der Scheiben und Blendung für die Sicherheit gut gesorgt. Sämmtliche Einrichtungen wetteiferten an Einfachheit mit jenen in Aarau und entsprachen ganz dem republikanischen Schützengeiste, dem dieses Fest ausschließlich bereitet war. Zur frohen Eröffnung desselben hatten sich auf den 14. Mai 1827 1500 Schützen von Nah und Fern in Basel zusammengefunden. Sie wurden mit gewohnter Gastfreundschaft empfangen und alsbald entwickelte sich ein reger und heiterer Schützengeist.

Am Montag früh trafen mit fliegender Fahne zahlreich die Schützen des Vorortes Luzern ein und wurden von Schützenmeister Minder herzlich begrüßt. Den 17. Mai erschienen auf 16 Wagen, 80 Mann stark, die Appenzeller und St. Galler, unter ihnen eine Schaar in Aelplertracht, treffliche Natursänger mit dem Hackbrett, deren helle Jodler und heitern Volkslieder die Zuhörer entzückten. Das Absingen eines von Hauptmann Bruberer gedichteten Liedes war ihr Schützengruß. Zahlreich rückten im Laufe der Woche die Schützengesellschaften des Aargau's ein. Warm grüßte Lenzburg, und warm erwiderten den Gruß die beiden Schützenmeister Minder und Oswald. Die entfernten westlichen Kantone Genf, Waadt und Freiburg blieben aus. Ebenso Zürich. Am Freitag traf Bern ein, auf zahlreichen Wagen, den Mutz als Fahnenträger an der Spitze zum großen Jubel der Schützen wegen seiner possirlichen Sprünge. An dem bescheidenen gemeinsamen Mittagmahl in der Speisehalle nahmen täglich 4 - 500 Gäste Theil. Oft speisten, sie zu ehren, Mitglieder der Regierung mitten unter ihnen. Gesang und Frohsinn herrschte an den dichtbesetzten Tischen. Vaterländische Lieder und Trinksprüche wechselten mit Musikstücken, auch die beliebten Gelegenheitsgedichte und Festgesänge fehlten nicht. Sogar frohe Tänze nach alter Uebung verschönten bei reger Theilnahme die Festtage. Männer und Frauen der frommen Stadt Basel fanden sich stets zahlreich auf dem Festplatz ein; doch andere Festbesucher außer den Schützen fanden sich aus den übrigen Kantonen nur noch wenige ein. Wie das Fest seinen ersten Zweck in Hebung der Schießkunst und Pflege eidgenössischer Gesinnung setzte, erfüllte es diesen zu allgemeiner Zufriedenheit in warmer, vaterländischer Begeisterung und in heiterer mit frohem Witz gewürzter Lust. Oft sah man Freudenthränen in jungen und alten Männeraugen und aufrichtiger Dank und manch warmer Händedruck lohnte die gastfreundlichen Basler für ihr wohl bereitetes und gut geleitetes Fest. Unter den Rednern zeichneten sich die beiden Schützenmeister Minder und Oswald aus durch ihre treuherzige und kräftige Sprache; es war, wie eine Zeitschrift von damals sich ausdrückt, als wenn der Geist der Helden von St. Jakob in heiliger Weihe sie erfüllt und durchdrungen hätte. Dem Wohle des theuren, heißgeliebten schweizerischen Vaterlandes galten alle ihre Reden und weckten gleiche vaterländische Begeisterung in treuen biedern Schützenherzen. Der schweizerische Schützenverein wurde durch endgültige Annahme der Statuten feierlich und bleibend begründet und durch Zutritt zahlreicher neuer Mitglieder ansehnlich verstärkt. Die Schlußrechnung ergab 3516 Fr. 60 Rp. Einnahmen und 1992 Fr. 22 Rp. Ausgaben, mithin einen Kassenverblieb von 1524 Fr. 38 Rp. Der in der allgemeinen Sitzung vom 15. Mai 1827 einmüthig angenommene Statutenentwurf erhielt folgende nähere Bestimmungen:

Das Centralkomité des Vereins besteht aus einem Präsidenten, Seckelmeister und sieben Mitgliedern, darunter den Schreiber. Dasselbe wird aus Mitgliedern des künftigen Festortes gewählt und zwar durch das abtretende Komité auf einen durch die Schützenkommission des Festortes zu machenden Doppelvorschlag. An das Centralkomité sind die Anträge für Uebernahme eines eidgenössischen Schützenfestes einzureichen. Bei mehrfachen Bewerbungen entscheidet das Loos. Das Fest kann nur auf ein Jahr voraus bestimmt werden. Der Prospektus eines eidgenössischen Freischießens muß immer zur Genehmigung dem Centralkomité vorgelegt werden. Die eidgenössischen Freischießen müssen immer in den Monaten Mai oder Juni abgehalten werden. Diese Bestimmung wurde am ersten Freischießen in Zürich durch die allgemeine Schützenversammlung dahin abgeändert, daß zur Abhaltung des eidgenössischen Schützenfestes die Monate Mai, Juni und Juli festgesetzt wurden, mit einer Zeitfrist von 2 Jahren. An jedem eidgenössischen Freischießen wird eine eidgenössische Scheibe aufgestellt und dieselbe durch Ehrengaben und eine beliebige Summe aus der Vereinskasse ausgesteuert. In diese Scheibe dürfen nur die Vereinsmitglieder schießen. Der Verein hat seine eigene Fahne und sein eigenes Sigill mit der Inschrift: „Die Ehre und die Wohlfahrt des Vaterlandes sei mein Ziel, die Waffe sein Schutz und Schweizertreue seine Kraft." Ohne eigene Schuld verunglückten Zeigern oder Schützen oder ihren Familien gegenüber übernimmt der Verein eine Unterstützung aus seiner Kasse. Jedes Mitglied zahlt 2 Fr. Eintritts- und jährlich 1 Fr. Beitragsgeld und erhält ein Diplom. Eine Kantonalkokarde, gekrönt mit dem eidgenössischen Wappenschild, dient dem Schützen als Auszeichnung. Dem Komité ist gestattet, Vorschläge über Abänderungen reglementarischer Verfügungen an die Generalversammlung zu bringen, nachdem selbe vorher an drei Generalversammlungen geprüft worden sind [24]. Die erste Ehrengabe in der eidgenössischen Scheibe kam nach St. Gallen; einer der silbernen Ehrenbecher nach dem Kanton Appenzell. Die Schützen dieser beiden Kantone bezogen zusammen 1200 Fr. Gabengewinnste.

[24] In Bern wurden am 13. Juli 1830 nur zwei Generalversammlungen angenommen.

Drittes eidgenössisches Freischießen in Genf,

gehalten vom 16. bis 21. Brachmonat 1828.

> Dieses für alle Schweizer am meisten nationale, am meisten eines Republikanervolkes würdige Fest hat, obwohl es zuerst hauptsächlich dazu bestimmt war, zu zeigen, was der Stutzer in unsern Händen zu leisten vermag, nun einen nicht minder werthvollen Zweck mehr erhalten, nämlich denjenigen, uns einander zu nähern im Geiste der Eintracht, des Friedens, uns einander kennen zu lernen und uns immer mehr zu vereinigen, um den öffentlichen Geist zu heben, ohne welchen eine Nation bloß ein Leichnam ohne Seele und Leben ist, endlich unter der eidgenössischen Fahne den Eid zu erneuern, auf freiem und unabhängigem Boden zu leben und zu sterben, den Eid, welchen wir auch halten werden, die Freiheit zu vertheidigen, von welcher Seite sie immer möge bedroht werden.
>
> Cougnard der Aeltere.

Mit Genf hatte sich gleichzeitig Freiburg in Basel um die Ehre des nächsten eidgenössischen Schützenfestes beworben. Die Angelegenheit in Minne oder durch das Loos zu entscheiden, kam man in Neuenburg zusammen. Als Genf nun auf seiner Bewerbung beharrte und daher das Loos entscheiden lassen wollte, da erklärte Freiburg edelsinnig: „Es wolle dem Glücke nichts zu danken haben, sondern ziehe das Bewußtsein vor, den Wunsch der Genfer durch Aufopferung des eigenen zu erfüllen."

In Folge solcher bundesbrüderlicher Handlungsweise erhielt Genf das Fest. Diese rasch aufblühende Schweizerstadt an der äußersten westlichen Grenze hatte bereits damals schon durch Gewerbfleiß und wissenschaftliche Bildung einen europäischen Namen erworben. Durch den Anschluß an die schweizerische Eidgenossenschaft hatte die vaterländische Gesinnung seiner Bürger einen neuen Aufschwung erhalten. Diese ihren Miteidgenossen kund zu thun zugleich mit der warmen und treuen Anhänglichkeit an das gemeinsame schweizerische Vaterland und solches durch eine entsprechende That zu beweisen, war der Hauptgrund, warum Genf sich so beharrlich um die Ehre des schweizerischen Schützenvorortes beworben hatte. Nun sein Wunsch erreicht war, machten sich seine Bürger mit der gewohnten Thatkraft freudig an die würdige Ausführung des Unternehmens. Die angesehensten Männer des Freistaates boten ihre Mitwirkung zum Gelingen desselben an. Aus ihnen wurden in den Centralausschuß gewählt: Syndic Masbou, Regierungsabgeordneter für die

Uebungen der Schützen, als Vorstand; Oberst Düfour als Stellvertreter, Hauptmann Cougnard als Schreiber; Hauptmann Ravilliod als Seckelmeister. Ferner als unterstützende Mitglieder: der Schützenkönig Hauptmann Repignon, Michael Brun, Lieutenant Hoffmann, Unterlieutenant Odier-Thalusson, Johann David Cougnard.

Regierung und Bürger wetteiferten in großherziger Opferwilligkeit, den Gabensaal mit reichen Geschenken würdig auszuschmücken. Der Gesammtbetrag des Schießens belief sich auf 14,000 Fr. In die fünf sogenannten „guten" oder Stichscheiben schenkte die Regierung als erste Gabe je einen silbernen Becher und weitere 10,000 Fr. als Geldgaben. In die eidgenössische Scheibe kamen Ehrengaben im Werth von 2000 Fr. Der Rest der Gesammtsumme wurde für die Kehrscheibe und Prämien verwendet. Wie in Aarau, so wurden auch in Genf 17 Scheiben aufgestellt. Doppel, Schußweite und die übrigen Bedingungen entsprachen ebenfalls dem dortigen Schießplan. Zum Festplatz war die sogenannte Coulouvrenière ausgewählt und in einen englischen Garten umgewandelt worden. Rechts am Eingang, den ein geschmackvoller Festbogen schmückte, stunden die Zelte der Artilleristen und der Grenadiere der Genfer Miliz. Ihnen gegenüber war der Empfangsaal (salle de reception) auf dem Giebel geschmückt mit der eidgenössischen Fahne; in seinem Innern mit dem Bilde von Wilhelm Tell, umgeben mit den Fahnen aller Kantone und den reichen Schützengaben, die hier zur Schau ausgestellt waren. In gleicher Weise schmückte auch den geräumigen Schießstand eine eidgenössische Fahne und über der eidgenössischen Scheibe erhob sich kolossal das Standbild von Wilhelm Tell mit dem Knaben. Dem Empfangsaal gegenüber erhob sich eine hohe, mit Blumen und Laubgewinden zierlich geschmückte Säule zur Aufnahme des eidgenössischen Schützenpanners sowie der Fahnen der ankommenden Schützengesellschaften und Abordnungen. Alle Einrichtungen bekundeten einen feinen Geschmack, wie er den Genfern eigenthümlich ist, aber trugen dennoch das Gepräge republikanischer Einfachheit. Um das Gefühl bürgerlicher Gleichheit und der einenden Freude über das Allen gemeinsame Gut der Freiheit und vaterländischen Festfeier recht augenscheinlich auszuprägen, verbot das Festprogramm ausdrücklich das Tragen irgend einer andern als einer schweizerischen Auszeichnung und nur den im Dienste stehenden Militärpersonen war es erlaubt, in Uniform zu erscheinen. Ein geräumiger, mit Laubwerk schön geschmückter Speisesaal (salle de réunion) diente zur gemeinsamen Mittagtafel mit 800 Gedecken. Jedes Gedeck kostete 4 Genfergulden und 8 Sous. Sonntag Abends den 15. Juni kam unter großem Volksjubel von Basel die eidgenössische Schützenfahne mit dem Geleite des abtretenden Centralausschusses in der reichgeschmückten Feststadt an. Abends 9 Uhr verkündeten 2 Kanonensalven den Anfang des Festes. Montags, den 16. Juni, Morgens 6 Uhr, versammelten sich die Genfer Schützen mit Stutzer und Weidsack auf dem gewöhnlichen Schießplatz, an ihrer Spitze das Genfer Komité und setzten sich um 7 Uhr nach dem Gasthof zum Genferthaler in Bewegung, wo die Abgeordneten von Basel ihre Herberge bezogen hatten. Von da bewegte sich der Zug zur Wohnung des alt Sindic Masbou in Plainpalais, dem der abtretende Vorstand des schweizerischen Schützenvereins, Oberschützenmeister Minder, die eidgenössische Fahne übergab nach einer warmen, vaterländischen Rede, in der er den schweizerischen Schützenverein als Mittelpunkt der Vereinigung in Freud und Leid, als Pflanzschule geschickter Schützen und muthiger Vaterlandsvertheidiger bezeichnete, und dem frischen lebendigen Geist desselben als Ziel hinstellte, das Todte zu beleben, starre Formen zu schmelzen und der Freiheit göttliches Licht leuchten, erwärmen und befruchten zu lassen in schöner Erfüllung des sinnigen Wahlspruches der gastlichen Bundesstadt: Post tenebras lux. — Im Gegengruß versicherte der neue Vorstand, daß die eidgenössische Schützenfahne an den Ufern der Rhone ebenso wohlgesinnte und treue Schweizer finden werde, wie sie selbe in der Schwesterstadt am Ufer des Rheines verlassen habe, und daß diese im Zeitpunkt der Gefahr stets bereit sein werden, ihr auf dem Wege wahrhaften Ruhmes und der Ehre zu folgen. Von da ging der Festzug hinaus auf den Schießplatz, wo unter dem Donner der Kanonen und dem Klang des Fahnenmarsches das eidgenössische Schützenpanner sowie die übrigen anwesenden Gesellschaftsfahnen feierlich aufgepflanzt wurden. Hierauf geschah im Empfangsaal die feierliche Einsetzung des neuen Centralkomité's und wurde der Ehrenwein herum geboten. Gleiche Empfangsfeierlichkeit wurde jeder mit einer Fahne ankommenden Schützengesellschaft erwiesen und sie einmal zur Tafel geladen. Gleich nach Eröffnung des Festes erschien eine Abordnung von Unterwalden mit dem dortigen Landespanner. Ihnen folgte eine Abordnung von Morsee sowie eine von Reus und Solothurn. Am Dienstag kamen die Schützengesellschaften von St. Gallen, Graubünden, Appenzell und Aargau. Die Appenzellerfahne ergriff mit Begeisterung Oberst Düfour und wies dieselbe den anwesenden Schützen als die gleiche, unter welcher an eben diesem Tage, den 17. Juni 1485, die tapfern Appenzeller im Namen der Freiheit den Herzog von Oesterreich besiegt haben. Die Aargauer führte Oberst Bär, einer des Gründer des eidgenössischen Schützenvereins. Mit Wärme erwiderte seinen treuherzigen Gruß Syndic Masbou. Am 18. rückten die Schützenfahnen von Neuenburg und Pruntrut ein. Der belebteste Festtag war Donnerstag der 19. Juni. Schon Morgens früh um 8 Uhr erschien eine zahlreiche Abordnung von 50 Schützen aus dem Wallis auf dem Festplatz. In wohlgesetzter, herzlicher Rede brachte Präsident d'Arbeluz von Monthey deren Gruß, den in gleicher Weise in Abwesenheit des Schützenvorstandes Advokat Lafontaine erwiederte. Auf Mittag wurden mit dem Dampfschiff mehrere Abordnungen erwartet. Eine ungeheure Menschenmenge mit einer Abordnung des Empfangskomité's stund am Landungsplatz, sie zu begrüßen und eine Musikbande war grüßend ihnen entgegengefahren. Unter freudigem Zuruf der Menge rauschte endlich Mittags der Dampfer stolz heran, von Schützen angefüllt. Rasch ordnete sich der gewaltige Zug von mehr als 600 rüstigen Schützen mit 25 Fahnen voran die Berner, geführt von Oberst Mai von Büron, 140 Mann; sodann die Freiburger, an ihrer Spitze Herr Savary; die Waadtländer, unter Oberst Bagos, endlich Stadt Neuenburg unter Pourtalès und eine Abordnung von Murten. Die Militärmusik von Lausanne begleitete die Abordnung ihres Kantons. Der Marsch durch die Stadt auf den Festplatz hatte einen feierlichen und großartigen Charakter, und machte durch die stramme und edle Haltung der Theilnehmer einen tiefen Eindruck auf die

Gemüther der begeistert grüßenden Zuschauer. Allgemeiner Jubel empfing die Ankömmlinge auf dem Festplatz, und der Vorstand Masbou erwiderte die Grüße der Anführer aller der verschiedenen Abordnungen in beredter und bewegter Weise. Im Augenblick der feierlichen Uebergabe aller der vielen Fahnen waren die Augen der Zuschauer in tiefer Bewegung vorzugsweise auf drei alte Panner gerichtet, die Bern zu Ehren des nationalen Waffenfestes mitgebracht, von denen zwei in der Heldenschlacht von Murten entfaltet waren, das dritte aber in der blutigen Schlacht bei Laupen geflattert hatte. Die Mittagtafel war sehr belebt durch zahlreiche Trinksprüche auf die Eidgenossenschaft, ihre Freiheit und Unabhängigkeit, auf den schweizerischen Schützenverein, auf jeden einzelnen festbesuchenden der Kantone, mit denen Lieder und Vorträge vaterländischer Gedichte sowie von Musikstücken lebhaft und rasch abwechselten, so daß das Fest bei diesem Mahle seinen Höhepunkt erreichte. Vereinzelt, ohne Fahnen, erschienen Schützen von Luzern, Uri, Schwyz, Zug und Glarus. Nur Tessin und Schaffhausen waren nicht durch Schützen vertreten. Auswärtige Festtheilnehmer waren erstaunt über die würdevolle Haltung des freien Volkes in Waffen, über die Herzlichkeit seiner Freude, über die Ordnung und den edlen Eifer im Schießstand. Einer derselben, Herr Baron von Malten drückte sich daher über das eidgenössische Freischießen in Genf folgendermaßen aus:

„Auch die Freiheit hat ihre Feste, ihre Sonntage. Sie begeht „sie mit Würde und Enthusiasmus, mit jenem poetischen Schwung, „der das volle Herz in der kräftigen Mannesbrust emporhebt zur „heroischen That. Sie wird zur Dolmetscherin aller Sprachen, aller „Gefühle. Sie vermischt alle Empfindungen, alle Glaubensmeinungen „in ein großes Ganzes: in die Religion der Vaterlandsliebe. Ihr „ist kein kleinlicher Racen- und Staatengeist untergeordnet, weil sie „nur einen Geist anerkennt, den der Wahrheit und Vernunft. Wie „schön ist der wahre Patriotismus im schlichten Gewand! Wie er„haben in seinem Hochgefühl! Nicht prahlerisch, aufgeblasen, aber „ernst und edel tritt er einher, groß wie seine Erzeuger: Freiheit „und Unabhängigkeit. Ich habe nirgends ein Fest gesehen, das an „Einfachheit, Wärme, innerer Tugend und äußerer Lieblichkeit dem

„eidgenössischen Ehr- und Freischießen in Genf kann gleichgestellt „werden. Nur ein Glaube, nur eine Treue beseelte dieses ächt „helvetische Fest. Die ausgezeichnetsten Männer der alten wie der „neuen Schweizerkantone hatten sich zu diesem patriotischen Stell= „dichein eingefunden. Der reiche Handelsmann von Basel reichte „dem schlichten Hirten von Unterwalden die Hand. Der Berner „umarmte den Aargauer und Waadtländer, der Genfer den St. „Galler und Graubündner. Die Entfernung schien ausgefüllt durch „den hohen, eidgenössischen Genuß, die moralische Abneigung, „welche auch ihre Ursache und Verzweigungen sein mochten, waren „vollkommen verschwunden. Die Stimmen der Edelsten des Schwei= „zervolkes durchdrangen alle Gesinnungen und verschmolzen sie in „ein glückliches Ganzes, das nicht unfruchtbar sein kann. Ein und „dasselbe Echo schien aus Aller Herzen wiederzuhallen und die „gleiche kräftige, patriotische Begeisterung sprach sich in den Be= „grüßungsreden der Vorstände aller Abordnungen aus, besonders „aber von Bern, Waadt, Aargau, Unterwalden, Wallis, Neuen= „burg, Solothurn und Freiburg. Einfach und herzlich waren die „Antworten des Vorstandes des Centralausschusses, Herr Mas= „bou und seiner Stellvertreter Düfour und Lafontaine." —
Ohne Störung, aber herzlich und froh und bei schönster Witterung, wie es begonnen, ging das schöne Fest zu Ende. Es wurden 819 Stichdoppel und 52,895 Kehrmarken gelöst und im Ganzen 95,000 Schüsse gethan. Die erste Gabe in der eidgenössischen Scheibe ge= wann Herr Ballenegger von Lausanne. Die zweite (ein silber= ner Becher, geschenkt von Herrn Masbou) Franz Callon von Luins, Kts. Waadt; im rothen Stich hatte den ersten Preis Herr Johann Boinard von Orbe; im gelben: Herr Niklaus Phi= lisdorf von Freiburg; im blauen: Herr Franz Sury von Solothurn; im weißen: Herr Jakob Matty von Sumiswald. Nachdem die 7 üblichen Kanonenschüsse den Schluß des Schießens verkündigt hatten, versammelten sich am Samstag Abends sämmtliche noch anwesende Schützengesellschaften und Abordnungen mit dem Centralkomité vor dem Empfangsaal, um ihre Fahnen und für die glücklichen Sieger die ersten Ehrengaben in Empfang zu nehmen und die eidgenössische Schützenfahne in die Wohnung des Herrn

Masbou in die Stadt zu begleiten. Mit Hülfe der trefflichen Ab=
sendmaschine des Mechanikers Franz Meylan konnten die Schützen
schon den nächsten Morgen ihre Gaben in dem Empfangsaal zu
Handen nehmen. In Genf ließen sich nicht weniger als 621 neue
Mitglieder in den schweizerischen Schützenverein aufnehmen. Die
Rechnung desselben ergab 5313 Fr. 99 Rp. Einnahmen, 2496
Fr. 39 Rp. Ausgaben, somit einen Kassenrest von 2817 Fr. 60
Rp. Das eidgenössische Freischießen in Genf hat durch die Anwesenheit
einer großen Mehrheit französisch sprechender Eidgenossen sich zur
ersten großen Huldigung derselben unter die gemeinsame, theure
Nationalfahne schön gestaltet und zur schon verwirklichten Idee geistiger
Einigung aller Schweizer in reiner Darstellung eines kräftigen und
klaren Nationalgefühls in Form und Wesen Wesentliches beigetragen.

Viertes eidgenössisches Freischießen in Freiburg,
abgehalten im Brachmonat 1829.

> Von allen Gütern, welche die Vorsehung dem Menschen
> gegeben, ist keines so verleumdet worden, wie die Frei=
> heit. Hier aber kann Jeder sehen, was sie vermag,
> wenn er die Tausende bewaffneter Männer erblickt, die
> ohne Polizei, ohne Einschreiten irgend einer der Be=
> hörden, das Schauspiel einer vollkommenen Ueberein=
> stimmung gewähren.
>
> Dr. Büssard in Freiburg.

Ueber keines der größern Freischießen vergangener Jahrhunderte
fehlen in den Chroniken mehr einläßliche Angaben, als über das
eidgenössische Freischießen zu Freiburg in den öffentlichen Blättern
der damaligen Zeit. Selbst der Schießplan war nicht mehr er=
hältlich. So ist es gekommen, daß wir über dasselbe sehr spärliche
Mittheilungen zu machen im Falle sind. In dankbarer Anerken=
nung des eidgenössischen Sinnes, den Freiburg bei Anlaß der Zu=
sammenkunft in Neuenburg durch seinen freiwilligen Rücktritt von
der Bewerbung mit Genf um das eidgenössische Schützenfest an den
Tag gelegt, gewährte das Centralkomité des schweizerischen Schützen=
vereins in Genf der edlen Schwesterstadt an der Saane gern die

Ehre des nächstkünftigen Festortes und bestätigte folgenden Vorschlag des neuen Centralausschusses: Staatsrath **Griset de Forel**, als Vorstand; **Benedikt Müller** als Seckelmeister, **Jakob Savary** als Schreiber und als fernere Mitglieder: **Philipp Bonderweid**; **Dendelau**; **Chevalley**, Gutsbesitzer; **Karl Chatenay**, Notar; **Niklaus von Ammann**, Schreiber des Appellationsgerichtes; **Piller**, Buchdrucker; Hauptmann **Philipp von Gottrau-Escüyer**. Mit der Schützengesellschaft der Hauptstadt vereinigten sich mittelst Aktienbetheiligung sämmtliche Schützengesellschaften des Kantons und andere Vereine, das eidgenössische Schützenfest würdig auszustatten. Auch die Regierung blieb nicht zurück. Der Schießplan glich in seiner Eintheilung demjenigen von Genf, dessen Gesammtbetrag er jedoch um einige hundert Franken übertraf. Der Schießplatz war die gewöhnliche Schießstatt der freiburgischen Schützengesellschaften vor dem Romonterthor. Ein einfacher Festbogen mit der Inschrift: „Willkommen, Eidgenossen, Waffenbrüder!" zierte den Eingang zu der uralten Kastanienallee, welche zu dem geräumigen Schützenhause führt. In demselben befand sich zugleich der Speise- und Gabensaal. Vor seinen Fenstern wehten zu beiden Seiten der eidgenössischen Schützenfahne diejenigen der festbesuchenden Gesellschaften. Von dem gewöhnlichen Schießstande wurde über die tiefe Schlucht der Saane nach den 17 Scheiben geschossen, unter denen die „eidgenössische" auf einem Gerüste, wie über dem tiefen Abgrund schwebend, hingestellt war. Das Fest wurde vorzugsweise durch die Schützengesellschaften der französischen Schweiz aus den Kantonen Waadt, Genf und Neuenburg besucht; ebenso ziemlich zahlreich aus dem Kanton Bern, als künftigen Bewerber um die Festehre. Nur spärlich waren dagegen die Schützen der Ostschweiz dabei vertreten. Luzern's Schützengesellschaft, welche ebenfalls den Wunsch der Festehre hegte, aber bescheiden vor dem künftigen Vorort, dem mächtigern Bern zurücktrat, erschien auf drei Wagen. Ihre Mitglieder führten den ehrwürdigen Schützenveteranen Zimmermann mit sich, den sie auf der Reise und in Freiburg gastfrei hielten. Arges wäre bald den muntern Gesellen begegnet, indem sie bei ihrer Abreise beinahe ihre Schützenfahne in dem Gasthof zurück gelassen hätten. Mit den Schützen von Genf war auch

Dr. Groß von da beim Schützenfeste erschienen, das er als sehr glänzend bezeichnet hat. Die Lausanner Zeitung vom 26. Juni 1829 rühmt und verdankt den gastfreundlichen und ehrenvollen Empfang, der den Genfer und Waadtländer Schützen zu Theil geworden. Deutsche Schweizer, welche dem Feste beigewohnt hatten, vermißten dagegen die bisherige Sorgfalt für entsprechende Beherbergung der ankommenden Schützengesellschaften. Allgemeines Mißvergnügen erregte die Abwesenheit der Frauen von Freiburg, die man nur ungerne vermißte. Die Sage ging, die ehrwürdigen Väter auf der Michaelsburg hätten ihren schönen Beichtkindern jede Berührung mit dem gefährlichen Schützengeiste strenge verboten und den Schützenplatz im Geheimen für die Frauenwelt in Acht und Bann gethan. Wohlwollenderer Gesinnung für das rasch aufblühende Nationalfest eidgenössischer Verbrüderung in edler Waffenübung mochten dagegen die Mahnungen in verschiedenen öffentlichen Blättern damaliger Zeit entflossen sein gegen den Luxus, der sich bei den eidgenössischen Schützenfesten eingeschlichen habe, und der es bald jeder Stadt und jedem Orte schwer machen dürfte, sich um die Ehre des Festortes zu bewerben. Gedrückt wurde das Fest in Freiburg dadurch, daß der Zeiger Gisi von Aarau erschossen und noch ein zweiter (Weber von Freiburg) schwer verwundet wurde. Dem Begräbniß des Erstern wohnte das gesammte Centralkomité bei und für die Wittwe und den Verwundeten wurden 800 Fr. gesammelt. Den ersten Preis in der „eidgenössischen Scheibe", ein silberner Becher mit Fahne, erhielt Herr Franz Suter von Cham, Kts. Zug.

Fünftes eidgenössisches Freischießen in Bern.
abgehalten vom 12. bis 17. Juli 1830.

> Der schweizerische Schützenverein ist entstanden auf dem Boden des Gemüthes, welches sich nach Einheit sehnt. Das schweizerische Schützenfest ist das Sinnbild nationaler Einheit nicht nur, sondern auch der brüderlichen Einheit.
> Jeremias Gotthelf.

Bern, unser schweizerisches Sparta, hat, wie wir in der geschichtlichen Einleitung gesehen, schon in frühern Jahrhunderten dem

Schützenwesen seine vollste Aufmerksamkeit zugewendet. Nun aber, da der Geist einer neuen Zeit dasselbe in eine neue und lebenskräftige Form gebracht, konnte es nicht mehr länger in der Reihenfolge der Festgeber mit Uebernahme des eidgenössischen Schützenfestes zurück bleiben, wenn es nicht seine kriegerische Hegemonie in der Eidgenossenschaft gefährden wollte. Die in Freiburg errungene Festehre stachelte das stolze Selbstgefühl, ein der Größe Berns entsprechendes Fest zu bereiten. Laut Vorschlag wurde der Centralausschuß folgendermaßen bestellt: Oberst Mai, Mitglied des Rathes, als Vorstand und, nachdem er ausgetreten, ersetzt durch Rudolf von Jenner, Mitglied des Kantonsrathes; Dr. Tribolet, Sohn, als Seckelmeister; Hauptmann Küpfer als Schreiber; als fernere Mitglieder: Scharfschützenmajor Fischer von Eichberg; Schützenmeister Seybold; Müller, Brandkorpshauptmann; Dr. Leuch; Hauptmann Herbort und Hauptmann Rosselet.

Auf Einladung des Ausschusses erklärten sich sofort 30 Schützengesellschaften zur Uebernahme von Aktien bereit. Zu Stadt und Land, von Seiten der Behörden wie der Bürger begann ein rühmlicher Wetteifer, das Fest durch reiche Ehrengaben würdig zu schmücken. Selbst die entferntesten Alpenthäler des Oberlandes schickten schmucke Rinder und gewaltige Laib Käse als die sprechenden Erzeugnisse ihrer friedlichen Alpenwirthschaft. So gestaltete sich ein einladender Schießplan. Die Gesammtsumme desselben belief sich auf 18,916 Fr. Entsprechend einem stets kriegerischen Geiste Bern's wollte es die schweizerischen Schützen an die Heldenthaten der Väter mahnen und an der Hand der Geschichte die Freude der Gegenwart edeln. Deßhalb hatte es den Stichscheiben die Namen der ruhmvollen Freiheitsschlachten Morgarten, Laupen, Sempach, Näfels, Murten und Dornach gegeben. Aber während Bern in der Vergangenheit heldenmüthiger Väter sich groß fühlte, zeigte sich dagegen das durch den Waldshuter Verrath zur Regierung gekommene Patriziat nicht auf der Höhe der Zeit. Lange vor der französischen Julirevolution hatte sich in den meisten Kantonen der Schweiz ein frischer, volksherrlicher Geist und der Ruf nach staatlichen Verbesserungen erhoben, der in der Brust des alternden Patriziats bange Sorgen hervorgerufen hatte. Sorgfältig gaben sich daher die Patrizier von Bern alle erdenkliche Mühe, den freisinnigen Volksgeist, welcher wie ein Frühlingshauch so frisch unser freies Hochland durchzog, von dem eidgenössischen Schützenfeste fern zu halten. Das gedruckte Festprogramm enthielt daher im Paragraph 13 die Bestimmung, daß kein Toast ausgebracht, kein Lied gesungen werden durfte, ohne schriftliche Mittheilung an den Präsidenten des Centralkomité's, dem es, vereint mit den Mitgliedern desselben dann zukomme, den Vortrag zu gestatten oder abzuschlagen. Um aber anderseits das Fest zu verherrlichen, war auch gleichzeitig die schweizerische Kunstausstellung nach Bern eingeladen worden.

Zum Festplatz war die Enge auserwählt worden mit ihrer prächtigen Aussicht auf die Alpen. Im Schatten riesiger Linden und Kastanienbäume erhob sich daselbst die aus Brettern erbaute, schön geschmückte Speisehütte. Im geräumigen Wirthschaftsgebäude des Casino's prangte der reiche Gabensaal, bei dessen Anblick ein Berner Bauer erstaunt ausrief: „Da hebs gäng Becher, me chönnt ja en Gräsboge mit fülle." Nördlich vom Festplatz stund der weithingestreckte Schießstand und in entsprechender Entfernung die 37 Scheiben mit sehr passender Sicherheit für die Zeiger. Eine zierliche Fahnenburg prangte während des Festes in reichem Schmucke der flatternden Fahnen. Sämmtliche Einrichtungen trugen das Gepräge guten Geschmackes und trotz republikanischer Einfachheit der Größe Bern's und fanden von Seiten der Festbesucher allgemeines Lob. Aber ebenso allgemein war der Tadel derselben über den anstößigen Paragraph 13 des Festprogrammes, der dann auch wirklich dem Volksunwillen weichen mußte. Neben dieser Wolke des Unmuthes drohte am Vorabend des Festes ein Versehen bei der Begrüßung, welches als hochfahrendes Wesen angesehen wurde, anfänglich gleich zur ernstlichen Störung zu werden. Schon war das zahlreiche Geleite der eidgenössischen Fahne auf dem Punkt, nach Freiburg zurückzukehren. Indessen gelang es noch einigen wackern Eidgenossen, die Mißstimmung zu beschwichtigen. Dennoch blieb ein gewisser kühler und mißtrauischer Geist beim Beginn des Festes zurück, der erst im Verlaufe desselben sich verlor. Am Sonntag, den 12. Juli, Morgens 5 Uhr, versammelten sich

sämmtliche anwesenden Schützen mit ihren Gesellschaftsfahnen auf
der kleinen Schanze. Von da begab sich der Zug zur Wohnung
des neuen Vorstandes, in der sich das abtretende wie das neue
Komité versammelt hatte. Nun setzte sich der Zug nach dem Fest=
platz in Bewegung, voraus die Waisenhausknaben mit ihren Ka=
nonen und die grünen Schüler; sodann die Stadtmusik und die der
Scharfschützen, im Wechsel unausgesetzt fortspielend. Weiter 2 Pe=
lotons Scharfschützen, sodann die eidgenössische Fahne, von einem
Mitglied des abtretenden Centralkomité's von Freiburg getragen,
ihr zur Linken die Fahne der bernerischen Schützengesellschaft;
nach ihr die beiden Komité's von Freiburg und Bern, sodann
sämmtliche Schützen mit ihren Gesellschaftsfahnen und endlich am
Schluß wieder 2 Pelotons Scharfschützen. Unter dem Donner der
Kadettenkanonen von der Schützenmatte, denen die der Artilleristen
lebhaft antworteten, geschah die feierliche Uebergabe der eidgenössi=
schen Fahne und ihr Aufpflanzen mit dem der anwesenden Gesell=
schaftsfahnen auf der Fahnenburg. Die Burgdorfer hatten als
Festgruß von ihrem witzigen Pfarrer Kuhn ein neues Volkslied
überbracht mit dem Schlußwort:

> Di alte Schwizerchleider
> Sy nümmä Mode z'Bern.

Es wurde ihnen untersagt, selbes öffentlich zu singen. Um so
eifriger geschah es im Geheimen. Jedes Aufbrausen führte zu
ernster Erklärung. Wieder mittelten eidgenössische Versöhner und
der redlich gereichte Becher der Freundschaft. Die Erklärung end=
lich, daß man den verhaßten Paragraphen des Festprogrammes
fallen lasse, entfernte sodann rasch jede weitere Mißstimmung, wäh=
rend der gute Geist frischen, frohen und freien Schützenwesens sieg=
reich die ängstlich gezogenen Schranken durchbrach. Ueberall ent=
faltete sich nun ein reges und heiteres Leben. In bisher noch nie
gesehener Anzahl strömten die Schützen und andere Festbesucher
herbei. Auf mehr als 30 Fuhrwerken rückten die Aargauer
heran. Ihnen hatten die Waadtländer ein Fäßchen gute Lands=
kraft aus dem Rhythal entgegengesandt, sie als Brüder zu grüßen
und ihren Reisedurst zu stillen. Den 14. Juli hielten unter Sang

und Klang die Appenzeller und St. Galler — 100 Schützen —
auf 10 Wagen ihren Einzug in die Bundesstadt und überbrachten
einen Liedergruß. Den 15. Juli überreichte eine Abordnung der
Regierung von Bern den tafelnden Schützen reichlichen Ehrenwein
und nahm an ihrem Mahle Theil. Ebenso mehrere Tagsatzungs-
gesandte aus verschiedenen Kantonen. Unter denselben befand sich
auch der feurige und vortreffliche Volksredner Landammann
Sibler von Zug. In begeisterter Rede schilderte er die hohe
Bedeutung der eidgenössischen Schützenfeste und brachte sein Hoch
der Freiheit des gesammten Vaterlandes, seiner kräftigen Haltung
nach Außen, dem Feuer, das der Schütze in seiner Büchse ent-
zündet und unter die Feinde schleudern würde, dem
Feuer, das er mannhaft für die Nation in seinem Busen
bewahrt. Ein Zeitungsschreiber von damals bemerkte über Siblers Rede, es werden ein paar Diplomaten an der Tafel den Essig
am Salat scharf genug gefunden haben. Sehr zahlreich waren die
Luzerner in Bern erschienen. Auch Zürich machte diesmal Miene,
an dem eidgenössischen Schützenfeste Antheil nehmen zu wollen. Herr
Rüttimeier in Bern hatte eine hübsche Denkmünze verfertigt, auf
der einen Seite ein Steckenbündel mit der eidgenössischen Schützenfahne und dem Zeichen der Schießkunst, im Hintergrund die Höhen
des Grauholz, darunter die Inschrift: „Alle nach einem Ziele!",
auf der Rückseite in einem Eichenkranze: „Immer bereit!" Sie
kostete 2 Franken. An der allgemeinen Schützenversammlung wurde
beschlossen, die eidgenössischen Schützenfeste sollen vereinfacht und
nur alle 2 Jahre abgehalten werden. Als Beweis, welch' bisher
unerhörter Zusammenfluß von Festbesuchern in Bern stattgefunden,
diente die Thatsache, daß daselbst bis Samstag Vormittag 10 Uhr
schon 3680 Schützen gedoppelt hatten, zu denen bis zum Schluß
des Schießens am Abend noch Viele mögen hinzu gekommen sein.
Oft flatterten 60 bis 70 Fahnen auf der Fahnenburg. Man be-
rechnete die Zahl sämmtlicher Schüsse auf 130,000 und das ver-
schossene Blei auf 80 Zentner. Für Herberge der Schützen in
Bürgerhäusern war durch ein eigenes Quartierkomité wohl gesorgt
worden und ebenso für ärztliche Hülfe bei Unglücksfällen. Nach
Schluß des Schießens folgte die feierliche Vertheilung der ersten

Preise. Den hohen silbernen Becher, ein Geschenk der Regierung des Standes Bern und eine kunstvolle Arbeit des Künstlers Reh=fuß, erhielt für den nächsten Schuß in der "eidgenössischen Scheibe" Ulrich Fischbacher von Peterzell im Kanton St. Gallen. Ein lieblicher Kranz für den ansprechenden Gesang wurde ein=müthig den Appenzeller Schützen zuerkannt. Die Witterung war im Ganzen dem Feste günstig gewesen. Die großen Umkosten des Festes wurden mehr als gedeckt [25]. Der Volksgeist, der sich an dem Feste kund gegeben, war ein eidgenössisch nationaler. Ein Augenzeuge sprach sich darüber also aus: "Auch dieses Schießen "hat gezeigt, daß wir ein Volk sind und eines wieder werden sollen. "Sogar die so leicht wieder in's Gleichgewicht strebenden Abgeneigt="heiten haben bewährt, daß jetzt schon Jeder das Ganze höher stellt, "als das zunächst ihm Persönliche, und daß die Liebe und Ein="tracht nicht bloß Dekorationen eines papierenen Transparentes "seien, sondern ein wohlerkanntes, selbständig aus dem Volke sich "emporarbeitendes, politisch=moralisches Bedürfniß desselben." Der entschiedene, wenn auch ruhige Volksgeist, der in Bern seinen Sieg feierte nur wenige Tage vor der als glorreich gepriesenen französi=schen Julirevolution, erschien sogar solchen Männern bedeutungsvoll und erhebend, denen sein noch nicht klar erkanntes Streben mißbe=liebig war. Die Vorahnung der nächsten Entwicklung, welche in dunklem Gefühl die frohen aber doch schweigsamen Massen durch=zog, glich dem ersten Schein des jungen Tages, hatte etwas Im=posantes, das dem eidgenössischen Schützenfeste in Bern sein eigen=thümliches Gepräge in der Geschichte verliehen hat.

---

[25] Zeitungsberichte bezifferten den Reingewinn auf 20,000 Fr.

Sechstes eidgenössisches Freischießen in Luzern,

abgehalten vom 1. bis 7. Heumonat 1832.

> Es ist ein großes, herrlich Schauen
> Für Männer, die die Zeit versteh'n,
> Aus all' den vielen Schweizergauen
> Der Wackern Kern vereint zu seh'n:
> Bereit, der Freiheit Gut zu schirmen,
> Wenn über uns die Wetter stürmen.
> Johannes Baumann.

In den meisten Kantonen der Schweiz hatten seit dem letzten eidgenössischen Freischießen in Bern bald mehr bald weniger tief eingreifende politische Umgestaltungen zu Gunsten der Volksherrlichkeit stattgefunden. Das war auch im Kanton Luzern der Fall gewesen. Auch daselbst war an die Stelle der aristokratischen Familienherrschaft eine freisinnige Volksregierung getreten. In der Schützengesellschaft der Stadt Luzern war schon im Laufe der zwanziger Jahre ein frischer, eidgenössischer Geist erwacht, der sich in der Ausschreibung größerer Freischießen kund gab, welche auch von den Schützen anderer Kantone zahlreich besucht wurden. Die rasch wachsende Bedeutung der eidgenössischen Schützenfeste hatte auch im Schooße der Luzerner Schützengesellschaft lebhaft den Wunsch erregt, recht bald einmal das schweizerische Nationalfest in den Mauern ihrer Stadt feiern zu können. In der Absicht solcher Bewerbung waren die Luzerner, wie wir gesehen haben, an dem Freischießen in Freiburg erschienen, aber dann Bern gegenüber bescheiden von der Bewerbung um das eidgenössische Schützenfest zurückgetreten. In dankbarer Anerkennung dieser bundesbrüderlichen Handlungsweise hatte darauf an dem Schützenfeste in Bern der Vorstand des Centralkomité's den scheidenden Luzernern ein frohes Wiedersehen am nächsten eidgenössischen Freischießen in Luzern zugerufen. Zu gleicher Zeit hatte die Regierung des Standes Luzern beschlossen, die hundertjährige Feier des Eintrittes von Luzern in den Bund der Eidgenossen in würdiger Weise zu begehen. Dazu schien nun der Schützengesellschaft in der Abhaltung des eidgenössischen Schützenfestes der beste Anlaß geboten zu sein. Sie wendete sich daher mit einer Vorstellungsschrift an den Großen Rath um Beihülfe und Unterstützung bei dem vaterländischen Unternehmen, und erhielt von der obersten Landesbehörde auch befriedigende Zusagen. Reiche Unterstützung, besonders an Baumaterial, versprach der Stadtrath. Den 16. Brachmonat 1831 erfolgte von Seiten des Centralkomité's in Bern die amtliche Zusage der Festlehre und die Wahl des neuen Centralkomité's nach folgendem Vorschlag von Luzern: Staatsrath Schumacher-Uttenberg als Vorstand, Jos. Wysing als Seckelmeister und Schützenmeister Joseph Isaak als Schreiber. Sodann als unterstützende Mitglieder: Regierungsrath Lorenz Baumann; Niklaus Rietschi, Oberlehrer; Leodegar Hurter, Schützenrath; Niklaus Rüttimann, Staatsunterschreiber; Karl Meier, Präsident der Musikgesellschaft. Einem Kreisschreiben an sämmtliche Schützengesellschaften des Kantons zur Aktienübernahme wurde bereitwillig entsprochen, so daß die 150 Aktien mit 30,000 Fr. bald gedeckt waren. Die Regierung, die Schützengesellschaften, die Zünfte, Gemeinden und einzelne Bürger bemühten sich in edlem Wetteifer, das schöne Nationalfest würdig auszustatten. Die Ehrengaben beliefen sich auf 4000 Fr.

Im Schießplan wurden den Stichscheiben die Namen Wilhelm Tell, Walther Fürst, Stauffacher, Anderhalden, Gundoldingen, Erlach und Waldmann beigelegt. Die eidgenössische Scheibe (Tell) umfaßte in 100 Gaben die Summe von 2592 Fr. Die erste Gabe war ein silberner Becher im Werth von 150 Fr., Geschenk der Schützengesellschaft der Stadt Luzern. Jede der andern Stichscheiben hatte 111 Gaben, davon die erste je ein silberner Becher im Werthe von 145 Fr., die letzte 10 Fr., die Zeigerehre aber 20 Fr., die Gesammtsumme 2250 Fr. Die Kehrscheibe umfaßte in 200 Gaben die Summe von 2894 Fr., davon die erste Gabe 80 Fr. sammt einer Fahne, die kleinste Gabe 4 Fr., die Zeigerehre 10 Fr.

Als Preis für die meisten Nummern mit der kürzesten Linie war ein silberner Becher im Werth von 250 Fr. ausgesetzt; für die zweitkürzeste Linie ein solcher von 120 Fr.; für die drittkürzeste einer von 64 Fr. Die erste und letzte Nummer des Tages bekam 6 Fr.; die meisten Tagesnummern 8 Fr. Für sämmtliche Prämien war die Summe von 1040 Fr. bestimmt und die Gesammtsumme des Schießens belief sich auf 21,490 Fr. in 971 Gewinngaben. Der Nummernkreis der Stichscheiben betrug 12 Zoll franz. M.; derjenige der Kehrscheibe 2½ Zoll. Der Doppel in sämmtliche Stiche kostete 20 Fr. Jeder Schütze konnte nur eine Ehrengabe gewinnen. Bei Stichschüssen von Ehrengaben entschied das Loos. Die Gaben der Tellenscheibe waren ohne Abzug; diejenigen der übrigen Scheiben vom Franken 1 Batzen. Der Festplatz befand sich am südwestlichen Ufer des Luzernersee's ganz nahe bei der Stadt auf einem weiten Wiesenplan, zu dem eine mit hohen Wallnußbäumen beschattete Straße führte. Von demselben genoß man eine hübsche Rundaussicht über den blauen See auf den schönen Alpenkranz von dem lieblichen Rigi bis hin zu dem zerklüfteten Pilatus. Den Eingang auf den Festplatz bezeichnete der übliche Festbogen mit passender Inschrift. Links von demselben erhob sich ein kolossales Kaffeehaus mit mehrern Stockwerken und einer Gallerie mit ausgedehnter Aussicht über den Festplatz und die malerische Umgebung. Rechts davon zog sich die Speisehütte hin, in der 2000 Personen bequem Platz fanden. In der Mitte derselben befand sich die mit lebendigem Grün einfach geschmückte Rednerbühne, ihr gegenüber eine Gallerie für die Musik und die zuschauenden Frauen. Zwischen dem Kaffeehaus und der Speisehütte stund der Fahnenhalter, ein aus Quadersteinen gebautes, mit Epheu zierlich geschmücktes Vieleck, nach oben etwas spitz in eine zierliche Gallerie auslaufend, über der eine aus 22 Stäben bestehende Fasces [26] als Trägerin der eidgenössischen Fahne sich stolz erhob. Die Gallerie schmückten die Fahnen der festbesuchenden Schützengesellschaften, während über ihnen hocherhaben die gemeinsame eidgenössische Mutterfahne als Endziel unseres Strebens segnend flatterte. Rechts vom Fahnenhalter befand sich der zierliche Gabensaal, aus Baumrinde erbaut, hinter dessen gothischen Spitzbogenfenstern die reichen Festgaben winkten. Unweit davon befand sich das Bureau des leitenden Ausschusses mit stets bereiter ärztlicher Hülfe bei allfälligen

---

[26] Fasces, Stabbündel der römischen Liktoren, als Sinnbild der Einheit und Stärke.

Unglücksfällen. Im Hintergrund des Festplatzes dehnte sich die 370 Fuß lange und 40 Fuß breite Schießhütte aus mit bequemem Platz für 500 Schützen und 500 Schritt weiter befand sich der Stand für 37 Scheiben mit passender Sicherstellung der Zeiger, von denen Keiner zum Vorschein kommen mußte. Die Einrichtung der Kehrscheibe mit den fallenden hölzernen Hämmern bot die größte Genauigkeit für die Nummernprämien. Die Festgebäude verriethen Geschmack und boten alle Bequemlichkeit. Der neuerwachte freisinnige Geist der Stadt Luzern wollte seine Achtung für das Nationalfest des Schweizervolkes in würdiger Weise kundgeben und sein Streben ist ihm gelungen. Zwar war seine Stellung als Festgeber in einer sturmbewegten Zeit politischer Kämpfe und Umgestaltungen eine äußerst schwierige. Im Kanton Basel hatte sich die Landschaft von der Stadt getrennt und eine provisorische Regierung ernannt, war aber dann durch Waffengewalt bezwungen worden. Im Kanton Schwyz hatten die äußern Bezirke sich von Innerschwyz ebenfalls getrennt und als Außerschwyz sich selbständig konstituirt. Die Regierungen der Urkantone hatten ihren Schützengesellschaften den Besuch des eidgenössischen Schützenfestes in Luzern untersagt. Die Schützen gingen aber dennoch ohne Fahne hin. Der lebensfrohe, gemüthliche Sinn der Luzerner verlieh dem Feste sein eigenthümliches Gepräge und eine vorwiegend politische Färbung der Volksredner spiegelte die mächtige Bewegung wieder, welche damals das Schweizervolk durchdrang. Samstag den letzten Brachmonat Abends 9 Uhr verkündigten vom Gütsch herab 22 Kanonenschüsse den Anfang des eidgenössischen Schützenfestes. Mit ihnen heitte die seit Wochen andauernde regnerische Witterung sich auf und lachte die ganze Woche hindurch der klare blaue Himmel freundlich dem Freudenfeste. Sonntag den 1. Heumonat hielt sodann die eidgenössische Fahne unter dem Donner der Kanonen und dem Jubel einer zahllosen festlich gekleideten Volksmenge ihren Einzug in die neue Feststadt und auf den Schießplatz. Daselbst übergab der abtretende Vorstand, Regierungsrath von Jenner von Bern nach treuherziger Rede das eidgenössische Schützenpanner und damit die Leitung der Geschäfte feierlich an den neuen Vorstand, Staatsrath und Oberst Schumacher-Uttenberg, und dieser nahm dasselbe als das Zeichen brüderlicher Vereinigung und Eintracht entgegen und erklärte das eidgenössische Schießen als eröffnet. Gleich darauf rückten die Schützen vom Zürichsee in guter Anzahl ein. Ihnen folgten die Schützenfahnen von Hochdorf, Sursee, Willisau, Werthenstein, Entlebuch, St. Urban, die Amtsfahne von Bern, Zofingen und Aarwangen. Manche scheidende Schützenfahne aus dem Kanton Luzern kehrte im Verlauf der Woche zum zweitenmal wieder und führte wieder neue Bürger zu dem frohen Nationalfest herbei. Am zweiten Festtag rückten mit zahlreichem Schützengefolge ein: die Schützenfahne der Stadt Bern und die von Knonolfingen, die der Städte Aarau und Thun; sodann die Kantonalschützenfahne von Zürich, dann jene von Genf, umringt von den Gesellschaftsfahnen von Allay, Colonie Genève, Plainpalais, Stadt Genf, Carouge, Chatout. Endlich Rapperswil mit dem damaligen Stadtpfarrer Ch. Fuchs an der Spitze. Am Dienstag erschienen die wackern Montagnards von Locle und La Chaux-de-Fonds mit 3 Fahnen. Tiefbewegt war ihr Gruß, voll Liebe und Theilnahme die Erwiderung. Ihnen folgten die Fahnen von Gersau und Hergiswil, die einzigen aus den Urkantonen, deren vaterländischer Sinn Parteileidenschaft überwogen hatte. Ihnen folgte Glarus, Reinach und Bremgarten mit vielen Schützen. Am Mittwoch rollten auf 32 Fuhrwerken die seit alter Zeit immer verbündeten Emmenthaler und Entlebucher Schützen gemeinsam in die Stadt und erschienen mit den Schützenfahnen von Sumiswald, Langnau, Hasle, Entlebuch und Romoos auf dem Festplatz. Ihnen folgten dann die Fahnen von Chur, Interlaken, Rußwil, Münster, Sempach, Brittnau und Morgenthal, von Lausanne und Mellingen, von Zug, Aegeri und Hünenberg. Tausende von Festbesuchern umwogten während des Mittagessens die Speisehütte und horchten den sich drängenden Tischreden. Nach dem Mittagmahl hatten vaterländisch gesinnte Männer im Sinne der offenen Spiele der Vorfahren ein Schwinget und ein Wettturnen schweizerischer Studierender angeordnet und beiden reiche Preise ausgesetzt. Beim Ersten betheiligten sich die Obwaldner, Oberländer, Emmenthaler und Entlebucher. Eine unzählige Volksmasse folgte mit regster Theilnahme den meisterhaften Ringkämpfen und Kraftübungen.

Am Donnerstag speisten die meisten Standesboten der eben in Luzern versammelten Tagsatzung in der Festhütte und hatten die Massen der Festbesucher ihren Höhepunkt erreicht. Die Tische in der Speisehütte waren gedrängt voll. Nach dem üblichen Trinkspruch auf das Vaterland brachte der Bundespräsident Eduard Pfyffer von Luzern sein Hoch aus auf die Schweizerschützen, Pfarrer Bion, im Namen der St. Galler und Appenzeller ein Hoch der „Leuchte" am Vierwaldstättersee. Der Abgeordnete von Außerschwyz, Hr. Schmid von Lachen, bestieg, von Beifall berauscht, dreimal die Rednerbühne und lud für seinen spätern Abfall von der freisinnigen Sache die Verachtung des Schweizervolkes auf sich. Freudig grüßten die Schützen den Mitstifter des schweizerischen Schützenbundes, Hrn. Tanner, als Redner der Aargauer. Nach ihm bestieg unter rauschendem Beifall der edle Eidgenosse, Landammann Sidler von Zug, die Rednerbühne und sprach mit dem bekannten Feuer seiner hinreißenden Beredtsamkeit von der Nothwendigkeit einer neuen Bundesverfassung; am Schlusse seiner von Beifallklatschen und freudigen Zurufen stets unterbrochenen Rede richtete er an das Volk die Frage: „Was wollt Ihr mit der alten Bundesakte machen? Wollt Ihr sie zerreißen? Ja, ja! tönte es aus vielen Kehlen. Nein! sage ich, donnerte der kühne Sprecher, wir wollen sie behalten und bewahren, bis wir eine neue für sie haben." Nach Sidler sprach Monnard von Lausanne und ließ die Freiheit leben, welche bei aller Verschiedenheit der Sprachen und Sitten die Einigkeit der Schweizernation erhält. Dr. Kasimir Pfyffer weihte seinen Trinkspruch dem Schützen Wilhelm Tell, und Hr. Rietschi den seinen dem Knaben, der nicht vor dem Pfeil des Vaters erzittert, der schweizerischen Jugend. Am Freitag rückten noch die Schützenfahnen von Wallis und Aarburg ein. Die Mittagtafel war wieder gewürzt durch fröhliche Lieder und Reden, welche mit lebhafter Begeisterung die glücklich errungenen Güter der Volkssouverainität und Rechtsgleichheit priesen. Wieder speisten mehrere Tagesboten in der Festhütte und sprachen an's Volk, so Dr. Hug, Dr. Kasimir Pfyffer, die Landammänner Baumgartner, Sidler und Munzinger. Letzterer nannte Sidler „den Augapfel und das Herz des Schweizervolkes" und forderte ihn auf, noch einmal an dasselbe zu sprechen, was auch ganz kurz geschah. Nachmittags 2 Uhr verkündeten 7 Kanonenschüsse den Schluß des Schießens und dann folgte die feierliche Vertheilung der ersten Preise. Die erste Gabe in der Tellenscheibe erhielt der Basellandschäftler J. Jörri von Waldenburg; die zweite Gabe, ein Goldstück von 150 Fr. an Werth Hr. Marti von Sumiswald. Den Becher für die meisten Nummern mit einer Linie von 28 Zoll erhielt Schützenmeister Märt von Aarau. 44 Nummern in allen 7 Tagen hatte Konrad Bachmann von Richterschweil geschossen. Doppel in den Stichscheiben wurden gelöst 1320. Während der Festtage hatten 77 Gesellschaftsfahnen die schöne Fahnenburg geschmückt. Freunde und Festbesucher bewunderten die würdige Haltung der Schweizerschützen bei ungehemmter Freude, die entschiedene öffentliche Meinung, welche über die wichtigsten Angelegenheiten des Landes sich kundgab und zwar mit einer Lebensfrische und Freudigkeit, wie es bisher noch an keinem eidgenössischen Schützenfeste der Fall gewesen war. Der bischöfliche Kommissär Stadtpfarrer Waldis hatte dem Schützenausschuß 100 Fr. zur Gründung eines Unterstützungsfonds für verunglückte Zeiger übermacht. Wohl hatte Neid und blinde Parteiwuth im Verborgenen sich eifrig abgemüht, durch abenteuerliche Gerüchte vom Besuche des Nationalfestes die Landleute abzuhalten. Die Gegner mußten sich selbst gestehen, daß sie nie geglaubt, es könne so weit kommen und gaben darum auch „Alles für verloren". Die Zahl der eingeschriebenen eidgenössischen Schützen belief sich auf 4146. Der Doppel in den Stichen hatte 26,417 Fr. abgeworfen; jener in der Kehrscheibe 9777 Fr. 50 Rp., was mit den Ehrengaben 42,310 Fr. 54 Rp. Einnahmen ausmachte. Die Ausgaben beliefen sich auf 40,648 Fr. 37 Rp.; es ergab sich also ein Reingewinn von 1662 Fr. 17 Rp. Die Schlußrechnung der eidgenössischen Schützenvereinskasse verzeigte den 5. Juli 1834: Einnahmen: 8991 Fr. 35 Rp.; Ausgaben: 4636 Fr. 64 Rp., mithin ein Kassenverblieb von 4354 Fr. 71 Rp. Weit bedeutungsvoller war die ideale Errungenschaft eines neuerwachten öffentlichen

Lebens auf dem höhern Standpunkt eidgenössischer Zusammengehörigkeit zu einer freien ihrer Unabhängigkeit wohlbewußten Nation, und darin lag eben der Schwerpunkt des durch keinen Unfall getrübten und wohlgelungenen Nationalfestes.

Siebentes eidgenössisches Schützenfest in Zürich,
abgehalten vom 13. bis 19. Juli 1834.

> Der Schützen Fest ist ein nationales Fest; Schützen und Nichtschützen beeilen sich, an selbem zu erscheinen und es mitfeiern zu helfen. Diese Volksversammlung könnte in Monarchien das Zeichen zum Aufstand sein; in einer Republik aber brechen Revolutionen nur dann aus, wenn man die Rechte des Volkes beschränken will. Da, wo man das Volk ehrt, erfüllt sein Anblick mit reiner Freude den Bürger, der die Macht des Volkes erkennt und der sich dem Wohle des Vaterlandes weihet.
>
> Altbürgermeister Jakob Heß.

Sturmbewegte zwei Jahre waren seit dem Freischießen in Luzern über die Gauen der schweizerischen Eidgenossenschaft hingegangen. Die fremde Diplomatie hatte in dem unsinnigen Savoyerzug den willkommenen Anlaß gefunden, einen wahren Notenhagel über die Schweiz loszulassen und selbe mit dem vielgenannten Plocus hermeticus, einer vollständigen Sperre der Lebensmittel zu bedrohen, wenn nicht die unverzügliche Ausweisung aller beim Savoyerzug Betheiligten und aller zur Störung der Ruhe Mitwirkenden beschlossen und genügliche Zusicherungen gegen Wiederkehr solcher Versuche gegeben würden. Angesichts der bedrohlichen materiellen Nachtheile hatte sich Zürich durch den Einfluß des Bürgermeisters Hirzel der fremden Diktatur gefügt. Darüber war eine allgemeine Entrüstung der freisinnigen Eidgenossen in allen Kantonen erfolgt und diese hatten die Einladung zu einer eidgenössischen Volksversammlung bei Anlaß des eidgenössischen Freischießens in Zürich erlassen. Diese wiederum hatte bei den Betreibern des schmählichen Großrathsbeschlusses große Unruhe verursacht und dieselben drohten in ihrer Angst auf die Einladung mit Kartätschen. In solch tief erregter Stimmung der Gemüther war die Zeit des großen Nationalfestes in Zürich herangekommen.

Auf Vorschlag des neuen Schützenvorortes war das neue Centralkomité folgendermaßen zusammengesetzt worden: Regierungsrath Dr. Hegetschweiler als Vorstand, und als derselbe beharrlich ablehnte, Bürgermeister J. Jakob Heß; Philipp Kohler-Frank als Seckelmeister und Staatsschreiber Ludwig Meier von Knonau als Schreiber. Ihnen waren zur Aushülfe beigegeben: Regierungsrath Hotz von Neumünster; Kantonsrath Studer von Wipfingen; Regierungsrath David Bürgi; Kantonsrath H. Landis von Kirchberg; Kantonsrath Kaspar Bleuler von Bassersdorf, und Johann Hegetschweiler von Riffers-wil. Dem Aufrufe des Centralkomité's um Ehrengaben zur Verherrlichung des Festes hatte auch diesmal ein rühmlicher Wetteifer der Behörden, Schützengesellschaften und anderer Vereine sowie von einzelnen gemeinnützigen Bürgern geantwortet. Der Schießplan umfaßte die Gesammtsumme von 29,624 Fr. Die 6 Stichscheiben trugen die Namen „Grütli" für die eidgenössische Scheibe und sodann die Namen der bisherigen fünf Schützenvororte. Die eidgenössische Scheibe umfaßte in 116 Gaben die Summe von 4938 Fr., darunter 17 Ehrengaben im Werthe von 2938 Fr. Die erste Gabe war ein silberner Pokal, Geschenk der Regierung des Standes Zürich, im Werthe von 500 Fr. Die geringste Gabe war 14 Fr., die Zeigerehre 20 Fr. Die 6 Stichscheiben erhielten 960 Fr. an Ehrengaben und 16,140 Fr. an Geld, zusammen 17,200 Fr. Die erste Gabe bestund in einem silbernen Becher im Werthe von 160 Fr. Es wurde eine Heimatlosenscheibe aufgestellt, um den Schützen an das Glück einer freien Heimat und an das Werk christlicher Liebe in der Unterstützung Unglücklicher zu erinnern. Dieselbe umfaßte die Summe von 1520 Fr. in 40 Gewinngaben, davon die erste ein silberner Becher im Werthe von 100 Fr., die kleinste 22 Fr. Die Kehrscheibe umfaßte 5360 Fr., darunter als erste Gabe ein Ehrenbecher der Zürcher Regierung im Werthe von 160 Fr., die kleinste Geldgabe 6 Fr., die Zeigerehre 20 Fr. Der Doppel in die Heimatlosenscheibe betrug 2 Fr.; der der Stichscheiben 16 Fr. Der Nummernkreis der Stiche war 12 Zoll, der der Kehrscheibe

3 Zoll franz. M. Die Verdienstprämien der Stichscheiben für die meisten Nummern mit der kürzesten Linie waren für die erste 250 Fr.; für die zweite 130; für die dritte 100; für die vierte 60 und für die fünfte 40 Fr. Die Prämien in der Kehrscheibe waren festgesetzt: die erste Nummer des ersten Tages 40 Fr., die letzte 10 Fr. Die meisten Nummern des Tages 40 Fr.; die erste und letzte Nummer Vor- und Nachmittags je 10 Fr. Die letzte Nummer des letzten Tages 40 Fr. Die meisten Nummern durch alle 7 Tage erhielten 80 Fr.; die andermeisten 70; die drittmeisten 60; die viertmeisten 50; die fünftmeisten 40; die sechstmeisten 30; die siebentmeisten 25 und die achtmeisten 20 Fr.

Der Festplatz befand sich westlich von der Stadt Zürich, eine kleine Viertelstunde davon entfernt, am Fuße des Uetliberges in einer geräumigen Ebene. Vor dem Haupteingang desselben erhob sich ein gewaltiger, auf vier Pfeilern ruhender Festbogen, unter welchem sich das kolossale Bild eines alten Schweizers in vertheidigender Stellung befand. Sinnige Inschriften schmückten die Pfeiler. Oben an den Wänden standen in Quaderschildern die Namen der Freiheitsschlachten und oben auf der Zinne wurden die ankommenden Schützenfahnen neben dem eidgenössischen Schützenpanner aufgepflanzt. In der Mitte des Platzes war ein 150 Fuß hoher Freiheitsbaum mit der weithin winkenden eidgenössischen Fahne aufgestellt, aus dem 2 Röhren frisches Quellwasser in ein geräumiges Becken sich ergossen. Rechts und links von demselben standen zwei höchst geschmackvolle Kaffeehäuser zur „Eintracht" und zur „Treue" mit zierlichen Gallerien, die mit rothen und weißen Gewinden geschmückt waren. Vor jedem Eingang derselben standen 2 kolossale Steinbilder aus der Hand des Künstlers Obrist mit roth und weißem Panner. Nicht weit davon war der Gabensaal, 19 Fuß breit und lang, 15 Fuß hoch, auf 3 Stufen erhöht und mit den Fahnen der 22 Kantone geschmückt. Hinter den hohen Glaskasten seiner vier Wände winkten die reichen Ehrengaben, darunter 22 silberne Becher und die vielen Geldgaben in zierlichen Beutelchen. Südwestlich stund der Schießstand, für 1000 Schützen Raum bietend, und in demselben ein gutes Gemälde von Tell's Apfelschuß mit der Inschrift:

> Weiht, Brüder, Auge, Arm und Hand
> Wie Tell, der Schütz, dem Vaterland.

Am Fuße des Hügels, 200 Schritte vom Schießstand entfernt, dehnte sich die lange Reihe von 42 Scheiben, durch reiche Blendung grüner Tannenbäumchen dem Auge von einander unterschieden. Am nordöstlichen Ende des Festplatzes erhob sich endlich die gewaltige, mit Kränzen und rothweißen Gewinden schön geschmückte Speisehütte mit 150 Tischen. In der Mitte befand sich die Rednerbühne und darüber die Bühne für das Orchester. Ueber dem Haupteingang befand sich das Gemälde des Rütlischwurs. An der 200 Fuß langen Fronte stund die Inschrift:

> Willkommen ihr Männer zu Berg und Thal,
> Hier gebt euch die Hände zum fröhlichen Mahl;
> Euch eine das traute Gespräch und der Wein,
> Gesellige Freunde und Brüder zu sein.

Sämmtliche Einrichtungen trugen das Gepräge des längst bewährten guten Geschmackes der Zürcher, von künstlerischem Geschick in der Ausführung und einer wahrhaft fürstlichen Pracht. Aber all' dieser Reichthum vermochte bei damaliger Gestaltung der politischen Verhältnisse dem eidgenössischen Nationalfeste nicht jene gemüthliche und geistige Erhebung zu gewähren, welche das letzte Schützenfest in Luzern so rühmlich ausgezeichnet hatte. Die freisinnigen Schützen fanden es geradezu bemühend, zu bemerken, wie durch kluge Formen und Schranken beim Grüßen wie in den Tischreden wohl vorgesorgt war, jede rasche und freie Regung niederzuhalten, um ja den fremden Diplomaten keinerlei Anlaß zu Noten und Klagen zu geben, nachdem nun die Beziehungen mit ihnen in ein so befriedigendes und ruhiges Geleise gebracht worden waren. Die anhaltend heiße Witterung des Sommers von 1834, welche den berühmten Rebensaft ausgekocht hat, war dem schweizerischen Nationalfeste außerordentlich günstig gewesen. Sonntag den 18. Juli rückte von Luzern her die eidgenössische Fahne in Zürich ein, im Geleite von 53 Wagen und 200 muntern Luzerner Schützen. Um halb 11 Uhr Morgens setzte sich vom Lindenhof aus der Festzug in Bewegung, voran zu Pferd eine Schaar geharnischter Schützen aus alter Zeit; sodann die Zeiger in bunter Tracht, 50 Mann.

Nach ihnen die treffliche Feldmusik von Luzern, im muntern Spiele auf dem langen Weg mit einem Musikchor von Zürich abwechselnd. Hierauf die eidgenössische Fahne und zu ihrer Linken die kantonale Zürcher Schützenfahne, getragen von einem als Wilhelm Tell gekleideten Schützen, dem der Knabe mit pfeilburchschossenem Apfel zur Seite ging. Hierauf folgten die beiden Komités von Luzern und Zürich und endlich sämmtliche Schützengesellschaften, ihre Fahnen und mehrere ihre eigenen Musikchöre an der Spitze. Hinter und neben dem Zuge drängte sich eine unabsehbare Volksmasse. Auf dem Festplatze übergab im weiten Kreise der Schützen der abtretende Vorstand derselben, Oberst Schumacher-Uttenberg, die eidgenössische Fahne mit wenigen aber herzlichen Worten an den neuen Vorstand, Regierungsrath Dr. Hegetschweiler, der als ein Mann, der die Nationalehre zu schätzen wußte, weihevoll die theure Fahne entgegennahm, indem er bemerkte, daß es noch jetzt Sitte der Schweizer Schützen sei, zwei Pfeile in ihrem Köcher zu führen, den einen, um ihre Kunst zu zeigen, und einen gegen fremde Anmaßung zum Schutze der Freiheit und Unabhängigkeit des Vaterlandes. Er begrüßte sodann der Reihe nach die anwesenden Schützengesellschaften; voraus Luzern im Glanze seiner Führerschaft des eidgenössischen Schützenbundes, welches auch in neuerer Zeit gezeigt habe, daß es die Freiheit höher zu achten wisse als den Frieden des Krummstabes; sodann Neuenburg, dessen Schützen eine so innige Anhänglichkeit an Freiheit und Vaterland stetsfort bewahrt und das daher eine neue Burg republikanischer Grundsätze und gleichberechtigter Brüder werden möge; endlich alle übrigen Schützengesellschaften zu Stadt und Land, voraus aber grüßte er die Stadt Zürich, deren Fahne zum erstenmal an dem schweizerischen Nationalfeste erscheine, dann auch die Landschaft, die mit Liebe und Zutrauen sich an selbe anschließe, da sie eben ihren Panzer ausziehe und im Glanze ächter Verdienste um den Kanton wie die Eidgenossenschaft größer als je dastehe. Während zum Willkomm der Ehrenbecher kreiste, wurde unter dem Donner der Kanonen als Königin des Festes die eidgenössische Fahne aufgepflanzt. Beim Mittagmahl wurde der erste Trinkspruch der Eintracht des Vaterlandes, der zweite der Freiheit desselben gebracht. Die erste Nummer schoß

Hr. Eichholzer von Langnau. Hr. Lehrer Bär hatte eigene Festlieder gedichtet und Baumann sie in Musik gesetzt; auf den Wunsch festleitender Personen wurden sie jedoch nicht gesungen, um der fremden Diplomatie ja keinen Anlaß zu neuen Klagen zu geben. Die erste Fahne, welche nach Eröffnung des Festes ankam, war die von Schwyz. Ihr folgte bald die von Uri. Kenner schätzten die auf dem Festplatz und in den Straßen der Stadt auf und ab wogenden Menschenmenge auf 30,000 Köpfe. Abends wurde dem Gesandten von Bern ein Ständchen gebracht. Am Montag hielten zahlreiche Gesellschaften ihren Einzug, während im Schießstand das lebhafteste Rottenfeuer unausgesetzt andauerte. Bei der Mittagtafel wurde übungsgemäß der erste Trinkspruch dem Vaterland gebracht. Ihm folgte das zweite Hoch den schweizerischen Frauen und zwar nicht nur den Heldinnen nach Art der Stauffacherin und den in's Feld ziehenden Appenzellerinnen, sondern auch den frommen Dulderinnen, die, wie Gertrud von der Wart, ihrem Gatten bis zum letzten Augenblick des Lebens und selbst auf dem Richtplatze nicht verlassen. Diplomatisches Zittern verursachte am 14. Juli als am Erinnerungstag der Einnahme der Bastille in Paris der kräftige Trinkspruch von Dr. Kasimir Pfyffer von Luzern auf den Geist der Freiheit, der an diesem Tage die politische und geistige Freiheit zum Wohle der Menschheit für alle Zukunft befestigt habe und daher auch manches Opfer aufwiege, weil er doch segensreich wirke, wie der Gewittersturm in der Natur, wenn auch hie und da örtlich zerstörend, doch im Großen und Ganzen stets die Luft reinigend sehr wohlthätig wirke. Der allgemeine Beifall, den diese Freiheitsrede erntete, wandelte sich beim nächsten Redner in's Gegentheil, als Hr. Lüthi von Stäfa, der Herausgeber des derben Freiheitsfreundes, gegen eine Persönlichkeit sich unziemliche Anspielungen erlaubte. Hundertstimmiger Zuruf hieß ihn schweigen. Als er aber dennoch die Rednerbühne nicht verlassen wollte, wurde der Lärm immer wüthender und flogen Bratenknochen, Brodstücke und Gläser gegen ihn, bis er endlich die Bühne verließ. Mühsam stillte am Ende die Musik den gräulichen Tumult. Am gleichen Tag bot der Einzug der Graubündner einen erhebenden Anblick dar. Es waren ihrer 130 kräftige, hochgewachsene Mannen in besten Jahren, grauen Jägerröcken, mit Stutzer und Weidsack um die Schultern, graue Hüte als Zeichen ihres Bundes auf den Köpfen, an ihrer Spitze Landammann Brosi und Schützenhauptmann Scherer. Sie errichteten in Zürich ein kleines Zeltlager, in welchem sie sich häublich einrichteten und vortrefflich ihren Zigeunerbraten zu bereiten verstanden. Die Trinksprüche bei der Mittagtafel galten der Stiftung des schweizerischen Schützenvereines; der jungen Helvetia; der Sängerwelt, welche nicht nach fremden Noten singe und noch weniger nach selben tanze. Am Mittwoch zogen die Zuger ein und verschiedene andere Schützengesellschaften aus den Urkantonen. Am 17. die Basellandschäftler, nach ihnen 800 St. Galler und Appenzeller Arm in Arm. Darauf die Berner, von Heß herzlich begrüßt; die Genfer, deren Fahne Oberst Dufour überreichte. Nach ihnen die Freiburger, an ihrer Spitze Savary mit republikanisch offenem und ernstem Gruß, die bundesbrüderliche Gesinnung der Freiburger Schützen schildernd, und ihre stete Bereitwilligkeit, zu blutigem Ernste ihre Waffen zu ergreifen. Am gleichen Tage noch erschienen die Schützen aus dem Thurgau, von Stein am Rhein und aus dem Waadtland. An diesem Tage mußte die Tafel zweimal gedeckt werden, an der jedesmal 4000 Gäste speisten. Eine unzählige Menge von Zuschauern umwogte von allen Seiten, erwartungsvoll der Dinge, die da kommen würden, den gewaltigen Speisesaal. Die Reihe der Redner eröffnete der Bundespräsident, Bürgermeister Hirzel. Laute Zeichen des Mißfallens wie andrerseits des Beifalls empfingen den Sprecher und es dauerte einige Zeit, bis er zum Worte kommen konnte. Sein Trinkspruch galt dem „friedlichen, tapfern, einträchtigen, sprechfreien Vaterlande". Häufig wurde seine Rede unterbrochen. Nach Hirzel betrat unter gewaltigem Beifall Oberrichter Keller die Bühne und brachte seinen Trinkspruch dem Glauben an das Vaterland. Gleichen Beifall fand Pfarrer Bornhauser aus dem Thurgau, der in offener und freimütiger Rede seine Ansichten über die schweizerischen Verhältnisse nach innen und außen aussprach. Ebenso entschieden und kräftig sprach sich Dr. Kasimir Pfyffer aus, der mit Cato's Beharrlichkeit auf die Nothwendigkeit eines kräftigern neuen Bundes hinwies, damit die Magistrate nicht mehr in Versuchung kommen, ihre Schwäche damit zu bedecken, daß sie dasjenige, was sie dem Auslande gegenüber im Monat März und Mai als recht behaupten, im Brachmonat als unrecht erklären. Mit gleicher Kraft und Entschiedenheit sprach nach Pfyffer Bürgermeister Heß und auch ihm folgte jubelnder Beifall. Nach ihm brachte Oberst Düfour sein Hoch der Einigkeit der Schweizer in der Uebereinstimmung nach innen und in der Festigkeit nach außen. Tiefen Eindruck und Beifall erregten ferner die Reden von Landammann Baumgartner von St. Gallen und Advokat F. Curti von Rapperswil. Nach einer kleinen Pause, in der die Musik spielte und der Gesangverein einige Lieder vortrug, betrat Obergerichtspräsident E. Frei von Baselland die Rednerbühne und sprach in scharfen Worten über die Schmach, welche die Schweiz bedrohe, wenn sie ihre Unabhängigkeit nicht besser wahre, als es von Seiten des Vorortes geschehen sei, und schlug daher im Namen des Schweizervolkes eine Verwahrung gegen dasselbe zu Handen der Tagsatzung vor. Darüber erhob sich nun Tumult mit Zischen und Pfeifen und der Ruf „Abe!" in der Umgebung mehrerer aristokratisch gesinnter Stadt-Zürcher, aber ebenso Beifall und Ausdruck der Entrüstung von den Tischen der St. Galler, Waadtländer und Baselländer. Auf den Wink eines Komitémitgliedes sollte die Musik den Sprecher zum Schweigen bringen, weil er es unterlassen habe — das Wort zu begehren. Gegen solches Vorgehen kämpfte mit allem Unmuthe für das freie Wort Bürgermeister Heß und brachte es dahin, daß Frei die Protestation verlesen konnte. Darauf verließ er die Bühne. Ihm folgte Dr. Henne von St. Gallen, der in scharfen Worten ebenfalls freimüthig das Tagessystem geißelte. Strafend sprach darauf Fetzer von Aarau an die Menge, indem er das Benehmen des Vorortes und die Zerwürfnisse in der Eidgenossenschaft näher betrachtete. Hans Schnell, der Gesandte von Bern, brachte endlich dem Adel des Herzens sein Hoch als dem allein gültigen in der jetzigen Republik Bern.

Mit Eindrücken, die jedenfalls anders waren, als an monarchischen Hoffesten und Galatagen, kehrten die fremden Gesandten, welche der Mittagtafel beigewohnt, nach Hause. Sie hatten es selbst mit angesehen, wie das Schweizervolk über seine Magistrate, die fremder Anmaßung gegenüber in der Stunde der Prüfung sich schwach gezeigt, mit aller Entschiedenheit zu Gericht gesessen war.

An demselben Tage hatte ein königlichgesinnter Neuenburger im Kaffee „Eintracht" unschweizerische Reden geführt. Da frug ihn ein Berner Oberländer, ob er ein Schweizer oder Preuße sei. Der Gefragte wollte sich über die Frage nicht aussprechen. Da übermannte den Berner sein warmes Nationalgefühl. Er faßte daher den Gefragten kurzweg beim Kragen und warf ihn zur Thür hinaus, unter lautem Beifall der Anwesenden, die den Vorgang angesehen hatten. Bei der Mittagtafel am folgenden Tag sprach unter der Reihe der Festredner Professor Dr. Wilhelm Snell im Namen der Baselländler und vieler Berner Schützen sein Mißfallen über die gestrige Störung des freien Wortes an diesem Nationalfest aus. In gleichem Sinn sprach Pfarrer Zschokke von Liestal. Noch einmal sprachen in freisinniger Weise die Herren Baumgartner, Curti und Dufour.

Als bei der Mittagtafel Heß den ersten Gruß dem Vaterland gebracht und launig an das Wort gemahnt: „Habt Acht zum Feuer!" auf daß es zur rechten Zeit aufflamme und erwärme, da wurde unter tausendstimmigem Zuruf der eben in großer Hitze von Zug hergewanderte Landammann Sibler, so ganz erhitzt wie er war, auf die Bühne geschleppt und ergoß sogleich aus dem Stegreif seine glühende, vaterländische Begeisterung in einer Fluth von Kraft- und Feuergedanken, daß alles ein Klatschen und Rufen wurde und der Beifall seine Worte deckte. Er schilderte den Kampf zwischen Licht und Finsterniß, Stillstand und Fortschritt und die wenn auch langsame doch unwiderstehliche Gewalt des letztern, und brachte sein Hoch den muthigen, thatkräftigen Männern, welche entschlossen in das Rad der Zeit eingreifen, um es vorwärts zu bringen. So schloß das Schießen und das Ergebniß der feierlichen Vertheilung der ersten Preise war folgendes:

Die erste Gabe im „Grütli", den silbernen Becher der Regierung, erhielt Schützenmeister Pfenninger von Stäfa, Kanton Zürich. In der Stichscheibe „Aarau": Heinrich Schoch von Fischenthal, Kanton Zürich. In der Stichscheibe „Basel": Leonhard Eberhard, aus Gaster, Kanton St. Gallen. In der Stichscheibe „Genf": Lehrer Wendolin Meier von Sursee, Kanton Luzern. In der Stichscheibe „Freiburg": Kaspar Streif, von Glarus. In der Stichscheibe „Bern": J. Jakob Ulrich im Drahtschmidli bei Zürich. In der Stichscheibe „Luzern": Mathias Weber von Zug. In der Heimatlosenscheibe: Friedrich Straßer von Wangen, Kanton Bern. In der Kehrscheibe: David Wild von Richterschweil, Kanton Zürich. Die erste Prämie für die kürzeste Linie in den 7 Stichscheiben erhielt mit 19,62''' franz. Dez. Kaspar Ringger von St. Gallen. Die meisten Kehrscheibennummern in allen 7 Tagen (69) hatte J. Bruderer von Trogen, Kanton Appenzell. In den Stichscheiben wurden zusammen 3307, in der Heimatlosenscheibe 788 und in der Kehrscheibe 1213 Nummern geschossen. Die Gesammtausgaben des Schützenkomité's beliefen sich auf 76,000 Fr.; die Einnahmen waren nur unbedeutend geringer. Die Heimatlosenscheibe hatte 1500 Fr. abgeworfen, welche dem Vorort zugestellt wurden. Die Vereinsrechnung verzeigte 9863 Fr. 71 Rp. Einnahmen und 4868 Fr. 35 Rp. Ausgaben. Es ergab sich somit ein Kassenverblieb von 4995 Fr. 36 Rp.

Ein fremder Festbesucher, der als Augenzeuge sich das eidgenössische Schützenfest angesehen hatte, äußerte sich über dasselbe: „Ich habe ähnliche Volksfeste in Paris, München und Wien gesehen; aber dort stunden Regimenter unter den Waffen. Hier habe ich zum erstenmal ein freies Volk gesehen, das sich selbst bewacht. Da spürt man nichts von der Polizei. Sie wacht unsichtbar."

Achtes eidgenössisches Schützenfest in Lausanne,
abgehalten vom 3. bis 10. Juli 1836.

> Pflegt, wie die Väter thaten, alles, was den Muth
> erfrischt, die Seele erhebt, der Freiheit aufhilft. Warum
> habt ihr nicht, wie die alten Griechen, euere olympischen
> Tage? Die Wissenschaft hat ihre Vereine, die Künstler
> die ihrigen, es gibt herrliche für das Waffenspiel. Alle
> sind Wohlthäter des Vaterlandes, alle sind Söhne der
> Freiheit. Möge das Jünglingsgeschlecht ihr erweisen,
> was sie von ihm erwartet. In zehn Jahrhunderten
> gibt es nur ein Sempach, und vielleicht wird uns das
> unsrige auf kein Schlachtfeld führen. Allein wir können
> für die Freiheit leben, wie unsere Voreltern für sie
> starben.
>
> *Wuilliemin.*

Seit der gesegnete Kanton Waadt seine politische Selbstherrlichkeit sich glücklich erworben hatte, war er im rasch zunehmendem Wohlstand seiner Bürger zufrieden mit der errungenen Freiheit, die er durch aufopfernde Bürgertugend würdig zu verklären sich redlich bemühte. Ihren Miteidgenossen die Liebe und Anhänglichkeit an die eidgenössische Fahne als Sinnbild der Freiheit und Vaterlandsliebe kund zu thun, hatten die Waadtländer sich in Zürich um die Ehre des eidgenössischen Schützenvorortes beworben und war Lausanne selbe bereitwillig zugesagt worden. Mit Begeisterung wurde das gemeinnützige Unternehmen an die Hand genommen und die Leitung desselben folgenden bewährten Männern anvertraut: Staatsrath Drüey als Vorstand; Professor L. Monnard als Stellvertreter und Seckelmeister; Büclin-Billon als Schreiber; als fernere Mitglieder: Professor Pidou von Lausanne; Jos. Rouge von Lausanne, Schützenmeister; Oberstlieutenant Ludwig Dupont von Vivis; Großrath Nicole von Lausanne; Großrath Tavel von Peterlingen und Advokat B. von Weiß von Ifferten. Die fremde Diplomatie hatte indessen das schon vor zwei Jahren bei Anlaß des eidgenössischen Schützenfestes in Zürich mit gutem Erfolg zur Demüthigung der freisinnigen Schweiz in dem Flüchtlingshandel begonnene Spiel fortgeführt und der Gesandte von Frankreich, Graf Montebello, hatte zur Sühne der Julirevolution darin die erste Rolle übernommen. Namentlich hatte er in dem berüchtigten Conseilhandel mit grenzenloser Anmaßung die

Rolle des Wolfes mit dem Lamme in der Fabel durchgeführt. Der Schmach solcher Umtriebe gegenüber hatten auch dies Mal wieder die Vorkämpfer der freisinnigen Partei in der Eidgenossenschaft eine große Versammlung des schweizerischen Nationalvereines angeregt und wurde eine solche wirklich von Staatsrath Druey ausgeschrieben. Dieses Vorgehen gab zu den abenteuerlichsten Gerüchten, zu Angst und Besorgniß der Furchtsamen Anlaß. Als nun von Seiten der sogenannten „jungen Schweiz", die sich mit „Jung" Polen, Italien, Frankreich und „Deutschland" in Verbindung gesetzt hatte, eine Proklamation zur Gründung eines eidgenössischen Verfassungsrathes erschien, wurde von der Versammlung des Nationalvereines in Lausanne Umgang genommen, um jeden Schein der Gemeinschaftlichkeit mit jenen Verbindungen zu vermeiden. Indessen hatte wie Zürich vor zwei Jahren nun auch das mächtige Bern seine schwache Stunde gehabt, weil es auf das Drängen des französischen Gesandten den 2. Juli die Badener Artikel preisgegeben hatte. Hohnlächelnd bemerkten die alten Berner Aristokraten: „Nur schneller Gehorsam konnte die Regierung retten!" Bei den freisinnigen Vaterlandsfreunden ertönte dagegen der Schmerzensruf: „Auch Bern, das stolze, ist gefallen." In solcher bewegten Lage der Dinge rückte das eidgenössische Schützenfest in Lausanne heran.

Reichliche Ehrengaben besonders aus dem Kanton Waadt waren für dasselbe zusammengelegt worden, welche die Summe von 9955 Fr. erreichten. Der ganze Schießplan umfaßte die Summe von 38,318 Fr. Die Stichscheiben hießen: Vaterland, Jungfrau, Rigi, Säntis, Gotthard, Bernhard, Dole. Neben denselben wurden auf eine Schußweite von 520 Waadtländer Schuh 38 Kehrscheiben aufgestellt. Die eidgenössische Scheibe erhielt in 173 Gaben 8623 Fr.; davon die erste, ein silberner Pokal, 500 Fr. an Werth, Geschenk des Staatsrathes vom Kanton Waadt, die kleinste ein silberner Löffel im Werth von 14 Fr. Jede der andern Stichscheiben umfaßte in 122 Gaben 3125 Fr.; davon die erste ein Stutzer, die kleinste 16 Fr. an Geld. Die Kehrscheibe war mit 5610 Fr. in 302 Gaben ausgesteuert; davon war die erste Gabe ein Stutzer, 250 Fr. an Werth; die kleinste 7 Fr. 5000 Fr.

wurden für Kehrscheibennummern ausgeschieden, welchen keine Gewinnste mehr zufielen. Die erste Verdienstprämie für die meisten Nummern mit der kürzesten Linie in den Stichscheiben betrug 260 Fr. Der Schütze, welcher bei den 7 Stichschüssen die meisten Nummern erhielt, ohne weder einen Gewinn noch eine Prämie zu erhalten, bekam die Gabe der Freimaurerloge in Lausanne im Betrag von 250 Fr. In der Kehrscheibe erhielt derjenige Schütze, der die meisten Nummern hatte, ohne einen Gewinn erhalten zu haben, eine Ehrengabe von 64 Fr. Ebenso der nicht im Kanton Waadt ansässige Schütze, der die meisten Nummern geschossen, 50 Fr. Der Nummernkreis im Stich betrug 11 Zoll Schw. M.; der in der Kehrscheibe 3 Zoll. Es wurde von 6 Uhr früh bis 8 Uhr Abends geschossen; am letzten Tag bis 5 Uhr Abends.

Der Festplatz befand sich auf dem Landgute Beaulieu, und bot eine herrliche Aussicht auf den Genfersee, die Walliser und Savoyer Alpen. Den Eingang der prächtigen Kastanienallee, welche zu demselben führte, schmückte der übliche Festbogen mit dem beleuchteten eidgenössischen Wappenschilde und darüber die Worte: Eidgenössisches Schießen. — Eingang für die Abgeordneten. — Daselbst stund ein Grenadierposten und die Ankündkanone; nicht weit davon das Lager der Genfer, Walliser und Peterlinger Schützen. Am Ende des Schattenganges, wo der Weg gegen das Schloß einlenkte, erhob sich auf einem Rasenaltar kolossal die hölzerne Bildsäule von Wilhelm Tell mit dem Knaben, umgeben mit den 22 Wappenschildern der Kantone und an den grünen Laubwänden stunden in deutscher und französischer Sprache die einfachen Worte: „Waffenbrüder, seid willkommen!" Den eigentlichen Eingang des Festplatzes bezeichnete der Empfangsaal, der zugleich zum Fahnen- und Gabenhalter diente. Denselben bildete ein schmucker, auf vier zierlichen Bogen ruhender Triumphbogen, oben auf der Zinne die eidgenössische Fahne, unten in der Mitte der schönen Halle die gewaltige Gabenpyramide, deren Spitze das Brustbild Wilhelm Tell's bildete. Die Ecken desselben bildeten 18 Stutzer. Auswendig waren die Arkaden mit den farbigen Gesellschaftsfahnen geschmückt. Rechts von dem Empfangsaal dehnte sich der geräumige Schießstand aus mit Raum für 1500 Schützen. In angegebener Entfernung davon, an einen Hügel angelehnt, befanden sich die 45 tanzenden Scheiben, unter denen in einem tiefen Graben die Zeiger waren. Etwas weiter zurück stunden die Waffenschmiede, die Magazine und die Kugelgießerei. Dann folgte die Küche, der Saal für die Musik und endlich die große Speisehütte, 270 Fuß lang und 80 Fuß breit mit Raum für 3000 Gäste, mit geschmackvollen Gallerien und der Redner- und Musikbühne. In der Mitte wieder auf einem Rasenaltar die Büste Wilhelm Tell's und d'rum herum in Hufeisenform der Komitetisch. Das Ganze deckte ein einziges gewaltiges Sprengdach, das auf wenigen geschmückten Säulen ruhte und fast eine Juchart Land umfaßte. Nachts wurde der lichte ungeheure Raum durch einen Ballon magisch beleuchtet. Links vom Empfangsaal stund ein zweistöckiges Kaffeehaus mit schönen Gallerien und hübscher Aussicht. Hinter demselben stunden schmucke Laubenhütten (Buvettes) mit zahlreichen Wirthschaftstischen. Sämmtliche Einrichtungen zeigten zwar nicht die fürstliche Pracht jener in Zürich, sondern waren republikanisch einfach aber sehr bequem; sie waren der getreue Abdruck des bescheidenen aber praktischen Sinnes des Waadtländervolkes.

Am Vorabend des Festes war die Sonne eben in seltener Pracht im Westen untergegangen, als Kanonenschüsse von der Berner-Straße den feierlichen Einzug der eidgenössischen Schützenfahne den frohbewegten Bewohnern der Feststadt verkündeten. Abgeordnete des neuen Centralausschusses, eine Schützenmusik und das Kadettenkorps von Boll mit reitenden Jägern waren ihr entgegengezogen. Die Fahne trug ein als Tell verkleideter Mann mit dem Knaben, ihr zur Seite schritt ein in die Kantonsfarben von Zürich gekleideter Bürger, der die dortige Kantonalfahne trug. Frohes Gewühl der ankommenden Schützen erfüllte die Nacht über die Straßen der Stadt. Früh Morgens rückten die Genfer ein, 550 Mann mit dem kantonalen Schützenpanner und 10 Gesellschaftsschützenfahnen. Auf dem Montbenon war der Sammelplatz. Dort flatterten bereits 60 Fahnen der waadtländischen Militärgesellschaften neben den Fahnen von Zürich, Morgenthal und Wangen. Mittags 11 Uhr setzte sich der gewaltige Zug — an 3000 Mann stark — durch die Straßen der Stadt in Bewegung nach dem eine Viertelstunde entfernten Festplatz, wo bereits die Spitze desselben ankam, als die Letzten desselben den Montbenon verließen. In weitem Viereck vor dem Empfangsaal übergab Bürgermeister J. Heß mit der eidgenössischen Fahne die Leitung des Festes in begeisterter Rede an den neuen Vorstand. Ihm antwortete mit gleicher Begeisterung der neue Vorstand, Staatsrath Drüey mit persönlichen Erinnerungen an die muthige Haltung, welche Heß im Jahr 1834 gegenüber den ungerechten Anmaßungen der fremden Diplomatie behauptet hatte. Ebenso M. Pidou. Nach ihm in glühender Begeisterung sprach aus dem Stegreife Hr. von Weiß, der Freiheit der Bewegung des Volkes ihr Recht wahrend, das wohl bisweilen Bocksprünge mache, aber im Gefühle der Freiheit immer wieder den rechten Weg finde, und sich aufrichtig dem Fortschritt und der Veredlung weihe. Abends kamen noch die Schützenfahnen von Aarau und Murten an.

Am zweiten Tag rückten drei Abordnungen aus dem Kanton Bern ein; nach ihnen zahlreich jene von Luzern und Solothurn. Den Lichtpunkt bei der Mittagtafel bildete die feierliche Uebergabe des prächtigen Genfer Bechers. Von der Musikbühne, wo die Genfermusik den Tagesdienst hatte, trug Hr. Prevost eine begeisterte vaterländische Hymne vor, begleitet von der trefflichen Musik des Sabou, welche tiefen Eindruck machte und rauschenden Beifall erntete. Ebenso sang Hr. Simond von Ifferten ein von ihm gedichtetes vaterländisches Lied. Lebhaftes Feuer dauerte den ganzen Tag über im Schießstand. Es wurde nicht nur viel, sondern auch gut geschossen. Am dritten Tage rückten ein: Baselland, St. Immerthal, Thun, Graubünden und zum erstenmal Tessin. Dasselbe wurde mit Baselland zur Tafel geladen und gefeiert.

Am vierten Tag bildete den Glanzpunkt der Einzug der wackern Neuenburger mit ihren Musikchören, die bei der Mittagtafel zwischen den zahlreichen Tischreden spielten. Unter diesen zeichneten sich die von Oberst Luvini und Hrn. Heinr. Frei aus, welche dem Aufwachen des schweizerischen Ehrgefühls und dem Ende der Ungerechtigkeit von außen und innen galten. An dem Tage trafen die Fahnen von Winterthur und Biel ein.

Am fünften Tage kamen die Walliser, alt und junge Schweiz vereint, Moritz Barmann als Sprecher; sodann Abordnungen von Schmitten und Rechthalten im Kanton Freiburg, von Neustadt, Laupen und Aarberg und endlich Appenzell, in drei aus hellen Alpenkehlen gesungenen Liedern ihren Gruß bringend, der allgemeinen Beifall fand. Nach ihnen kamen noch die Fahnen von Nidau und Sumiswald. Beim Mittagmahl sprachen Rouge mit einem Hoch auf die angekommenen Abordnungen; Hr. Liechti von St. Gallen, Pfr. Bähler von Neueneck, Hr. Begue von St. Geniez und Fürsprech Winkler von Luzern. Letzterer erinnerte an den Fall der Republiken Griechenland und Rom und frug, ob auch die Schweiz nach fünfhundertjährigem Bestand zum Untergang reif sei? — Nein! tönte es von allen Seiten. — Nein, rief sodann begeistert der Sprecher, die Schweiz wird nicht zu Grunde gehen, denn sie trägt den Grundsatz des Fortschrittes in sich, und dieser wird in seine Entwicklung treten müssen, wenn die Schweiz ihre Aufgabe lösen soll, die ihr vorgezeichnet ist. Sie ist der heilige Boden der Freiheit, der Ehre und der heiligen Menschenrechte; möge sie ihre große Bestimmung bewahren, auf dem Wege des Fortschrittes wandeln und dadurch ihre Zukunft gesichert sein!

Am sechsten Tage rückte mit zahlreichem Geleite die Kantonalfahne von Freiburg ein. Der biedere Savary brachte kernig und warm den Gruß, den in gleicher Weise Hr. Pidou erwiderte. Am Mittagmahl erschienen die höchsten Behörden des Kantons, der Staatsrath, das Obergericht, der Milizinspektor, der Vorstand des Gemeinderaths von Lausanne und gaben der Tafel einen fast amtlichen Charakter. Drüey's Trinkspruch galt der schweizerischen Einigkeit, welche die Unwissenheit durch Wahrheit, die Tochter des Lichtes verscheucht, durch gegenseitige Liebe die Selbstsucht und Unduldsamkeit vernichtet und durch Verbesserung der Mißbräuche in der Bundesform endlich die Wahrheit zur Herrschaft führt. Nach einem Hoch des Hrn. von Weiß auf die höchsten Behörden des Waadtlandes trug der Waadtländer Nationalgesangverein drei Lieder vor. Nach Luvini's Hoch auf die Einigkeit der Schweiz ließen die Appenzeller mit vorzüglichem Wohlklang ein Volkslied ertönen, das allgemein Bewunderung und Beifall erregte. Hierauf trug Hr.

Michel von Interlaken ein deutsches und Hr. Visinard von
Montreux ein welsches Festgedicht vor. Von tiefer Wirkung war
die Rede des Obergerichtspräsidenten Secretan: „Niemals ist
diese Landschaft herrlicher gewesen, niemals die Wasser unseres See's
reiner, als heute, wo sein Spiegel so viele Zeichen der Einigkeit,
der Uebereinstimmung und der Vaterlandsliebe wiederstrahlt. Theure
Eidgenossen, sehet in unserer Erhebung, leset in unsern Blicken alle
die Mitgefühle, welche die Feier dieses brüderlichen Festes in uns
erweckt. Ja, sie ruft uns zu, daß wir alle nur ein und dasselbe
Volk seien, Alle nur eines Herzens, das eine und dieselbe
Sprache spricht!" Die Festreden des siebenten Tages waren weniger
leuchtende Ideen, als vielmehr ernste Untersuchungen der gegen=
wärtigen Verhältnisse des gemeinsamen Vaterlandes, welche eben
entsprechende Thaten erfordern. Sie beschäftigten sich wesentlich
mit dem Gebahren und den Untrieben der fremden Diplomatie.
Hr. Tavel wies nach, daß der Fünfzehnerbund die kantonale
Selbstsucht und Trennung pflege und daß deßhalb die Einigkeit im
Rathe der Nation fehle. Die Einigkeit der Herzen helfe nichts,
wenn die Führer der Nation in der Stunde der Gefahr sich zu
kraftlos fühlen, die Einigkeit in Bewegung zu setzen. Wohl habe
die Einigkeit der Herzen dem Nationalfeste seinen Zauber verliehen,
aber dieselbe reiche nicht aus, dem unausgesetzten heimlichen Krieg
der fremden Diplomatie ausreichenden Widerstand zu leisten. Die
Lärmkanone möge daher die Räthe der 22 Kantone aus ihrem
Schlafe wecken und des Volkes Beispiel sie zur Einigkeit führen!
Hr. Cougnard von Genf bezeichnete den schweizerischen Schützen=
verein als die weit vorgeschobene Schildwache der Freiheit und nicht
ein Werkzeug der Zügellosigkeit, wie er verleumdet worden, daß er
den Fortschritt wolle aber keine Anarchie, daß er durch Einigkeit
strebe, den eidgenössischen Steckenbündel fester zu schnüren, um ihn
als Waffe jeglichem Unternehmen gegen die Unabhängigkeit des
Volkes entgegen zu halten. Was der Schützenverein wolle, das
sei der Ausdruck der öffentlichen Meinung des Schweizervolkes.
Derselbe verlange als Richtschnur der Regierung: Gerechtigkeit für
Alle, Achtung vor den Verträgen, aber keine Schwäche, kein Unter=
handeln über sein Recht. Als harmloses Volk mischt die Schweizer=

nation sich nicht in die Angelegenheit Anderer, aber sie will in ihrem eigenen Hause Meister sein und Niemand sich in ihre Angelegenheiten mischen lassen. Sie will, daß der Geächtete aller Meinungen auf freiem Schweizerboden eine großmüthige Gastfreundschaft finde, aber nur mit der Bedingung, daß er sie nicht mißbrauche, um Verwirrung unter uns zu bringen, und gegen benachbarte Staaten Verschwörungen anzuzetteln. Das Schweizervolk will, daß der Geistliche den Beruf der Liebe und des Friedens in seinem Amte übe, aber nicht auf das Gebiet der Politik ausschweife; auch daß er dem Gesetze wie jeder andere Bürger unterworfen sei. Das Schweizervolk will endlich, daß die Wohlthaten des Unterrichts, der Bildung als reiche Quellen des Wohlstandes und als mächtige Hebel der Freiheit sich in allen Klassen der Schweizernation verbreiten. Für diese schöne Propaganda stehe der schweizerische Schützenverein und für sie die ganze Schweizernation freudig ein. Herr Bautier, Student der Theologie, trug ein von ihm verfaßtes Gedicht „Die Zukunft" vor und nach ihm ein Landmann von Villard-le-Grand ein Lied, von ihm gedichtet, von den Bürgern von Builly an die eidgenössische Fahne gerichtet. Hr. Scheitlin von St. Gallen lud sodann in einem gemüthlichen Vortrag die Schweizer Schützen zum nächsten eidgenössischen Schießen nach St. Gallen ein. Mehrere Pereat galten dem Großrathsbeschluß von Bern vom 2. Juli. Abends 5 Uhr schloß das Schießen.

Am 8. Tag fand unter ungeheurem Volkszudrang die feierliche Vertheilung der ersten Preise statt. Den ersten Preis im „Vaterland", den herrlichen Stutzer des Staatsrathes von Waadt mit einer Fahne erhielt Bürger Tschumy von Milden, Kanton Waadt. In der Stichscheibe „Jungfrau": Ludwig Corbaz von Arlens, Kanton Waadt; „Rigi": Franz Mandrot, Sohn, von Morsee, Kanton Waadt; „Säntis": Andreas Hirschbrunner von Sumiswald, Kanton Bern; „Gotthard": Jakob Jaquet von Flarmenches, Kanton Waadt; „St. Bernhard": Jos. Reymond, Sohn, von Morsee, Kanton Waadt; „Dole": Jos. Champion von Peterlingen, Kanton Waadt. Den ersten Preis in der Kehrscheibe erhielt: Ludwig Golley in Genf. Die Summe von 3000 Fr. für gewinnlose Nummern im Kehr traf auf

3867 Cartons, nach Abzug von einem französischen Franken auf einen Carton. In den Stichen wurden im Ganzen 1908 Doppel gelöst. Die Schlußrechnung des Vereines betrug 12,031 Fr, 38 Rp. Einnahmen; 6266 Fr. 27 Rp. Ausgaben; somit einen Kassenverblieb von 5865 Fr. 11 Rp.

Das eidgenössische Schützenfest von Lausanne zeichnete sich vor allen frühern durch seine bewunderungswürdige Ordnung aus, in welcher Hunderte von den dem Komité helfenden Mitgliedern jedes seinen angewiesenen Platz und seine Obliegenheit hatte, so daß durch geschickte Vertheilung der Arbeiten eine überraschende und durchgreifende Zusammenstimmung erzweckt wurde. Sehr anmuthend für die deutschen Festbesucher war die französische Höflichkeit und die gastfreundschaftliche Sorgfalt der Komitémitglieder und ihrer Helfer, die unermüdlich geschäftig an allen Tischen herum gingen, Alles zu überwachen, das Fehlende herbeizuschaffen und allen Wünschen gerecht zu sein. Für hinreichenden Platz der Schützen war stets gesorgt und deren Vorrang war stets strenge festgehalten. Trotz der ungewohnten Sprache fanden sich die deutschen Schweizer sogleich heimisch unter dem biedern und frohen Waadtländer Volke; die Traulichkeit des Zusammenlebens steigerte sich von Tag zu Tag und machten die Eindrücke der schönen Festtage unvergeßlich. Der Kern des eidgenössischen Schützenfestes in Lausanne, welcher demselben seinen geschichtlichen Werth verlieh, lag in der Entfaltung der republikanischen Gesinnung des Waadtländer Volkes gegenüber ihren Miteidgenossen, in dem vollen Ausdruck des klaren schweizerischen Nationalgefühls und in der feierlichen Erklärung der Unabhängigkeit gegenüber den Anmaßungen der fremden Diplomatie und schließlich in dem Glaubensbekenntniß der Schweizerschützen aus dem Munde des edlen Republikaners Cougnard von Genf.

Neuntes eidgenössisches Schützenfest in St. Gallen,

abgehalten vom 1. bis 8. Heumonat 1838.

> Der Gedanke dieses Festes kann nicht veralten, so
> lange wir Schweizerschützen an dasselbe immer unsere
> Jugendkraft mitbringen. Darum wurde es mit jedem
> Jahr glänzender, weil es mit jedem Jahr bedeutungs=
> voller wurde. Kampf und Mühe darf ein Volk nicht
> scheuen, wenn es nicht in Erschlaffung untergehen
> will, und die Söhne des Vaterlandes, im Spiele und
> im Ernst der Waffen geübt, müssen von Zeit zu Zeit
> sich versammeln zu erneuter Lust, zu erneutem Schwur.
> Dr. Henne.

Auch dieses Nationalfest fiel in eine sturmbewegte Zeit. Die erbitterten Parteikämpfe der „Horen" und „Klauen" in dem Streite über Benutzung der Oberallmend im Kanton Schwyz hatte zu der blutigen Schlägerei an der Kantonslandsgemeinde am Rothenthurm und darauf zu anarchischen Zuständen daselbst und großer Rath- und Thatlosigkeit in der Tagsatzung geführt. Auch drohte regnerische Witterung im Juni den Festbesuch möglicherweise zu beeinträchtigen. Aber die St. Galler ließen sich von den Vorbereitungen für das Fest nicht abschrecken, sondern gingen mit rühmlichem Wetteifer an's Werk, den von den Vätern wohlererbten Ruf von manchem gelungenen Gesellschießen früherer Jahrhunderte auch in der Neuzeit würdig zu behaupten. Nach einem Doppelvorschlag wurde das neue Centralkomité folgendermaßen bestellt: Regierungsrath Wilhelm Näff als Vorstand, Kantonskassier Ackermann als Seckelmeister und Hauptmann August Näff als Schreiber. Sodann als fernere Mitglieder: Schützenhauptmann Scheitlin von St. Gallen; Schützenrath Altheer-Baumgartner von St. Gallen; Pfarrer Bion in Marbach; Oberstlieutenant Gmür in Schännis; Scharfschützenhauptmann Kuster in Altstätten und Schützenrath Kaspar Stähelin in St. Gallen. Dem Centralausschuß stunden zwölf Hülfskomités mit zahlreichen Mitgliedern zur Seite. Jedes derselben hatte seine bestimmte Verrichtung und Auszeichnung. Dadurch wurde eben jene bewunderungswürdige Ordnung wieder erreicht, welche das Schützenfest in Lausanne ausgezeichnet hatte. Der Aufruf zur Betheiligung an der Aktienzeichnung hatte einen bisher noch nicht erreichten Erfolg gefunden. In wenig

Tagen war das bedeutende Aktienkapital von 40,000 Fr. einbezahlt. Nicht nur aus entfernten Gegenden der Eidgenossenschaft kamen reiche Ehrengaben; der Ruf des schweizerischen Nationalfestes war selbst über den Ozean hinüber gedrungen. Zum erstenmal sandten 12 St. Galler in New-York einen silbernen Becher von 100 Dollar an Werth als rührendes Zeichen unwandelbarer Anhänglichkeit, das erste überseeische Schärflein auf den vaterländischen Festaltar. In gleicher Weise sendeten die schweizerischen Studirenden und Künstler in München eine Porzellanschaale im Werth von 180 Fr. Schützenhauptmann Ludwig Napoleon aus dem Thurgau schenkte eine mit Silber künstlich eingelegte Jagdflinte im Werth von 1500 Fr. Die Summe sämmtlicher Ehrengaben belief sich auf 17,889 Fr. Der Schießplan umfaßte die Gesammtsumme von 44,000 Fr.; daran hatte St. Gallen allein 14,000 Fr. Ehrengaben gespendet. Zur Verherrlichung des Festes war zugleich eine schweizerische Kunstausstellung ausgeschrieben worden. Die Stichscheiben des Schießplanes erhielten die Namen: Vaterland; Gerechtigkeit; Treue; Eintracht; Freiheit; Gemeinsinn und Gleichheit. Die Gesammtsumme im „Vaterland" betrug 12,179 Fr. in 180 Gaben. Die erste Gabe war eine Hechelmaschine, daneben noch 51 Ehren= und die übrigen Geldgaben. Die kleinste der letztern betrug 16 Fr. Sämmtliche übrigen Stichscheiben erhielten je 3000 Fr. auf 115 Gewinnste, davon der erste ein silberner Becher im Werth von 180 Fr. Im Stich „Gemeinsinn" war die erste Gabe die Flinte von Ludwig Napoleon. Die Kehrscheibe enthielt 4000 Fr. auf 203 Gaben, davon die höchste ein silberner Becher mit Fahne (120 Fr.), die geringste 8 Fr. Der erste Preis für die meisten Nummern im Stich mit der kürzesten Linie betrug 200 Fr. Die meisten Nummern im Kehr während allen sieben Tagen erhielten einen silbernen Becher im Werth von 150 Fr. Jeder Schütze, der 20 Nummern schoß, erhielt einen silbernen Becher im Werth von 50 Fr. Derselbe konnte jedoch nur einmal vom gleichen Schützen gewonnen werden. Der Durchmesser des Stichnummernkreises betrug 10 Zoll, der der Kehrscheibe 2½ Zoll; die Schußweite 530 Schuh.

Der Festplatz war auf dem untern Brühl, wo auch die Gesellenschießen früherer Jahrhunderte waren abgehalten worden. Den

Eingang zierte ein großer dreifacher Triumphbogen von grünem Laubwerk und Blumengewinden, zu beiden Seiten mit eidgenössischen Wimpeln und sinnigen Inschriften geschmückt. Rechts von dem breiten Fußweg, welcher den Schützenplatz in der Mitte durchschnitt, stand die gewaltige Speisehütte mit hohen Gallerien, 210 Fuß lang, 90 breit und 36 hoch, ähnlich derjenigen am eidgenössischen Schützenfeste in Lausanne, doch statt mit einem Sprengdach mit 20 kleinern Dächern bedeckt. Wappen, Gemälde und Inschriften füllten die Giebelfenster. In der Mitte des Festplatzes erhob sich der Gabensaal und Fahnenhalter, ein achteckiger Tempel in rein byzantinischem Styl, nach der Zeichnung des Architekten Kunkler. Hinter den hohen gothischen Fenstern befanden sich unter der Aufschrift der Scheiben die dahin gehörigen Gaben. Oben auf der Zinne diente ein prachtvolles Kronengeländer zur Aufnahme der Schützenfahnen, und auf noch höherem Aufbau trug eine kühn zum Himmel strebende Säule die eidgenössische Schützenfahne. Mehr nach Osten, unweit dem Gabentempel, sprudelte ein Brunnen mit vier Röhren treffliches Quellwasser in ein weites Becken; der Stock bestund aus einem Bündel von 22 Stäben, das Wappenbild von St. Gallen. Vor der Speisehütte stund ein 100 Fuß hoher Freiheitsbaum mit der eidgenössischen Fahne. Oestlich davon war ein geschmackvolles zweistöckiges Kaffeehaus. Unweit davon, die ganze östliche Breite des Platzes einnehmend, befand sich der bequeme Schießstand, 371 Schuh lang, 40 breit und 26 hoch; über dem Haupteingang zwei alte, gemalte Eidgenossen, den Schweizerschild haltend; um diese herum die Namen der Schweizerhelden und Freiheitsschlachten. Im Scheibenstand winkten 41 Scheiben und durch Schutzwehren und Schirmwände war für die Sicherheit der Zeiger wohl gesorgt. Auf dem obern Brühl war ein Lager von 60—70 Zelten für die Schützen aufgeschlagen. Schützen, die gedoppelt hatten, stunden auch Freiwohnungen bereit.

Freitag den 29. Juni wurde die eidgenössische Schützenfahne an der St. Gallischen Kantonsgrenze durch Fürsprech Joh. Jos. Müller in Wyl begrüßt, woselbst ihr zahlreiches Geleit von Waadtländer und St. Galler Schützen Nachtquartier nahm. Tags darauf feierlicher Einzug in die neue Feststadt St. Gallen und Fahnen=

Übergabe auf dem Festplatz bei herrlicher Witterung, die dann die ganze Woche über anhielt.

Am Montag Einzug der Winterthurer unter Statthalter Sulzer und herzliche Begrüßung durch Dr. Henne: nach ihnen die Zürcher, begrüßt durch Landammann Baumgartner. Um 11 Uhr kamen die freundnachbarlichen Appenzeller, 260 Mann stark, Hrn. Oberst Bruderer an der Spitze, begrüßt durch Pfarrer Bion. Den ersten Trinkspruch bei der Mittagtafel brachte Dr. Henne dem neuen, zeitgemäßen Bunde. Nach ihm sprach der katholische Pfarrer Heinrich von Mosnang: die Religion sei nie in Gefahr, aber sie sei auch nicht gedenkbar ohne Freiheit und Duldung. Darauf brachte der reformirte Pfarrer Streif von Oberglatt seinen Trinkspruch: „der Einigung der Konfessionen". Vier freisinnige Abgeordnete der badischen Kammer, die Herren Aschbach, von Itzstein, Hofrath Zerbel und Dekan Kuenzer, hatten sich als Gäste eingefunden und ihnen brachte dann am Abend die Festmusik ein Ständchen. Hr. von Itzstein bezeugte darauf die Liebe des badischen Volkes zu dem der Schweiz und seine Theilnahme an dessen Einheitsbestrebungen, denen sein Hoch galt.

Am Dienstag den 3. Juli hielten mehrere Schützengesellschaften aus dem Aargau ihren Einzug. An der Tafel entfaltete sich ein lebhafter Kampf aber in freundschaftlicher, eidgenössischer Gesinnung zwischen den Vertretern der radikalen und liberalen Schule. Zuerst erhob sich Hr. Scheitlin von St. Gallen und sprach: „Was langsam wächst, gedeiht am besten; erst Gras und später erst Aehren." Ihm folgten die Fürsprecher Pl. Weißenbach von Bremgarten und Oberstl. Breny von Rapperswil, beide für die Nothwendigkeit des Handanlegens statt des Toastirens sprechend.

Am Mittwoch den 4. Juli kamen erst die Graubündner, dann die Schützen der französischen Schweiz, von Genf und den Neuenburger Bergen, hernach 50 Schützen aus dem Seebezirk. Bei der Mittagtafel besprach gegenüber dem Schattengemälde von Dr. Henne Landammann Näff die Lichtseiten der Gegenwart, welche eben fordere, daß man bei der Bundesidee den Zeitpunkt abwarte, bis sie im Herzen des Volkes Wurzeln geschlagen habe und alsbann mit der Zeit zur Reife gelangen könne. Ihm ent=

gegnete Dr. Bärlocher von Rorschach: ein Hoffen auf die Tagsatzung gleiche Münchhausens Lüge, der sich selbst sammt seiner Kutsche am eigenen Zopfe aus dem Sumpfe heraus gezogen habe. Hr. Pfarrer Bion legte in Bezug auf die Streitigkeiten der Regierungen von Graubünden und St. Gallen wegen Sequester auf Pfäfferser Klostergut nun feierlich Sequester auf die Herzen der 24 Bündner Schützen, welche trotz der politischen Spannung zum eidgenössischen Nationalfest gekommen seien, unter rauschendem Beifall der zahllosen Festbesucher. Nachmittags 3 Uhr zogen 300 Glarner Schützen mit fünf lustig flatternden Schützenfahnen ein. Seit Wochen hatten die Bemittelten derselben beträchtliche Wochenbeiträge zusammengelegt, um den ärmern Schützenbrüdern den Besuch des Nationalfestes möglich zu machen. Ihnen folgten frohen Muthes ein Dutzend Freiburger.

Donnerstags den 5. Juli drängte sich eine ungeheure Menschenmenge auf dem Festplatz. Früh Morgens erschienen 28 Baselländler, nach ihnen 40 Sargauser, 24 Küsnachter vom Zürichsee und 200 Toggenburger mit ihrer alten Landesfahne. Mittags 20 Thurgauer, an ihrer Spitze Prinz Ludwig Napoleon. Bei der Mittagstafel, an der nicht die Hälfte der Festbesucher Platz fand, sprach zuerst Staatsrath Druey von der Verderblichkeit des bestehenden Bundesunwesens und der Nothwendigkeit seiner Umgestaltung. Dazu empfahl er Volksversammlungen in beiden Sprachen, damit sich der Volkswille ausspreche, der vernünftigerweise bestehe, aber noch nicht klar zum Bewußtsein gekommen sei. Zu Ehren der zahlreich anwesenden deutschen Nachbarn brachte Baumgartner sein Hoch der deutschen Nation; Pfr. Schieß in Herisau den schönen Julitagen in St. Gallen, welche jene in Paris vor 8 Jahren übertreffen. Im Schießstand schoß ein 70»jähriger Glarner Schütze, Ferdinand Stüssi, alle sieben Stichnummern. Er wurde von seinen Landsleuten auf den Schultern zum Gabensaal getragen, um die Prämie von 60 Fr. in Empfang zu nehmen. Nachmittags langten mit fliegender Fahne 54 muntere Luzerner an. Ihnen folgte eine Walliser Abordnung von drei Schützen und überreichte durch den zweiten Tagsatzungsgesandten Zenruffinen ihre Landesfahne. Ebenso erschien eine Abordnung von

Tessin. Abends gab Ludwig Napoleon den sämmtlichen Mitgliedern der bisherigen eidgenössischen Schützenkomités im Hause des Vize-Präsidenten Scheitlin ein glänzendes Nachtessen mit trefflichem Feuerwerk im Freien, das mild vor dem klaren Mondschein sich abhob.

Freitag den 6. Juli war der Andrang der Schützen so groß, daß man noch sieben Kehr- in Stichscheiben umwandeln mußte. Einrücken der Berner und Schaffhauser. Bei der Tafel Trinkspruch Ludwig Napolens: „Der Schweiz, wie sie ist." Abends wurde an der allgemeinen Schützenversammlung auf geäußerten Wunsch Solothurn als Schützenvorort für das Jahr 1840 ernannt. Nachts Liederständchen der Glarner Schützen vor der Wohnung des Hrn. Landammann Baumgartner und Dr. Henne in St. Fiden.

Samstag den 7. Juli verkündigte beim Mittagessen Hr. Landammann Baumgartner unter stürmischem Beifall die Ausschließung der „Horengesandtschaft" von Schwyz von der Tagsatzung und brachte den Kantonen, die solche erwirkt und dem kräftigen Bundespräsidenten Kopp ein Lebehoch. Hierauf mahnte Köllner „der Saure" zur Gründung eines Unterstützungsfondes für arme Schützen. Hr. Sturzenegger ließ die drei Königinnen: Eintracht, Oeffentlichkeit und Volksbildung leben. Abends 6 Uhr Schluß des Schießens und Sonntag Morgens 10 Uhr feierliche Vertheilung der ersten Preise. Die Hechelmaschine als erster Preis im „Vaterland" gewann Baltasar Bättler von Hünenberg mit 16 Theilern. In der Stichscheibe „Gemeinsinn" bekam als erste Gabe die Flinte L. Napoleons Baltasar Becker von Glarus mit 20 Theilern. Im Stich „Gerechtigkeit" als erste Gabe einen silbernen Becher sammt Fahne (180 Fr.): Schützenpräsident Breny von Rappersweil mit 38 Theilern. In der Stichscheibe „Treue" hatte den ersten Preis: J Baptist Sauter von Appenzell mit 43 Theilern. Stichscheibe „Eintracht": Hauptmann Brunner von Brunnadern mit 25 Theilern. Stichscheibe „Freiheit": Gerichtspräsident Müller in Neukirch, Kanton Schaffhausen, mit 32 Theilern. Stich „Gleichheit": Ulrich Schläpfer von Speicher, Kanton Appenzell, mit 14 Theilern. In der Kehrscheibe: Ulrich Strauß von Winterthur. Die meisten Stichnummern mit der kürzesten Linie hatte Jos. Stüssi von Glarus. Die meisten Kehrnummern (67) H. Bruderer von Trogen.

An dem Verbrüderungsfeste in St. Gallen sind die Urkantone und Baselstadt mit ihren Schützenfahnen ausgeblieben. Dagegen hattten sich Schützen aus allen Kantonen eingefunden. Doppel im Stich wurden gelöst: 2357, Kehrscheibenmarken: 132,592. Man rechnete auf die Minute 40 Schüsse. Der Verein zählte zum Anfang des Festes 7000 Mitglieder. In der Speisehütte speisten während den 8 Festtagen 10,888 Gäste, im Durchschnitt berechnet täglich 1361 Menschen. Die Schlußrechnung bot folgendes Ergebniß: Einnahmen: 15,085 Fr. 75 Rp.; Ausgaben: 10,676 Fr. 50 Rp.; somit als Kassenverblieb: 4449 Fr. 25 Rp. Der berühmte Sprachforscher Becker von Frankfurt, ein würdiger Greis, der mit kindlicher Freude an dem Feste Theil nahm, sprach sich in traulichem Freundeskreise darüber aus: „Fahren Sie nur so fort, meine lieben Schweizerfreunde, Sie haben eine große und schöne Aufgabe."

Das eidgenössische Schützenfest in St. Gallen hatte das eigenthümliche Gepräge eines frischen, frohen und kräftigen Geistes. In lebendigem aber leidenschaftslosen Kampfe platzten an demselben die Geister auf einander in der wichtigsten Lebensfrage der Eidgenossenschaft, an der das Volk den regsten Antheil nahm, aber alle Meinungen einigten sich wieder in dem einen eidgenössischen Gefühl eines einigen Volkes von Brüdern, dem die Wohlfahrt des Vaterlandes über Alles ging.

Zehntes eidgenössisches Schützenfest in Solothurn,
vom 12. bis 19. Juli 1840.

> Die Welt soll es erfahren, daß an der größten Versammlung des schweizerischen Volkes, wo jedem Bürger das freie Wort zustand, auch nicht eine einzige Stimme dem Geiste der Freiheit entgegen zu treten gewagt hat; daß es nur unter der Aegide dieser triumphirenden Freiheit geschah, daß Schweizer Schweizern, die zürnten, die Hand geboten, und die Versöhnung zugleich eine Huldigung unter die eidgenössische Fahne war.
> Dr. Felber.

Dem milden und versöhnlichen Sinne des Solothurner Volkes entsprechend, hatte der neue Schützenvorort den edelmüthigen Geist seines Helden, Schultheiß Wengi, sich zum Vorbilde genommen, die durch Meinungsverschiedenheit getrennten Eidgenossen unter der gemeinsamen Fahne des weißen Kreuzes im rothen Felde in der gleichen Liebe zum gleichen freien Vaterlande zu vereinigen. Die Zeitverhältnisse waren dem würdigen Bemühen günstig. Der Kanton Schwyz war inzwischen beruhigt worden. Baselstadt, das früher die Einladung an das eidgenössische Schützenfest mit den Worten abgelehnt: „man werde es ihm nicht übel nehmen, wenn ihm der Geschmack an solchen Nationalfesten seit 1831 verleidet sei", hatte auf Solothurn's Einladung sein Erscheinen zugesagt. In Zürich hatte zwar am 6. September 1839 der blutige Zürichputsch einem konservativen Regimente auf die Beine geholfen und dieser Erfolg hatte die Rückschrittsmänner in andern Kantonen zu ähnlichen Bestrebungen ermuthigt. Im Tessin und Wallis hatte indessen die liberale Sache in Selbsthülfe durch Waffengewalt gesiegt. Dagegen wühlten die Ultramontanen in den Kantonen Luzern, Solothurn und Aargau emsig, um daselbst die freisinnige Ordnung der Dinge zu stürzen. Unter solchen Verhältnissen schritt Solothurn unverzagt an's Werk, den Eidgenossen ein würdiges Nationalfest zu bereiten. Die Männer, welche als Centralausschuß das Unternehmen leiteten, waren: Regierungsrath Munzinger als Vorstand, Franz Brunner als Seckelmeister und Hieronimus Peter als Schreiber. Weitere Mitglieder waren: Dominikus Wüstwald; J. G. Kiefer; Dr. Felber; Friedrich Hirt; H. Rudolph und Theodor Scherer. Dem Aufrufe des festleitenden Ausschusses folgte eine reiche Fülle von Ehrengaben, besonders aus dem Nachbarkanton Bern. Auch von den Schweizern in der Fremde waren selbe in rasch wachsender Zahl eingetroffen. Ihr Gesammtbetrag belief sich auf 22,322 Fr. und die des ganzen Schießplanes auf 50,027 Fr. Die sechs Stichscheiben neben dem „Vaterland" erhielten die Namen der sechs Hauptströme der Schweiz: Aare, Reuß, Limmat, Thur, Rhein und Rhone. Die Scheibe „Vaterland" enthielt in 173 Gaben 15,173 Fr. Die erste Gabe, 400 Zentner Salz von der Salinendirektion Schweizerhalle im Werth von 1600 Fr.; die kleinste Gabe 20 Fr.; die Zeigerehre ein Tafelgedeck im Werth von 100 Fr. Die Stichscheibe „Limmat" erhielt 3700, die übrigen Stichscheiben 3600 Fr. Die erste Gabe war ein silberner Becher mit Goldstücken im Werthe von 220 Fr.; die letzte Gabe 16 Fr. Die Kehrscheibe umfaßte in in 217 Gewinngaben die Summe von 5300 Fr., davon die erste ein silberner Pokal im Werth von 310 Fr.; die letzte Gabe 10 Fr. Für Prämien waren derselben 3767 Fr. zugeschieden. Der Preis für die meisten Stichnummern mit der kürzesten Linie war ein Stutzer im Werth von 300 Fr. Jeder Schütze, der alle sieben Stichnummern schoß, erhielt in Baar 80 Fr. Die meisten Kehrnummern in allen 7 Tagen gewannen 200 Fr. Jeder Schütze, der 20 Kehrnummern schoß, erhielt einen silbernen Becher im Werth von 48 Fr. Es waren neben den 7 Stich- 38 Kehrscheiben aufgestellt. Die Größe der Nummernkreise war wie jene in St. Gallen und die Schußweite betrug 530 Fuß. Der Festplatz war nördlich vor dem Baslerthor auf der grünen Fläche des „Fegez", auch Blumensteingut genannt. Ein prächtiger Lindengang theilte ihn in zwei Hälften. Die dreifache Ehrenpforte am Eingang war mit dem kolossalen Bilde Wilhelm Tell's und zwei Fahnen geschmückt. Die Speisehütte war 312 Fuß lang und 96 Fuß breit. 24 gothische Spitzbogen, deren Mittelfelder mit den Wappen der 22 Kantone geschmückt waren, trugen das gewaltige Dach. In der Mitte derselben plätscherte ein hübscher Springbrunnen, dessen Wassergarbe von 22 Strahlen in ein weites Wasserbecken niederfiel, in welchem lustige, flinke Fische herum schwammen. Um dasselbe herum befand

sich der Komitetisch für 80—100 Personen. Den übrigen Raum
füllten 86 mit Nummern versehene Tische, jeder mit bequemem
Platz für 30 Personen. Links vom Eingang war das drei Stock=
werk hohe Kaffeehaus, von dessen Zinne man eine hübsche Rund=
aussicht über den Festplatz und sein bewegtes Leben sowie auf die
Jurakette genoß. Auch hier durfte der 130 Fuß hohe Freiheits=
baum nicht fehlen, aus dessen Stamm ein kühler Quell aus zwei
Röhren in ein prachtvolles, aus einem Stück bestehendes, achteckiges
Granitbecken sich ergoß. Gegen Westen stund der 575 Fuß lange
Schießstand mit 1644 nummerirten Ladeplätzen. Ueber der Stich=
scheibe „Vaterland" waren die drei Eidgenossen im Rütli gemahlt,
über der „Aare" das Bild von Solothurn, über der „Reuß" Lu=
zern, über der „Thur" St. Gallen, über dem „Rhein" Basel und
über der „Rhone" Genf.

Am Ende des Lindenganges stand der Gabentempel und
Fahnenhalter auf erhabener Gartenterrasse, zu der eine breite
Treppe hinan führte. Er war in gothischem Styl erbaut und zeigte
hinter seinen Schaufenstern die reichen Gaben. Oben auf demselben
prangten alte Waffentrophäen mit den Inschriften: „Freier Sinn,"
„froher Muth," „Frommes Herz," „frisches Blut." Zwischen ihnen
wurden die Gesellschaftsfahnen aufgepflanzt. In der Mitte strebte
ein spitzer Thurm empor als Standort für die eidgenössische Schützen=
fahne. Am Fuße der Treppe stunden zwei Geharnischte mit ver=
schiedenen alten Schweizerwaffen.

Am Samstag den 11. Juli Einzug der eidgenössischen Fahne
von St. Gallen her mit einem Geleite von 30 Wagen. Nach
ihr Ankunft von 50 Basler Schützen unter Anführung des wackern
Rathsherrn Minder.

Am Sonntag Ankunft der Berner, 1000 Mann stark mit
26 Fahnen und eigener Musik. Festzug vom Kreuzacker auf den
Schießplatz. Unter den Solothurnern der 95=jährige Schütze Sieb=
ner von Messen; unter den Baslern der 80=jährige Lukas Ritter,
zugenannt der „Pulverdampf". Uebergabe der eidgenössischen
Fahne durch Landammann Näff und Entgegennahme durch Land=
ammann Munzinger. Biedermännischer Gruß des Rathsherrn
Minder im Namen der versöhnten Stadt Basel und Schmuck seines

Arms durch Munzinger mit der eidgenössischen Armbinde. Nach ihm sprachen Advokat Breny von Rapperswil, Prof. Aebi von Aarau.

Am dritten Tag Ankunft von Glarus, Schwyz und Genf. Bei der Tafel sprachen mit großem Beifall: Rilliet=Constant von Genf, Dr. Seypel von Straßburg. Abends Ankunft der Aargauer auf 50 Wagen und mit 16 Fahnen.

Am vierten Tag Ankunft von Uri und Unterwalden, Freiburg und Neuenburg. Am Abend Waadtland und Luzern. Sprecher bei der Tafel waren: Savary von Freiburg, Hr. de l'Hoste von Genf, Waller von Aarau, Sekundarlehrer Grunholzer von Gais, Petitpierre von Neuenburg, Rathsherr Minder, Dekan Morell von Corgemont.

Am fünften Tag Ankunft der Zürcher mit 4 Fahnen und 4 Sprechern; sodann der Appenzeller mit gewohntem Liebergruß, endlich der Thurgauer mit 2 Fahnen und der Schaffhauser mit ihrem Wappenthier, dem Bock als Fahnenträger. Mittags Einzug von Boll und Greyerz. Bei der Tafel sprachen: Dr. Büssard von Freiburg, Dr. Curti von St. Gallen, Pfarrer Kälin von Zürich, Dr. Kasimir Pfyffer von Luzern, H. Gutzwyller von Baselland, Hr. Mathy von Grenchen, Capaul von Graubünden, Chorherr Unterfinger von Münster, Hr. Kessi von Neustadt, Peter Zwyssig von Altdorf.

Am sechsten Tag Ankunft von Tessin und Wallis und der Fahne vom Saanenland, so daß alle Kantone an dem Versöhnungsfeste vertreten waren. Als Redner traten bei der Tafel auf: Pfarrer Bion von St. Gallen, Hr. von Miéville von Lausanne, Advokat Benz von Zürich, Sekundarlehrer Honegger von da, Pfarrer Christoffel von Bünden, Fürsprech Pl. Weißenbach von Bremgarten.

Am siebenten Tag Ankunft der Schützenfahne der Stadt Lausanne, getragen von einem ergrauten Schützen, der seit 1824 alle eidgenössischen Schützenfeste besucht hat. Bei der Tafel sprachen: Oberst Luvini, Zenruffinen von Oberwallis, Oberst M. Barmann, Drüey, der greise Fellenberg, Hr. v. Weiß von Ifferten, Regierungsrath Dr. Schneider von Bern,

Theodor Scherer von Solothurn, Köllner der „Saure", Tanner von Aarau, Schüler von Biel und Mechaniker Kully von Solothurn.

Abends 3 Uhr Schluß des Schießens. Am achten Tag feierliche Preisvertheilung. Die erste Gabe im „Vaterland" gewann Schützenmeister Isaak von Luzern. Im Stich „Aare" Joh. Kümmerli, Maurer von Olten. Stich „Limmat" August Virchaux von St. Blaise, Kanton Neuenburg. Stich „Reuß" Jakob Geiser von Langenthal, Kanton Bern. Stich „Rhein" Jakob Pillard von Ifferten, Waadt. Stich „Rhone" Ch. Augster von Heiden, Appenzell. Stich „Thur" Prosper Rauch von Freiburg. Die erste Gabe im Kehr gewann C. R. Bristlan von Morsee, Waadt. Die erste Prämie für die meisten Stichnummern mit der kürzesten Linie mit 3110 Theilern erhielt Joh. Jakob Bänziger von Wald, Appenzell. Nummernbecher wurden 37 heraus geschossen. Die meisten Kehrnummern — 100 — hatte Joh. Jakob Bänziger von Wald. Es wurde viel und gut geschossen, im Durchschnitt 50—60 Schüsse auf die Minute, und zwar fielen in den Stichscheiben 21,952, und im Kehr 193,651 Schüsse, zusammen 215,603, welche eine Baareinnahme von 101,450 Franken 20 Rappen abwarfen. In der Speisehütte tafelten während allen Festtagen 16,353 Personen, somit im Durchschnitt täglich 2044 Personen. Auf der Fahnenburg waren 117 Fahnen aufgepflanzt, darunter 38 aus dem Kanton Bern. Die greisen Veteranen Ritter von Basel, Siebner von Messen, Scheitlin von St. Gallen und Fellenberg von Hofwil priesen sich wie der hohe Priester Simeon glücklich, daß sie diese schönen Tage in Solothurn miterlebt und genossen hatten. Sie grüßten in ihnen die Wiege einer bessern Zukunft.

Elftes eidgenössisches Schützenfest in Chur,
vom 10. bis 17. Juli 1842.

*Unsere Nationalfeste sind gleichsam die Musik unseres
schweizerischen Gemeingefühls.*
P. C. Planta.

Gleichzeitig mit Chur hatten sich auch Glarus und Zug um das nächste eidgenössische Schützenfest beworben. Das Loos hatte für Chur entschieden. Zum festleitenden Ausschuß wurden erkoren: Bundeslandammann Brosi von Klosters als Vorstand, Bürgermeister Simon Bavier von Chur als Seckelmeister und Kantonsarchivar B. v. Tscharner von Chur als Schreiber. Als weitere Mitglieder sodann: Bundeslandammann Georg Büol von Parpan; Oberstl. La Nicca von Saon; Lt. Kellenberger von Chur; Bundesstatthalter Vieli von Rhäzüns und Bundeslandammann Georg Michel von Seewis. Der vaterländische Aufruf für Betheiligung am Nationalfest fand bei den zahlreich in allen Weltgegenden zerstreuten Bündnern und den Eidgenossen in der Heimat und in der Fremde freudigen Anklang und begeisterte Unterstützung. Die Ehrengaben erreichten die bisher noch nie dagewesene Summe von 30,058 Fr. Die Gesammtsumme des Schießens belief sich auf 60,500 Fr. Der Schießplan benannte die sechs Stichscheiben neben dem „Vaterland" mit den berühmten Namen: Haller; La Harpe; Müller; Pestalozzi; Rousseau; Salis. Das „Vaterland" umfaßte in 224 Gaben 20,904 Fr., davon als erste Gabe 1000 Fr. in Gold von den Schweizern in Bahia; die kleinste 16 Fr., die Zeigerehre 70 Fr. Die Stichscheiben, „Haller", „La Harpe" und „Müller" umfaßten in 127 Gaben 3620 Fr.; davon die erste 300 Fr. nebst Fahne, die letzte 16 Fr. Der Stich „Pestalozzi" hatte 3660 Fr., davon die erste Gabe ein silberner Becher mit Gold und Fahne (300 Fr.), die geringste 16 Fr., die Zeigerehre ein Paar Pistolen (24 Fr.). Die Stiche „Rousseau" und „Salis" hatten 3600 Fr. in 127 Gaben, davon die erste 300 Fr., die letzte 16 Fr. Der Kehr betrug 5000 Fr. in 227 Gaben, davon die erste 400 Fr., die letzte das Buch „Die Hel=

binnen der Schweiz". Endlich war auch eine Prämienscheibe aufgestellt. Die Schußweite betrug 530 Fuß. Es waren neben den 7 Stich- 33 Kehr- und 4 Prämienscheiben errichtet.

Der Festplatz befand sich in einem geräumigen Wieseneinfange vor dem nördlichen Stadtthor. Ein hoher, auf vier grünen Säulen ruhender Festbogen führte zu ihm. Dem Eingang gegenüber, in der Mitte des Festplatzes erhob sich, in gefällig gothischer Bauart, der Gabensaal, ein zierliches Achteck, zu welchem man von allen Seiten auf zahlreichen Stufen hinanstieg. Dort glänzten hinter den schön gezeichneten Spitzbogenfenstern die reichen Ehrengaben. Ueber dem Gabensaal prangte die Fahnenburg, ein kegelförmiges, spitz zulaufendes, hölzernes Gerippe, das auf der Spitze die eidgenössische Fahne trug und ringsum sich mit den anlangenden Gesellschaftsfahnen wie mit buntfarbigen Blättern schmückte. Jenseits des Gabensaals, parallel mit dem Haupteingang, stund das eidgenössische Kaffeehaus (Café fédéral), ein zierliches, hölzernes Gebäude, zu dem man auf hölzernen Stufen hinanstieg und aus dessen zweitem Stocke durch die weiten Fensteröffnungen die geschmackvoll weiß und roth gewundenen Gardinen weithin leuchteten. Das Giebelfeld der Hauptseite schmückte ein farbenprächtiges Gemälde, den Triumphzug der Mutter Helvetia darstellend, wie sie von Wolken und Genien hoch getragen über die Stadt Chur segnend hinschwebt, aus reichem Füllhorn ihren bunten Gabensegen spendend, umgeben von Genien, Fahnenträgern, Schützen, Musikanten, eine glückliche Schöpfung des talentvollen Bündner Künstlers Gaudenz Taverna. Zu beiden Seiten desselben stunden zwei ebenfalls geschmackvolle Gebäude, das Centralbüreau und die Polizeiwache und hinter demselben befand sich das blendendweiße Zeltenlager. Zur Rechten stund lang hingestreckt, auf 34 durch gothische Spitzbogen verbundenen Pilastern ruhend, die Speisehütte, oben in den Giebelfeldern der eidgenössische Schild und die 22 Kantonswappen. Einige Inschriften schmückten das Innere, das Raum für 2000 Gäste bot. Die Churer Frauen hatten als Geschenk für den eidgenössischen Schützenverein in einen feinen, grünen Teppich in Goldschrift die sinnigen Worte gestickt: "Wort und That dem Vaterland", um damit bei jedem eidgenössischen Schützenfeste die Rednerbühne zu schmücken. Schwere Zeiten ultramontaner Reaktion waren in den Kantonen Luzern, Solothurn und Aargau hereingebrochen. Der Freienämter Aufstand hatte zum Klosteraufhebungsbeschluß in letzterem Kanton geführt, und dieser der freisinnigen Sache im Kanton Luzern den Todesstoß gegeben. Solothurn hatte Munzinger's Thatkraft durch die Permanenzerklärung der Regierung und entschiedenes Vorgehen gegen die ultramontanen Wühler vor gleichem Schicksal glücklich bewahrt. Im Tessin war ein ultramontaner Putsch mißlungen und im Blute seines Urhebers Nessi erstickt worden.

In solchen Zeitverhältnissen wurde den 10. Juli das eidgenössische Schützenfest in Chur eröffnet. Bei der feierlichen Fahnenübergabe schilderte Landammann Munzinger mit Begeisterung den Triumphzug, den die eidgenössische Schützenfahne auf ihrer Fahrt durch die verschiedenen Kantone der Schweiz gefeiert hatte. In allen Reden und Liedern während der durch das schönste Wetter begünstigten Festwoche sprach sich der Glaube an den neuen Schweizerbund aus, der aus dem Herzen des Schweizervolkes kommen müsse und ganz gewiß kommen werde, und zwar als zeitige Frucht der eidgenössischen Schützenfeste. In diesem Sinne sprachen: Landammann Curti von St. Gallen; Dr. Tanner von Aarau; Dr. Brenner von Basel; Advokat Jauch von Tessin; Pfarrer Streif von Oberglatt; Dr. Kasimir Pfyffer von Luzern; Stadtrath Steinlin von St. Gallen; Oberst Bernold; Dr. Hug; P. K. Planta; Landammann Sidler von Zug. Mißstimmung wegen seiner Doppelgängerei erregte Advokat Breny von Rapperswil, zugenannt „der Träumer von Solothurn", dem das freie Wort auf der Rednerbühne vom Volke versagt wurde. Am Montag rückten Zürich und Basel ein, sodann Locle, Tessin, Winterthur. Am dritten Festtag: Schaffhausen, Aargau, Misox. Am Mittwoch kam zuerst Unterengadin mit der zersetzten Fahne von der Malserheide, sodann Luzern mit dem alten Luzerner Schlachtenpanner von Sempach; Genf, Glarus mit dem verblichenen Siegespanner von Näfels. Am Donnerstag kamen an: Zuerst die Kantonalschützenfahne von Zürich, sodann die vom Thurgau, sodann die muntern Appenzeller mit Musik und Gesang, die Fahne von Uri und eine aus der March; die Bündner Oberländer in hellen Haufen, die Unterwalliser. Samstag Abends 7 Uhr verkündigten die üblichen 7 Kanonenschüsse den Schluß des Festes. Im Schießstand hatte ein guter Schütze aus England, Lord Vernon, mit dem Appenzeller Schützen Koller um die Ehre des Schützenkönigs gerungen. Koller war mit 153 Nummern im heißen Wahlkampfe Sieger geblieben gegen 149, welche der Engländer hatte. Freudig wurde der Sieger gefeiert und zwar in ritterlicher Weise auch von seinem Mitkämpfer.

Die erste Gabe im „Vaterland" hatte erhalten: Kaspar Manz, Drechsler, von Zürich (75 Theiler). Stich „Haller" Peter Peyrola von Ilanz (57 Theiler). Stich „La Harpe" Jakob Thüring von Wyl, Kanton St. Gallen (41 Theiler). Stich „Müller" Jakob Hösli, Wirth in Glarus (62). Stich „Pestalozzi" Johann Ryff von Horgen, Kanton Zürich (55). Stich „Rousseau" Georg Häberlin von Wattwil, Kanton St. Gallen (25). Stich „Salis" H. Wunderli von Obermeilen, Kt. Zürich (44).

Den ersten Preis mit sechs Stichnummern und einem Gesammttheiler von 3064 erhielt Hr. Moser, Kaufmann von Schaffhausen.

Nummernbecher wurden 29 herausgeschossen; Festthaler 118.

An dem Feste waren alle Kantone mit Ausnahme von Zug vertreten. In der Kehrscheibe wurden 2727 Nummern geschossen. Stichdoppel wurden gelöst 1864, Kehrscheibenmarken verkauft für 25,060 Fr. 93 Rp. Während aller Festtage hatten 10,050 Gäste in der Speisehütte Mittagmahl gehalten. Die Schützenfeier verlief mit Ausnahme des Volksgerichtes über „den Träumer von Solothurn" ohne irgend welchen Unfall in herzlicher Fröhlichkeit und warmer vaterländischer Begeisterung für den zu schaffenden, und den Forderungen der Zeit entsprechenden Volksbund, zu welchem ersehnten Ziele an dem eidgenössischen Schützenfeste in Chur unzweifelhaft ein entscheidender Schritt geschehen ist.

Zwölftes eidgenössisches Schützenfest und vierhundertjährige Jubelfeier der Schlacht bei St. Jakob

vom 1. bis 8. Juli 1844 in Basel.

> Ein warmes Herz für's Vaterland
> Ist mehr als eitler Worte Tand.
> **Rathsherr Oswald von Basel.**

Die treuherzige Einladung zu diesem vaterländischen Doppelfeste war schon am letzten eidgenössischen Schützenfeste in Chur von den Festtheilnehmern freudig begrüßt worden und hatte auch in der ganzen Eidgenossenschaft wie bei den Schweizern in der Fremde freudigen Anklang gefunden. Als Mitglieder des Centralausschusses wurden ernannt: Hr. Rathsherr Minder als Vorstand, Oberschützenmeister Oswald als Seckelmeister und Dr. K. Brenner als Schreiber; sodann als fernere Mitglieder: Hr. Forkart-Hoffmann; Oberschützenmeister Burkhardt; Hauptmann Künbig-Linder; Ed. Burkhardt-Schriffer im Lomhof; L. Burkhardt-Schönauer und Präsident Wölflin. Tief eingreifende Zeitereignisse und Bestrebungen drohten dem Doppelfeste hindernd in den Weg zu treten. Vorerst war es im Mai die blutige Unterdrückung von Unterwallis durch bundesbrüderlichen Verrath von Seiten von Oberwallis, sodann der offene und geheime Gegenkampf der ultramontanen Partei und der königlich Gesinnten in Neuenburg, welche mit allen Mitteln den Festbesuch zu hindern sich bemühten. Aber alle Gegenbemühungen blieben ohne Erfolg. Die vaterländische Begeisterung für das bedeutungsvolle Doppelfest überwand siegreich alle Schwierigkeiten, welche sich dem Gelingen desselben entgegenthürmten. Die Ehrengaben beliefen sich auf 71,500 Fr., der Gesammtbetrag des Schießplanes auf 121,000 Fr. Die neun Stichscheiben trugen die Namen der Kantone, deren Angehörige in dem Heldenkampf bei St. Jakob verblutet haben, nämlich: Uri, Schwyz, Unterwalden, Bern, Luzern, Zug, Glarus, Solothurn und Basel. Die Scheibe „Vaterland" umfaßte im 205 Gaben die hübsche Summe von 24,000 Fr. Die erste Gabe bestund in einer silbernen Platte und 60 Louisd'or im Werth von 2520 Fr.; die letzte in 14 Fr.; die Zeigerehre ein silberner Rheinweinbecher im Werthe von 260 Fr. Die übrigen Stichscheiben umfaßten die Summe von je 5000 Fr. in 133 Gaben, davon die erste eine Ehrengabe im Werthe von 400 Fr., die letzte 14 Fr. Die Prämie für die meisten Nummern und kürzeste Linie betrug 420 Fr. Die Kehrscheibe umfaßte in 300 Gaben 5000 Fr. Die erste Gabe betrug 420 Fr., die letzte 6 Fr. Die meisten Nummern in allen sieben Tagen erhielten eine Ehrengabe von 6000 Havanna-Cigarren oder in Baar 450 Fr. Neben den 13 Stichscheiben waren 58 Kehrscheiben aufgestellt. Die Schußweite betrug 530 Fuß.

Zum Festplatz war die geräumige Schützenmatte auserkoren. Sämmtliche Festbauten waren sehr geschmackvoll in englisch-gothischem Style ausgeführt. Den Eingang schmückte eine wahrhaft königliche Ehrenpforte. Zu beiden Seiten derselben erhoben sich zwei gleichartig hohe, zierliche Kaffeehäuser in Achteckform, denen zwei ähnliche auf der entgegengesetzten Seite des ungeheuren Festplatzes entsprachen. Zur rechten Seite desselben stund die gewaltige Speisehütte, 400 Fuß lang, 160 Fuß tief und 41 Fuß hoch mit 152 Tischen zu je 30 Personen. Der Speisehütte gegenüber stund der Schießstand mit 3000 Ladeplätzen und in bemeldeter Entfernung von ihr der Scheibenstand mit 71 Papierscheiben. Mitten auf dem Festplatz, als Glanz- und Mittelpunkt desselben, erhob sich der Gabentempel mit der Fahnenburg, im Grundriß das eidgenössische Kreuz und in edler gothischer Bauart aufgeführt.

Mit begeistertem Jubel war die eidgenössische Schützenfahne überall auf ihrer Durchreise begrüßt und gefeiert worden. Bei schöner aber heißer Witterung und einem Volkszudrang von Hunderttausenden von Theilnehmern und Zuschauern wurde am 30. Juni das Doppelfest mit der Schlachtfeier bei St. Jakob eröffnet. Daselbst hielt Pfarrer Preiswerk in würdiger Weise die Festrede und ertönten vaterländische Lieder. Vom Schlachtfeld bewegte sich der ungeheure Festzug unter Gesang und Jubelklang und mit einem Walde von flatternden Fahnen auf den Schießplatz, wo nach der feierlichen Uebergabe des eidgenössischen Schützenpanners die Eröffnung des Schützenfestes stattfand. Als bei diesem Anlasse Bundes-

Landammann Brosi die Tagesfrage, die Jesuitenreaktion, berührte, da durchzuckte es wie ein elektrischer Schlag die dichtgedrängten Schaaren der eidgenössischen Schützen, und der Zuruf derselben, der nicht enden wollte, bekundete deutlich, daß die ernste Frage tief zu Herzen der Eidgenossen gedrungen sei. Sie blieb neben der Bundesreform der Hauptpunkt der zahllosen Festreden, die alle aufzuzählen der Raum nicht erlaubt. Für den Kampf gegen den Jesuitismus sprachen besonders Dr. R. Brenner von Basel, Brosi, Landammann Curti, Staatsrath Drüey, Dr. Felber, Dr. Feierabend, Dr. Ferdinand Kaiser, Rathsschreiber Bauhofer von Glarus, Fürsprech Imobersteg, Dr. Hug, Landammann Sidler, Dr. Kasimir Pfyffer, R. K. Waller, Dr. Zehnder. Zum schweizerischen Nationalfest hatten sich auch die Schweizer von London, mehrere Abgeordnete der badischen Kammer und die deutschen Freiheitskämpfer Dr. Rauschenblatt, Trier, Bauer und Stötzner, die deutschen Dichter Herwegh und Auerbach eingefunden. Im Schießstand zeigte sich schon am ersten Tag ein so lebhaftes Stutzerfeuer, daß man auf die Minute 59 Schüsse zählte.

Am Montag früh rückte die Berner Kantonalfahne mit sechs Gesellschaftsfahnen ein, in ihrem Geleite 600 Schützen. Nach ihnen die Waadtländer, Ob= und Nidwalden, Zürich, die Montagnards in großer Zahl mit 4 Fahnen, besonders warm begrüßt, sodann die Freiburger. Nachmittags die Luzerner, die Schweizer aus London, Zug und Berner Oberland.

Am Dienstag rückten ein: die Genfer, unter ihnen Lord Vernon; die Glarner, St. Galler, Schaffhauser, Urner, Aargauer, über 900 Mann. An diesem Tage schoß im Schießstand der 72=jährige Oberst Hünerwadel von Lenzburg, einer der Stifter des schweizerischen Schützenvereines, den Zweck in der Scheibe „Vaterland" rund hinein. Ebenso Kaspar Hotz von Baar im Stich „Glarus".

Am vierten Festtag hielten ihren Einzug: die Schützen aus dem Thurgau, aus Tessin, Baselland; am fünften: die Schützenfahne von Sursee, sodann wie gewohnt unter Sang und Klang die stets fröhlichen Appenzeller. Am sechsten Festtag marschirten die Schwyzer auf, 150 Mann stark; sodann die

Saanenländer, endlich eine Abordnung aus Wallis, deren Wortführer von „ruhmvollem und vaterländischem Waffengriff" sprach. Dadurch entstund Erbitterung unter den Schweizerschützen. Eine Kugel durchbohrte die aufgepflanzte Walliser Fahne und die Aufregung legte sich erst wieder, als die Fahne entfernt wurde. Alle Gemüther der Festtheilnehmer erfülte die Ahnung, daß entscheidende Ereignisse im schweizerischen Vaterlande bevorstehen, deren Wetterleuchten sich unverkennbar während der Festwoche kund gegeben hatte. Einen düstern Flecken auf das großartige Nationalfest warf der versuchte Betrug eines Zeigers durch den Schützenkönig von Chur, Koller, zum großen Leidwesen der Appenzeller Schützen. Montag den 8. Juli, schloß das denkwürdige Doppelfest mit der Feier der ruhmvollen Schlacht bei Sempach, wie es mit der vierhundertjährigen Schlacht bei St. Jakob begonnen hatte.

Bei der feierlichen Preisvertheilung erhielt die erste Gabe im „Vaterland" der ehrwürdige, greise Oberst Hünerwadel, die Silberplatte nebst Gold; im Stich „Bern": Jos. Willi von Unterehrendingen, Kanton Aargau, mit 30 Theilern. Im Stich „Luzern": Anton Falk, Zoller in St. Fiden, Kanton St. Gallen, mit 19 Theilern. Stich „Zug": Jos. von Arx, Gemeindeschreiber, von Balsthal, Kanton Solothurn, mit 31 Theilern. Stich „Glarus": Baltasar Hotz von Baar, Kanton Zug, mit 0 Theilern. Stich „Solothurn": Johann Aebi von Seeberg, Kanton Bern, mit 18 Theilern. Stich „Basel": Scharfschützenhauptmann Isler von Wohlen, Kanton Aargau, mit 35 Theilern. Alle sieben Stichnummern mit der kürzesten Linie (4207) hatte Simon Maillard von Bulliens, Kanton Waadt, mit dem Preis von 420 Fr. Im Kehr gewann die erste Gabe Oberstl. Troxler von Willisau, Kanton Luzern mit 0 Theilern. Die meisten Kehrscheibennummern in allen 7 Tagen — 324 — hatte J. J. Bänziger von Wald. Ihm folgte Lord Vernon mit 299 Nummern. Stichdoppel wurden gelöst 3060 im Betrag von 90,253 Fr. Der Kehrscheibenmarkenverkauf warf 64,055 Fr. ab, zusammen 154,308 Fr.

Alle Kantone der Eidgenossenschaft waren bei der vaterländischen Doppelfeier in Basel vertreten gewesen, die an Pracht der Einrichtungen wie Massenhaftigkeit der Festbesucher alle frühern eidgenössischen Schützenfeste weit übertroffen und daher die volle Bedeutung desselben für Pflege schweizerischen Nationalgefühls klar dargethan hat.

Dreizehntes eidgenössisches Schützenfest in Glarus,
vom 18. bis zum 25. Juli 1847.

> Des Schützen Ziel sei Wahrheit, Licht und Recht!
> Die Freiheit seine Burg. — Trotz finsteren Gewalten,
> Sie wird besteh'n, ist nur der Glaube ächt!
> Wo immer unsre Panner sich entfalten,
> Begrüßen fortan hin ein frei Geschlecht!
> Daß diesem nur er seine Waffen leihe,
> Dies ist der Schützen Schwur und Fahnenweihe!
> Huber.

Drei tiefbewegte Jahre waren seit dem letzten Schützenfeste in Basel dahin geflossen. Folgenschwere Ereignisse hatten unser Vaterland zum bevorstehenden Entscheidungskampfe um Sein oder Nichtsein der Eidgenossenschaft hingedrängt und schon klirrten die ehernen Waffen in der Waagschale, als der neue Schützenvorort Glarus die Eidgenossen zum dreizehnten Nationalfeste rief.

Der Verfassungsbruch in der Jesuitenberufung nach Luzern hatte die beiden mißglückten Freischaarenzüge veranlaßt und diese den Abschluß des Sonderbundes. Diese Vorgänge hatten anderseits dem konservativen Regimente im Kanton Zürich ein Ende gemacht. Die Stimme Genfs war durch Waffengewalt, und die von St. Gallen in heißem Wahlkampfe errungen und so war die längst erstrebte Mehrheit der Standesstimmen für Auflösung des Sonderbundes und Ausweisung der Jesuiten gewonnen. Die Theurung der Lebensmittel, Ueberschwemmungen und Schwierigkeiten der Gewerbsverhältnisse hatten das Centralkomité des eidgenössischen Schützenvereins bestimmt, die Abhaltung des eidgenössischen Schützenfestes um ein Jahr weiter hinaus zu schieben.

Das neue eidgenössische Centralkomité zählte folgende Mitglieder: L. Jenni von Ennenda, Mitglied der Standeskommission, als Präsident; Joseph Weber von Netstall als Seckelmeister und J. J. Blumer von Glarus, Civilgerichtspräsident als Schreiber. Sodann weitere Mitglieder: Dr. Tschudi von Glarus; Dr. J. Jenni von Ennenda; Kubli, Advokat von Glarus; Rathsschreiber J. Bauhofer von Glarus; Dr. J. Trümpi, Kriminalgerichtspräsident von Glarus und Kaufmann Mathias Schlittler von Niederurnen.

Die Glarner sind ein unternehmendes Volk, das seine Söhne zu Handelszwecken nach allen Himmelsgegenden sendet. Von diesen flossen auf den Aufruf des Centralkomité's reiche Gaben; noch reichlichere von Schützenfreunden in der Heimat, so daß ihr Gesammtwerth sich auf 23,000 Fr. belief, während der Gesammtgabensatz des Schießens 78,000 Fr. war. Der Schießplan bestimmte für die Scheibe „Vaterland" 16,994 Fr. in 254 Gaben. Die übrigen sechs Stichscheiben, Aargau, Thurgau, Tessin, Waadt, Graubünden und St. Gallen, erhielten je 4000 Fr. in 160 Gaben. Die Kehrscheibe umfaßte 5000 Fr. in 300 Gaben. Die Prämie für alle sieben Stichnummern betrug 200 Fr.; diejenige für die meisten Kehrnummern in allen Tagen 240 Fr. Jede Nummer in der Stichscheibe „Vaterland", die sonst keine Gabe bekam, erhielt einen Festthaler. Einen solchen erhielt auch ein jeder Schütze für die ersten fünf Nummern, für die 20 ersten Nummern einen silbernen Becher im Werth von 50 Fr. Das Hauptstreben des Planes war dahin gerichtet, nicht wie anderwärts wenige aber große, sondern vielmehr recht viele, wenn auch nur mittelmäßige Gaben auszusetzen.

Der Festplatz befand sich auf dem Feld, zehn Minuten vom westlichen Ende des Fleckens Glarus entfernt, unmittelbar am Fuße der wandjäh zum Himmel anstrebenden Felsenpyramide des Glärnisch, auf dessen Spitze lustig eine eidgenössische Fahne flatterte. Rechts vom Eingang zum Festplatz stund die 360 Fuß lange Schießhütte. Den äußern Raum über dem Haupteingang derselben schmückten in Lebensgröße gemalte Bilder, Szenen aus Tell's Geschichte, gemalt von Maler Steiner von Winterthur. 530 Fuß von der Schießhütte entfernt, am untersten grünen Abhang des Glärnisch, stunden die 43 Scheiben. In der Mitte des geräumigen Wiesenplans erhob sich der 140 Fuß hohe Freiheitsbaum mit eidgenössischer Flagge und weiter nach Osten, dem Eingang der Schießhütte gegenüber, stund im Achteck erbaut der hübsche Gabensaal mit prächtigen Bogenfenstern, hinter denen die reichen Gaben winkten, und über denen die Fahnenburg sich in weiter Gallerie hinzog; über ihr auf hoher Spitze die eidgenössische Schützenfahne. Südlich, im Hintergrunde des Festplatzes, befand sich die zwei Stockwerk hohe, riesige Speisehütte mit Raum für 2000—3000 Personen, welche Speisesaal und Kaffeehaus mit einander vereinigte. Im Erdgeschoß befand sich in der Mitte die Wachtstube, links und rechts sodann die Büreaux der verschiedenen Komité's und endlich ein Bazar von Buden.

Zwei freie Treppen, die oben in einen Haupteingang sich vereinigten, führten zum Speisesaal hinan, auf dessen Vorderseite, gegen den Festplatz hin, der ganzen Länge nach eine sieben Fuß breite Altane sich hinzog, von der man einen hübschen Ueberblick auf den Flecken Glarus, das romantische Ennenda und auf die Bergriesen des Wiggis, Schild und Glärnisch genoß. Ueber dem Haupteingang der Festhütte war von der Meisterhand Steiner's „die Milchsuppe auf dem Grenzstein" im Kappeler Krieg gemalt mit der treffenden Inschrift:

> Will, Eidgenossen, Euch der Feind verlocken,
> Ein bös' Gericht den Brüdern einzubrocken,
> So kehrt nach jenem Freunde Groll und Schwert,
> Der in Euch Haß, um Euch zu theilen, nährt.

Samstag den 17. Juli hielt die eidgenössische Fahne unter dem Donner des Himmels, der von den Bergen feierlich wiederhallte, und unter beständigem Leuchten der Blitze ihren Einzug in Glarus. Den nächsten Morgen erfolgte bei klarem Himmel und unter einer gewaltigen Menschenmenge die feierliche Uebergabe der eidgenössischen Schützenfahne von Rathsherr Minder an Rathsherr Kaspar Jenni. Der Erstere sprach dabei Versöhnungsworte, der Letztere solche der Freiheit gegen Heuchelei und Jesuitismus. Diese, die in dem Rufe „s'thut recht!" ihren Beifall fanden, blieben der Grundton dieses vaterländischen Volksfestes. Nach der gemeinsamen Mutterfahne fand die Uebergabe der Fahnen von Solothurn und Längendorf statt, sodann der von Oberutzwil. Schon bei der ersten Mittagstafel kamen die Anmaßungen des französischen Gesandten, Bois-le-Comte, zugenannt der "Holzgraf", zur Sprache und sein herrisches Wort: "Wir werden examiniren" fand die wohlverdiente Mißbilligung und Abfertigung. In diesem Sinn wurde auch eine entschiedene Adresse des eidgenössischen Schützenvereins an die Tagsatzung in Bern erlassen.

Am Montag rückte die Zürcher Kantonalfahne und die von Winterthur ein. Als Sprecher an diesem Tage traten auf: Rathsherr Dr. Jenni, Hauptmann Weber von Solothurn, Pfarrer Streiff, Rathsherr Stumm von Basel und Präsident Blumer von Glarus.

Im Schießstand hatten ein 80- und 81jähriger Greis gedoppelt und Ersterer eine Stichnummer herausgeschossen.

Am Dienstag erschienen die Schützenfahne von Schaffhausen, die Berner Kantonalfahne, sodann die vom Aargau und endlich die St. Galler, wohl 500 Mann stark, unter Landammann Curti. Bei der Mittagstafel begrüßte Pfarrer Streiff in vaterländischer Rede das ehrwürdige Schlachtpanner von Glarus, das Matthias Ambühl in die Schlacht von Näfels getragen und welches Dr. Trümpi vor den Augen der tiefergriffenen Zuschauer feierlich hin- und herschwenkte. In der sichtbaren allgemeinen Rührung stimmte die Musik das Nationallied "Rufst du mein Vaterland" an, und Tausende uud Tausende wackere Eidgenossen fielen in hoher Begeisterung im Chor ein. Nachher ließ im Namen der Freiheit der Sprecher den Ruf: "Fort mit den Jesuiten!" ertönen, der tausendstimmigen Wiederhall fand.

Am Mittwoch kamen zuerst die Genfer an, sodann die Thurgauer, nach ihnen ein kleines Häufchen Luzerner, meistens Flüchtlinge aus allen Gegenden der Schweiz, denen die Glarner ein eidgenössisches Fähnlein mit weiß und blauem Schwenkel zum Geschenk gemacht und das nun der Sprecher derselben, Dr. Feierabend, übergab als Zeichen, daß sie unter dieser Fahne kämpfen wollen, sei es gegen weiße Röcke oder rothe Hosen, oder gegen den Sonderbund, der ihnen ruft. Und als nun Dr. Jenni die Geächteten tröstete, im Kampfe auszuharren, sie werden bald die Heimat wieder sehen, da stunden Thränen in vieler Männer Augen. Auf die

Luzerner folgten die Waadtländer und sodann als die einzigen Vertreter der Urschweiz mit Fahne die Einsiedler; zuletzt die Tessiner.

Donnerstag rückten erst die Neuenburger ein. Ihnen folgten die Sarganser unter Oberst Bernold; die Schützen aus der March unter Rathsherr Diethelm; die Zuger, die Graubündner, zuletzt die Appenzeller, bei 200 Mann stark. Bei der stark besetzten Mittagstafel sprachen: Präsident Jenni, Landammann Curti, Rathsherr Tschudi, Staatsrath Fornerod, der Tessiner Romerio, Oberst Bernold (dem Aufstand der Herzen, wenn das Vaterland ruft), Professor K. Völter und Fürsprech Ghr.

Am Freitag sprachen: Staatsrath Bourgois von Waadt, Dr. Brenner von Basel, Staatskassier Schlumpf von St. Gallen und Pfarrer Streiff. Am Samstag pries Rathsherr C. Jenni die kernhafte Schweizersprache, wie sie der Bundespräsident in Bern gegenüber den Anmaßungen des Holzgrafen gesprochen hat. Major Christ: dem Vorwärts der Längendorfer Schützen; Rathsherr Weber von Netstall: Den Schweizern im Ausland, die ihr Vaterland lieben und Ingenieur Legler von Glarus: Den Schützenfesten als Pflanzstädten des Freisinns. Die erste Gabe im Vaterland, ein silberner Pokal im Werth von 860 Fr. von 20 Schweizern in Petersburg; in Gold 140 Fr. von der Sängergesellschaft Glarus und ein Emmenthaler-Käs von den Herren Gebrüder Arregger in Schüpfheim (50 Fr.) im Ganzen 1050 Fr. erhielt Hr. Jakob Siebenmann in Aarau.

Im Stich „St. Gallen" J. J. Blumer im Thon, Kt. Glarus 200 Fr. Im Stich „Graubünden" Hr. S. A. Börsinger von Bruggen, Kt. St. Gallen, 200 Fr. Im Stich „Aargau" Hr. Rudolf Koller von Hirslanden, Kt. Zürich, 200 Fr. Im Stich „Thurgau" Jakob Dinner von Glarus 200 Fr. Im Stich „Tessin" Rudolf Lehmann bei Muri, Kt. Bern, 200 Fr. Im Stich „Waadt" Jakob Spinner von Hirzel, Kt. Zürich, 200 Fr. Sechs Stichnummern schossen sechs Schützen. Die kürzeste Linie hatte Hr. O. H. Schönenberger von Mittlödi, Kt. Glarus.

In der Kehrscheibe waren Stich und gewannen die ersten zwei Gaben: Hr. Röthlisberger, Bärenwirth in Burgdorf, Kt. Bern, und Hr. Hauptmann Jost Freuler von Glarus.

Schützenkönig mit den meisten Kehrnummern in allen 7 Tagen — 179 — wurde Hr. Numa Sandoz von Locle mit Prämie von 240 Fr.

An dem Feste der Schweizernation fehlten die Schützenfahnen von Wallis und Freiburg. Aus allen den andern Sonderbundskantonen waren Schützen anwesend. Sie waren alle wie ihre Miteidgenossen von dem gleichen Wunsche beseelt, das Vaterland nach innen frei, nach außen geachtet und stark zu sehen, und zu diesem Zwecke alles zu thun und zu wagen. Der Biedersinn und die derbe Herzlichkeit der Glarner hatte ihnen die Herzen der Miteidgenossen gewonnen und befriedigt und in entschiedener, freier und vaterländischer Gesinnung kehrten selbe, die Festgeber nach Verdienen rühmend, wohlgemuth nach Hause, der Dinge harrend, die da kommen mußten.

Vierzehntes eidgenössisches Schützenfest in Aarau und fünfundzwanzigjährige Jubelfeier desselben,
vom 1. bis zum 8. Juli 1849.

> Auf kleinem Raum zusammenfand
> Sich hier das ganze Vaterland;
> So seien weit in engen Schranken
> Die vaterländischen Gedanken.
> *Festbogeninschrift.*

Wie ein Sturmwind hatte noch vor Abschluß des denkwürdigen Jahres 1847 die großartige Erhebung des Schweizervolkes den Sonderbund in Staub geworfen und die Jesuiten von dem freien Schweizerboden für immer weggefegt. Den 12. September 1848 hatten zahllose Freudenfeuer auf Bergeshöhen mit Kanonendonner und Mörserkrachen den längst ersehnten und erstrebten neuen Bund der Eidgenossen begrüßt.

Eine treulose Politik gegen unser kleines Nachbarland hatte dem Bürgerkönig Ludwig Philipp Frankreichs Krone gekostet und die Revolution rings um unsere freie Alpenburg alle Nachbarlande in Feuer und Flammen versetzt. Geachtet und geeinigt stund die ver-

jüngte Schweiz da, und die Anmaßungen der fremden Diplomatie
früherer Jahre waren spurlos verschwunden. Das Schweizervolk
hatte daher alle Ursache, ein Dank-, Freuden- und Friedens-
fest mit der fünfundzwanzigjährigen Jubelfeier des schweizerischen
Schützenbundes zu begehen und zwar an der Pflanzstätte des
schwachen Reises, das nun zur mächtigen Eiche herangewachsen, in
deren Schatten die erst noch entzweiten Eidgenossen sich versöhnt
die Bruderhand reichen und sich als ein „einig Volk von Brüdern"
glücklich fühlen.

Zu Mitgliedern des neuen Centralkomité's in Aarau waren erkoren: Regierungsrath Waller in Aarau, als Präsident; Regierungsrath Oberst Siegfried in Zofingen, als Seckelmeister; Landesstatthalter Wieland in Aarau, als Schreiber.

Sodann als weitere Mitglieder: Bundesrath Frei-Herose in
Bern; Scharfschützen-Oberstlieutenant Rudolf Suter in Zofingen;
Fürsprech Jäger in Brugg; Nationalrath Hanauer, Gemeinde-
ammann von Baden; Oberrichter und Oberst Müller in Aarau.

Auf den begeisternden Aufruf des neuen Vorstandes wetteiferten
die Schweizer im Auslande wie in der Heimat und in dieser Behörden, Vereine und einzelne Bürger, das Jubelfest mit würdigen
Gaben zu schmücken. Dieselben erreichten die Summe von 45,000 Fr.
Der Gesammtgabenersatz des Schießplanes belief sich auf die
Summe von 120,000 Fr. Derselbe legte in die Namen der Stichscheiben die volle Bedeutung der Jubelfeier in folgenden Versen:

Seid willkommen zu der Jubelweihe,
Der Versöhnung reicht die Bruderhand,
Und der neue Schweizerbund verleihe
Kraft und Glück dem Vaterland.
Vorwärts mit der Heldenkraft der Ahnen,
Gilt's der Freiheit Gassen bahnen;
Aber freundlich mild des Friedens Bild,
Im stillen Kreis walte Kunst und Fleiß."

Die Stichscheibe „Vaterland" umfaßte in 280 Gaben die Summe
von 15,761 Fr. Die fünf andern Stichscheiben 4000 Fr. in 156
Gaben. Neu war die Aufstellung der Stichscheibe „Kunst und Fleiß",
welche mit mehr als 200 Gaben aus den verschiedenartigsten Ge-
werbserzeugnissen des Aargau's ausgestattet war und die Summe

von 5694 Fr. betrug. Neu war auch die Aufstellung einer Punktscheibe, die sich selbst aus dem Doppel der Schützen ausstattete. Die Kehrscheibe umfaßte in 400 Gaben die Summe von 7000 Fr. Die meisten Stichnummern mit der kürzesten Linie erhielten 200 und alle sieben Stichnummern 160 Fr. Die meisten Kehrnummern in allen Tagen bekamen ebenfalls 200 Franken.

Der Festplatz war, wie vor 25 Jahren, der „Schachen". Ein dreifach gewölbter Festbogen bezeichnete den Eingang. In weiter Ausdehnung umschlossen die Festbauten in Hufeisenform den geräumigen Platz. Rechts davon stund die sehr einfache, aber hohe und geräumige Speisehütte zwischen den hölzernen Pfeilern mit jungen Tannen äußerst schmuck eingerahmt; ihr gegenüber der Schießstand, 513 Fuß lang, 51 Fuß tief, mit vorspringendem Mittelbau, auf dessen offener Zinne ein reizender Ueberblick über den Festplatz, die Stadt Aarau und ihr schönes Aargeländer sich darbot. Ihm gegenüber stunden auf 540 Fuß Entfernung in langer Reihe die 59 Scheiben; im Hintergrund nach der Aarseite hin, gleichsam den Mittelpunkt der beiden Flügel bildend, das Gebäude, worin sich die Büchsenschmiede, das Stutzermagazin und die Hauptwache befanden. Im Mittelpunkte sämmtlicher Gebäude prangte schön und einfach der Gabentempel und die Fahnenburg, zu dem mehrere Treppenstufen hinanführten. Hinter den Scheiben schimmerten die reichen Gaben, welche die treue Liebe zum Heimatland aus der Nähe wie aus der Ferne, besonders von den kunstfertigen Frauen der vielen Städte des Aargau's, hier auf den Altar des Vaterlandes zusammengebracht hatte. Ueber den Köpfen der Zuschauer, welche stets neugierig die Schaufenster umlagerten, flatterten auf thurmartiger Erhöhung die Fahnen der Schützengesellschaften wie ein vielfarbiger Blumenkranz, und hoch über den Abzeichen der Orte und Kantone grüßte auf erhabener, 75 Fuß hoher Thurmsäule das eidgenössische Schützenbanner, als sprechendes Wahrzeichen, daß am eidgenössischen Nationalfeste alle örtlichen Bestrebungen in den Hintergrund treten und dagegen das Eine, gemeinsame und freie Vaterland sich siegreich und groß über dieselbe erhebt.

Die Festwoche war vom schönsten Schützenwetter begünstigt. Die eidgenössische Schützenfahne wurde am Vorabend der Eröffnung des

Jubelfestes von Mitgliedern des Centralkomités's in Baden empfangen und hielt unter Kanonendonner ihren Einzug in die Feststadt. Sonntag 10 Uhr Festzug auf den Schießplatz zur feierlichen Fahnen=übergabe unter dem Geläute aller Glocken und dem Donner der Kanonen, in seinen Reihen an 100 Mitglieder des großen Rathes. Mit der eidgenössischen Fahne waren erschienen die Kantonalfahnen von Glarus, Schaffhausen, Solothurn, zwei Fahnen aus dem Kanton Graubünden, die Fahnen von Biel, Olten, Sumiswald, Aarburg, Baden, Bremgarten, Brugg, Beinwil, Boswil, Laufenburg, Lenzburg, Mellingen, Meienberg, Merenschwand, Mühlau, Muri, Reinach, Rheinfelden, Rothrist, Seengen, Seon, Staufen, Woh=len, Zofingen und Zurzach. Bei der ersten Mittagstafel sprachen: Regierungsrath Waller; Landammann Jenni von Glarus; Seminardirektor Aug. Keller. Nachmittags Ankunft der Schützen=fahnen aus dem luzernischen Suhrenthal, Unter=Emmenthal, Längendorf und Basel.

Am zweiten Tag sprachen beim Festessen: Regierungsrath Sieg=fried von Zofingen; Präsident Schmied von Solothurn, Mit=gründer des eidgenössischen Schützenbundes; Dr. Trümpi von Glarus; Hr. Karrer von Bern; Bucher von Langenthal. An=gekommen sind: Die Schützengesellschaft des Tellenvereins von Zürich; die Schützengesellschaft Winterthur.

Am Dienstag rückten die Neuenburger ein. Beim Festessen sprachen: Landesstatthalter Dr. Wieland von Aarau; Rathschreiber Bauhofer von Glarus; Präfekt Mathey von Neuenburg; der Dichter A. E. Fröhlich von Aarau (mit Hoch den Schweizerfrauen); Hr. Karrer von Trachselwald; Dekan Schmied von Staufsberg.

Im Schießstand war der aus Indien zurückkehrende Lord Ver=non eingetroffen und hatte der Schützenjubilar Mäglin von Basel einen Nummernbecher herausgeschossen.

Am Mittwoch rückten zuerst die Urner ein; sodann die Basel=ländler; Nachmittags: St. Gallen; Luzern; die Amtsschützen=gesellschaft von Bern; Zug; March und Einsiedeln, Schwyz. Eine ungeheure Menschenmenge drängte sich den ganzen Tag auf dem Festplatze und füllte Mittags die Speisehütte. Beim Festessen sprachen: Oberrichter Müller von Aarau; Dr. Alfred Escher von Zürich (Aarau, dem Grütli der Neuzeit); Artilleriehauptmann Christen von Baselland: Chorherr Siegrist von Luzern (den Freunden der Armen); Vikar Müller von Reinach; der Flüchtling Gerwig von Pforzheim, in Blouse um Hülfe flehend; Seminardirektor Keller, die Einmischung ablehnend, dagegen die Deutschen zur Einigkeit mahnend.

Am Donnerstag kam mit zahlreichen Gesellschaften Regen. Zuerst Genf, Waadt, Unterwalden, Appenzell, Graubünden, die Wiggerthaler, Freiburg, gegen 12 Uhr eine Abordnung der obersten Bundesbehörden begleitet von den Mitgliedern des Aargauischen Regierungsrathes, bei Wind und Regen. Beim Festessen sprachen: Landammann Jenni von Glarus; Bundesrath Drüey; Nationalrath Dr. Kasimir Pfyffer; Stadtammann Isaak von Luzern; Dr. F. Kaiser von Zug; Professor Dr. Henne von Bern; Köllner, der „Saure"; Dr. Feierabend; H. Meyer von Säckingen; Hr. Basalli von Chur und Bürgermeister Dr. Zehnder von Zürich.

Am Freitag den 6. Juli sprachen bei der Mittagstafel: Landammann Jenni; Regierungsrath Imobersteg von Bern; Landammann Curti von St. Gallen; Staatsrath Carteret von Genf; Pfarrer Kälin von Zürich; Rathsschreiber Bauhofer und Stadtammann Feer von Aarau.

Am Samstag den 7. Juli sprach bei der Mittagstafel zuerst Bundesrath Frei=Herose; sodann Dr. Brenner von Basel; Köllner „der Saure"; ein Pole und ein Mailänder.

Am Sonntag den 8. Juli folgte die feierliche Preisvertheilung unter Betheiligung einer ungeheuren Volksmenge. Die erste Gabe im „Vaterland" im Werth von 800 Fr. erhielt: Hr. Johann Suter, Landwirth von Horgen; im Stich „Freiheit" Franz Stocker, Pfister, zu Zug (350 Fr.); Stich „Jubelweihe" Hr. Baptist Margna von Landarenca, Kanton Graubünden; „Versöhnung" Pierre Contese von Granget-Dompierre, Kt. Waadt; „Neuer Schweizerbund" Hr. W. Wydler, Apotheker in Aarau; „Heldenkraft" Hr. Jakob Salzmann, Bezirksrichter in Wiedikon; „Kunst und Fleiß" Hr. Adolf Plüß, Fabrikant, in Murgenthal.

Die Prämie für 7 Stichnummern mit 304 Theilern erhielt J. J. Bänziger von Wald; Schützenkönig mit 328 Kehrscheibennummern wurde Hr. Bänziger-Trümpi von St. Gallen. In der Kehrscheibe wurden 143 Nummernbecher herausgeschossen. Stichdoppel wurden im Ganzen gelöst: 2299, in der Punktscheibe 2334.

Im Schießstande reichte ein Schütze einem Mädchen ab dem Lande den Stutzer zum Schießen hin. Dasselbe griff rasch entschlossen zu, zielte fest und schoß beim ersten Schuß eine Nummer, und in kurzem nachher die zweite.

Die Junggesellen der Stadt Aarau hatten eine hübsche Wiege als Ehrengabe geschenkt mit folgenden Versen:

Wir legen mit Vertraun in Gottes starke Hand
Die Wiege, die geweiht der Scheibe „Vaterland",
D'rum Kindlein, das du zierst einst dieser Wiege Raum,
Das theure Vaterland, es sei dein erster Traum!
„Zum Schutz des Vaterlands!" es sei dein erstes Wort
Und Gott und Vaterland stets deines Lebens Hort!

Die Wiege gewann der neu geheirathete Postbeamte Stäger in Chur, dem die Junggesellen von Aarau die Gevatterschaft antrugen, falls ihm ein Knabe beschert werde. Das war denn wirklich der Fall, und die Junggesellen haben dann in höchst anmuthiger Weise ihre Gevatterschaft noch „dahinten" in einer Druckschrift verewigt. Während der Festwoche ist ein Artillerist bei seinem Dienste verunglückt. Sogleich wurden von den Schützen Liebesgaben für ihn gesammelt. Sonst verlief das Fest ohne Unfall und Störung und ist in der That ein Friedens-, Freuden- und Versöhnungsfest geworden. In allen Reden, bei der Tafel wie beim Gruß und Abschied, gab sich dieser Grundgedanke kund. Manch' treffliches Wort biederer Eidgenossen ist erklungen und tief in die Herzen gedrungen. Dicht- und Tonkunst verschönerte die Jubelfeier, und manch' ein konservativer Saulus ist zum eifrigen Paulus geworden, in Wort und That zum Gelingen der Jubelfeier mitzuwirken. Während rings um unsere Alpenburg erbitterte Kämpfe wittheten, hat die kleine Schweizernation würdig und weihevoll in ungestörtem Frieden ihr Laubhüttenfest des neuen Bundes gefeiert.

Fünfzehntes eidgenössisches Schützenfest in Genf,

vom 7. bis und mit dem 16. Juli 1851.

> Wie sind die Tage schön, wenn sie die Völker mahnen,
> Sich froh zu schaaren unter ihren lieben Fahnen.
> Im Waffenspiel den Stutzer lustig loszubrücken
> Und um des Siegers Stirn das Lorbeergrün zu schmücken;
> Es ist der neuen Kraft erwünschte Prophezeiung.
> Der Anbruch einer Zeit der Ehre und Befreiung.
> In lichter Gluth aufflammend schon die hehre Weihung
> In der Verbrüderung. *Schweizerhymnus.*

In Aarau haben Genf und Zürich sich gleichzeitig um das nächste eidgenössische Schützenfest beworben und das Loos hatte für Genf entschieden. Mit gewohnter Rührigkeit gingen die Bürger der so rasch und schön aufblühenden Stadt an die würdige Lösung der übernommenen Aufgabe.

Die Festleitung wurde folgendem Centralkomité übergeben: Staatsrath James Fazy, Präsident; M. Mottet, Sekretär des Großen Rathes, Seckelmeister; Ständerath Tourte, Schreiber. Weitere Mitglieder: Th. Lissignol, Bataillons-Kommandant; U. A. L. Breitmayer, Präsident des Verwaltungsrathes der Stadt Genf; Carteret, Präsident des Großen Rathes; Beillard, eidgen. Oberst; J. J. Castoldi, Mitglied des Nationalrathes und L. Reymond, Chef des Generalstabs. Die Zeitverhältnisse waren dem Nationalfeste günstig. Friede und Ruhe im In- und Ausland; blühender Handel und Verkehr. Der Einladung zur Unterstützung des Festes kam eine bisher noch nie dagewesene Opferwilligkeit entgegen. In wenig Tagen waren in der Stadt und Umgebung 150,000 Aktien gezeichnet. Aus Algier, Californien, Mexiko, Peru, New-York, London, Florenz, New-Orleans kamen von den dort wohnenden Schweizern sehr reiche Gaben auf den Festaltar. In Genf wetteiferten Behörden, Vereine und jeder einzelne Bürger, ihr Schärflein hinzulegen. So erreichten sämmtliche Ehrengaben die unerhörte Summe von 80,500 Fr.; diejenige des Gesammtgabensatzes 192,500 Fr. Die Stichscheibe „Vaterland" umfaßte in 345 Gaben 48,363 Fr. Die sechs andern Stichscheiben hießen: Einheit, Eintracht, Freiheit, Bruderschaft, Unabhängigkeit, Friede.

Der Doppel betrug 30 Fr. Die Stichscheiben waren in 1200 Gaben mit 51,000 Fr. ausgestattet. Vier freie Stichscheiben (Hoffnung), die aber nur für eine zählten, waren in 1213 Gaben und Prämien mit 32,000 Fr. bedacht. Der Doppel zu zwei Schüssen in dieselbe kostete 7 Fr. Weiter war eine Punktscheibe aufgestellt, die auf einen Durchmesser von 30 Zoll in 10 Kreise eingetheilt war, deren Doppel 6 Fr. betrug und die in 500 Gaben ebenfalls 32,000 Fr. umfaßte. Die Kehrscheibe betrug in 430 Gaben 21,000 Fr. Die Prämie für die meisten Nummern während des ganzen Festes bestund in 300 Fr. Für 6 Nummern wurde ein Festthaler von 8 Fr. an Werth verabreicht; für 12 Nummern 13 Fr; für 20 Nummern 80 Fr. oder ein silberner Becher.

Der Festplatz war in einer der schönsten Lagen von Genf, kaum drei Minuten von der Stadt entfernt, auf der von Binch'schen Wiese. Derselbe bildete ein längliches Viereck von beiläufig 42 Jucharten. Den Eingang dazu bildete ein dreifacher Triumphbogen von 38 Fuß Höhe und 17 Fuß Tiefe, in gefälligem maurischen Style aufgeführt. Von demselben kam der Festbesucher auf einem mit Sand bestreuten Wege zum Gabentempel und der Fahnenburg, einem achteckigen Gebäude, gekrönt mit einem Thurm, über welchem eine 130 Fuß hohe Stange hoch über den andern Fahnen das eidgenössische Schützenpanner trug.

Weiter nach der Abendseite hin stund der Schießstand, 470 Fuß lang und 40 Fuß breit, der in länglichrundem Bogen den Festplatz abschloß. Den Mittelbau desselben bildete eine mit Waffentrophäen und Fahnen geschmückte Emporbühne, von der man einen prächtigen Ausblick auf die Scheiben, die Stadt, den See und die Alpen bis an den Montblanc genoß. Links vom Gabentempel befand sich die Speisehütte, 270 Fuß lang, 117 Fuß breit und 55 Fuß hoch, wie der Schießstand und Gabentempel ebenfalls in maurischem Style erstellt. In der Mitte befand sich die Rednerbühne, oberhalb derselben eine Gallerie für die Musik und die Sänger; zu beiden Seiten solche für die zuschauenden Frauen. Nachts wurde die Hütte von 7000 Gasflammen taghell beleuchtet. Sie hatte Raum für 4000 Gäste. Rechts vom Gabentempel war ein Kaffeehaus, das aus einem Erdgeschoß und einem Stockwerk bestund und Raum bot für 800 Gäste. Neben diesem befand sich die Büchsenwerkstätte mit dem Stutzermagazin und dem Munitions-Verkaufslokal.

Samstag den 5. Juli fuhr der festleitende Ausschuß der eidgenössischen Fahne und ihrem zahlreichen Schützengeleite bis Nyon entgegen. Daselbst betrat das abtretende Centralkomité von Aarau die schön beflaggte Barke und steuerte, vom Dampfer Leman in's Schlepptau genommen, der neuen Feststadt zu, in der die Missionärin eidgenössischen Geistes und Strebens unter unendlichem Volksjubel ihren feierlichen Einzug hielt. Sonntag den 6. Juli sammelte sich der gewaltige Festzug auf der Bürgerbastion und setzte sich nach dem Landungsplatze der Dampfschiffe in Bewegung, um die eben angekommenen Waadtländer Schützen in seine Reihen aufzunehmen. Mit der eidgenössischen Schützenfahne waren gestern die Kantonalfahnen von Aargau, Luzern, von Zürich, Graubünden und Tessin angekommen. Nach der feierlichen Uebergabe der eidgenössischen Fahne vor der Fahnenburg erfolgte diejenige der Kantonalfahnen. Bei der Mittagstafel sprachen: Staatsrath James Fazy, Ständerath Carteret, H. Duchosal, Beillon. Mittags hellte sich der düstere Himmel auf und blieb fortan dem Bruderfeste günstig. Zuerst zogen am Montag die Neuenburger ein, wohl an 600 Mann, mit der kantonalen und sechs andern Gesellschaftsfahnen nebst eigener trefflicher Musik. Sodann Bern mit dem Mutz als Wappenthier an der Spitze; Glarus. Beim Festessen sprachen: Carteret, Hr. Gortillaz, der Sprecher der Neuenburger, Matten, Präsident des Schützenvereins, Luzian Geiser, der Sprecher der Schweizer in Algier, Präsident Isaak von Luzern.

Dienstag den 8. Juli wurden empfangen: die Fahnen der Stadt Basel und Biel; jene der Schweizer in London und der Graubündner; dagegen nahmen Abschied die Abordnungen von Luzern und Glarus. Sprecher bei der Mittagstafel waren: Präsident Matten von Neuenburg; Präsident Breitmayer von Genf; Hr. Dürig aus Thun; Advokat Wyß von Bern; Hr. Reymond von Genf; G. Hüguenin von La Chaux-de-Fonds.

Den 9. Juli rückten zahlreich ein: Zürich und Baselland; sodann Freiburg mit 4 Pannern und 300 Schützen. Sprecher bei dem Festessen waren: J. Fazy, Nationalrath Siegfried,

Regierungsrath Dr. Wieland von Aarau; Dr. Brenner von Basel.

Den 10. Juli Empfang der Fahnen von Solothurn, Thurgau, St. Gallen und Wallis. Abschied der Berner und Graubündner. Sprecher beim Mittagmahl: J. Fazy; Nationalrath Eytel; H. Imboden von Bern; Bundesrath Drüey; Dr. Hoffmann von Genf; Advokat Bonjour und Oberst Kelly von St. Gallen.

Den 11. Juli Ankunft der Appenzeller, 80 Mann stark, und der Unterwaldner. Abschied der Fahnen von London, Thurgau und St. Gallen.

Bei der stark besetzten Mittagtafel sprachen: Carteret von Genf, Ramelli, Ständerath aus Tessin, Nationalrath Imobersteg von Bern, Staatsrath Humbert von Neuenburg, Fürsprech Zäch aus dem Kanton St. Gallen; sodann Corsat, ein Gedicht auf die Majestät des Volkes vortragend. Nach den Sprechern trugen die Appenzeller unter rauschendem Beifall eines ihrer Nationallieder vor. Abends war der Schießplatz und die Stadt festlich beleuchtet.

Den 12. Juli schieden Appenzell, Solothurn, Unterwalden, Neuenburg und Baselland. Im Schießstand großer Eifer und unablässiges Stutzerknallen. J. J. Bänziger von Wald, der heute zu schießen begann, schoß 85 Kehrnummern, Samuel Bänziger 48. Hr. Nourisson hatte bereits die Zahl von 298 erreicht; Hr. Grether in 4 Tagen 115. Hr. Gmür 248.

Sprecher bei der Mittagtafel waren: Reymond, Eytel, Carteret.

Den 13. Juli füllte eine größere Menschenmenge als an allen Festtagen vorher die geräumige Schützenmatte und bei der Mittagtafel die Speisehütte. Als Redner traten auf: Dr. Fontanet von Carouge; Tourte, Oberst Barmann, Landammann Curti von St. Gallen. Hr. Maillard von Genf sang unter großem Beifall ein vaterländisches Lied.

Den 14. geringerer Festbesuch. Bei der Tafel sprachen: J. Fazy; Advokat Amberny von Genf; H. Audemar von Lausanne; Syndic Dürüz von Murist, Kanton Freiburg; Hoffmann, Piot, Bougeaud, Duchosal.

Den 15. Juli Abschied der Aargauer Kantonalfahne. Redner: Carteret; J. Fazy; H. Escher von Neuenburg; Riggeler von Bern; Dürüz; H. Maire von Genf. Abends 8 Uhr Schluß des Festes.

Den 16. vor der feierlichen Preisaustheilung erschienen noch 6 Urner mit einem kleinen Fähnlein vor dem Gabentempel. Gißler, ihr Sprecher, drückte ihr Bedauren aus, daß die Fahne von Uri nicht während des Festes neben ihren Schwestern unter der gemeinsamen Mutterfahne geflattert habe. Die 6 Anwesenden haben selbe immer erwartet, aber finanzielle Gründe und der weite Weg von 63 Stunden scheinen das Landespanner zurückgehalten zu haben. Mit der Uebergabe des Kreisfähnleins wollten nun die Angekommenen auch noch nach Schluß des Festes die Versicherung ihrer treueidgenössischen Brüderlichkeit aussprechen. Mit aller Herzlichkeit wurden die Söhne Tell's begrüßt und ihre Fahne noch aufgepflanzt. Bei der Preisvertheilung erhielt die erste Gabe im „Vaterland": Friedrich Jeannet von Locle, Kanton Neuenburg. In dem Stich „Einheit": Kaspar Schmidt von Zürich; „Eintracht": Georg Danel von Meinier, Genf; „Freiheit": Johann Heusenberger von Neßlau, Kanton St. Gallen; „Brüderlichkeit": Adolf Larne von Carouge, Kanton Genf; „Friede": Ambros Solbrig in Genf. Die meisten Kehrnummern — 414 — schoß Ludwig Nourisson von Genf. Die Anzahl der gethanenen Schüsse betrug in den Kehrscheiben 335,190; in den 7 Stichscheiben 19,230; in der „Hoffnung" 10,360 und in den Punktscheiben 6920.

Das jugendliche Emporblühen Genf's unter der thatkräftigen Leitung J. Fazy's, die feurige Begeisterung seiner Bürger für die höchsten Zielpunkte des Freistaates für Volksherrschaft, Bildung, Eintracht, Einigkeit, Freiheit und Brüderlichkeit; die französische Lebhaftigkeit und herzliche Freundlichkeit fesselten die deutschen Eidgenossen so, daß sie sich nur nach schwerem Kampfe von der bräutlich geschmückten Feststadt trennten, welche die sich gestellte Aufgabe eines eidgenössischen Bruderfestes in glänzender Weise würdig gelöst hatte.

Sechszehntes eidgenössisches Schützenfest in Luzern,
vom 3. bis 10. Juli 1853.

> Tell's Geist wird treu umschweben die Feier zu Luzern,
> Wo jubelnd sich versammelt des Schweizervolkes Kern,
> Und Lieb' und Freundschaft gebet mit Freiheit Hand in Hand:
> Das ist des Festes Weihe! Heil dir, o Vaterland!

Bereits am Schützenfeste in Aarau im Jahr 1849 war Luzern mit Genf und Zürich in die Reihe der Mitbewerber um das nächste eidgenössische Schützenfest getreten, aber die vom Stande Zürich auf das Jahr 1851 beabsichtigte Jubelfeier seines fünfhundertjährigen Eintrittes in den Bund der Eidgenossen bewogen es von der fernern Mitbewerbung abzustehen. Das Loos hatte hierauf für Genf entschieden. Nun war sodann wieder St. Gallen mit Luzern in den Wettstreit getreten, ist jedoch auf Zuschriften des letztern Standes und des Centralkomité's von Genf großmüthig von der Mitbewerbung abgestanden, „damit im Herzen der Schweiz am Fuße des Pilatus, da wo vor wenig Jahren Eidgenossen sich feindlich gegenüber gestanden, selbe sich wieder im traulichen Kreise sammeln, sich herzlich begrüßen, in Liebe und Eintracht die Hände reichen und die Kunst des Scharfschießens, so Gott will, nie mehr gegen sich selbst, sondern einzig gegen den äußern Feind üben." Das neue Centralkomité wurde folgendermaßen bestellt: Regierungsrath Isaak als Präsident; Niklaus Rietschi als Seckelmeister; und Kriminalgerichtspräsident Bonmatt als Schreiber. Sodann als fernere Mitglieder: Stadtrath Winkler; Stadtrath Salzmann; Schützenrath Wallis; Schützenmeister Boller; Stadtrath Degen und Regierungsrath Billiger.

Wie das erste eidgenössische Schützenfest in Luzern im Jahr 1832, so war auch das zweite vom Jahr 1853 in eine Zeit der Verwirrung und äußerer Bedrohung von Seiten Oesterreichs, des alten Erbfeindes, gefallen. Dasselbe hatte wegen nichtiger Gründe mitten in harter Winterkälte 6000 Tessiner aus der Lombardei ausgewiesen, und die Mißhelligkeiten über diese Grausamkeit zwischen dem mächtigen Nachbarstaat und der Schweiz drohten zur Waffen=

gewalt zu führen. Trotz der großen Kosten, welche die Unterhaltung der Vertriebenen der Eidgenossenschaft auferlegte, hatte die Einladung des festleitenden Komité's zur Unterstützung des eidgenössischen Bruder- und Versöhnungsfestes bei den Schweizern in der Fremde wie in der Heimat, bei Behörden, Korporationen, Gesellschaften und einzelnen Bürgern den besten Erfolg. In kurzer Zeit waren die 1500 Aktien zu 100 Fr. gezeichnet. 171 Ehrengaben im Werthe von 38,953 Fr. 55 Rp. wurden zusammengelegt, darunter als erste Gabe in der Stichscheibe „Vaterland" von den Schweizern in Kalifornien an Gold 2625 Fr. Der Gesammtbetrag aller Gaben belief sich auf 150,000 Fr.

Der Schießplan stellte neben der Scheibe „Vaterland" noch acht Stichscheiben auf mit den Namen folgender ruhmvoller Schweizerschlachten: Morgarten, Laupen, Sempach, Näfels, Stoß, St. Jakob, Murten, Dornach. Der Gabensatz der eidgenössischen Scheibe betrug 27,529 Fr. in 372 Gaben, davon die erste: Goldstaub der Schweizer in Kalifornien im Werth von 2500 Fr., die letzte von 10 Fr.; die der acht andern Stichscheiben je 6700 Fr., zusammen 53,600 Fr., mit je 200 Gaben, davon die erste 300 Fr., die letzte 20 Fr. Die Kehrscheibe war mit 6600 Fr. ausgestattet in 500 Gaben, davon die erste 200 Fr., die letzte 5 Fr. betrug.

Die Prämie für alle sieben Stichnummern betrug 200 Fr.; ebenso diejenige für die meisten Kehrnummern während allen Tagen. Der Doppel in alle neun Stichscheiben betrug 40 Fr., die Kehrmarke kostete 30 Rp. Es waren auch drei Punktscheiben für Feldstutzer aufgestellt mit Doppel von 5 Fr. Neben den neun Stichen und drei Punktscheiben waren 47 Kehrscheiben errichtet. Die Schußweite betrug 550 Fuß.

Der Festplatz war der vom Jahr 1832. Ein hoher Festbogen in gothischem Styl, mit den Standbildern Winkelried's und Gundoldingen's geschmückt, führte zu demselben. In der Mitte des Festplatzes stund der Gabentempel und die Fahnenburg. Den erstern bildete ein achteckiger Saal mit hohen Gabenfenstern, zu dem man auf neun Stufen hinanstieg. Ueber seinem mit Verzierungen von durchbrochener Arbeit geschmückten Dache erhob sich auf acht Säulen in einer Höhe von 56 Fuß der Söller der Burg, mit sechs hübschen Eckthürmen bewehrt, von denen eidgenössische Flaggen flatterten. Die Brüstung war mit den Wappenschilden der 22 Kantone bemalt. Auf einem 96 Fuß hohen Baume, der aus der Tiefe der Fahnenburg zum Himmel strebte, wehte hoch erhaben die eidgenössische Fahne. Als Seitenstück zum Gabentempel erhob sich zwischen Schießstand und Gabenhütte ein hoher Mast mit der Luzerner Flagge, den ein Bogengang umgab. Das war der Stammbaum der eidgenössischen Schützenfeste, da die Namen der bisherigen Festorte mit der Jahrzahl sich rings um denselben schlangen. Die Festhütte links war sehr einfach aber hell und bequem, 268 Fuß lang, 102 Fuß breit und 46½ Fuß hoch mit 2600 Sitzplätzen an 56 Tischen. In der Mitte befand sich die Musik- und Rednerbühne. Der Schießstand rechts war 494 Fuß lang, 40 Fuß breit und 27 Fuß hoch und hatte 742 Ladeplätze. Ueber dem Mittelbau erhob sich eine Terrasse mit wundervoller Aussicht auf die Stadt, den See und den Kranz der Berge.

Die eidgenössische Schützenfahne hatte ihre weite Reise durch das Berner Oberland und über den Brünig eingeschlagen und zum erstenmal den Boden von Unterwalden betreten, wo sie von Behörden und Volk herzlich begrüßt wurde. Bei herrlicher Witterung und unter dem Donner der Kanonen hielt das Symbol schweizerischer Einigkeit den feierlichen Einzug in die neue bräutlich geschmückte Feststadt. Die schönste Witterung dauerte die ganze Festwoche an und verklärte das schöne Fest. Sonntag den 3. Juli bewegte sich der Festzug vom Schweizerhof durch die reich geschmückten Straßen der Stadt nach dem Festplatz zur feierlichen Fahnenübergabe. Nach derselben rückten die Schwyzer ein. Bei der Tafel traten als Redner auf: Schützenpräsident Isaak von Luzern, Kaspar Breitmayer von Genf und Prof. Dr. Schild von Luzern.

Am Nachmittag erschienen Uri und Wädenschweil. Am ersten Tag flatterten bereits 37 Gesellschaftsfahnen rings um die Mutterfahne. Im Schießstand wurden für 8 Nummern 23 Festthaler, für 16 Nummern für 15 Fr. und 10 Becher für 25 Nummern gewonnen. Sechs Stichnummern schossen zwei, fünf dagegen sieben Schützen.

Doppel wurden 120, Kehrscheibenmarken 22,356 gelöst; Speisekarten 1100.

Am Montag zogen zuerst die Glarner ein; sodann die Schützen des Amtes Entlebuch; die Berner mit ihrer Kantonalfahne; die Aargauer und Freiburger. Abschied nahm die Schützenfahne von Uri und die Feuerschützengesellschaft von Basel. Beim Festessen sprachen: Regierungsrath Billiger; Nationalrath Ringier von Lenzburg und Tourte. 53 Fahnen flatterten auf der Fahnenburg. Stichscheibendoppel wurden gelöst 292, in der Feldscheibe 170; Kehrmarken 38,293. Festthaler mit 8 Nummern wurden herausgeschossen 57; 15 Nummern schossen 48 Schützen; und Nummernbecher mit 25 Nummern 29.

Am Dienstag kamen zuerst die Fahne der Stadt Solothurn und von Längendorf; nach ihnen das Panner von Unterwalden, ein Helmimann in alter Schweizertracht, mit dem Heerhorn auf der Schulter, dessen Klang zur Freude nach dem warmen Gruß und Gegengruß ertönte. Bei der Mittagtafel sprachen: Dr. Häller in Luzern; Pfarrer Knapp von Mumpf; Statthalter Obermatt von Unterwalden.

Nachmittags rückten ein die Kantonalfahnen von Zürich, Waadt, Obwalden, Baselland; die Schützenfahnen von Willisau, Oberstraß, Stadt Bern, Brienz und Interlaken. Abschied nahmen die Fahnen von Solothurn, Längendorf und Winterthur, Aarau, Lenzburg, Mumpf, Reinach und Zofingen, Unterwalden und Glarus.

Am vierten Tag wurden Stichdoppel gelöst 310; in der Feldscheibe 195 und Kehrscheibenmarken 33,105. Alle 8 Stichnummern schossen 3 Schützen; Festthaler 42; Prämien für 15 Nummern 29; Becher 19. Als Sprecher traten beim Festessen auf: Seminardirektor Dula; Notar Kerber von Murten; Großrath Küttel von Wäggis; Professor Pfister von Luzern.

Am Donnerstag den 7. Juli erreichte das Fest den höchsten Glanzpunkt. Es kamen an: die Kantonalfahnen von Thurgau, Appenzell A.-Rh., Graubünden, Neuenburg, St. Gallen, Tessin und Wallis; zwei Schützenfahnen des Suhrenthales und die von Sursee; des Wiggerthales und von Willisau.

Den Glanzpunkt des Tages bildete nach dem Mittagmahl der Einzug des Sternenpanners von Amerika, dem ein begeisterter Empfang zu Theil wurde. Bei der Tafel sprachen: Dr. Kasimir Pfyffer; Präsident Isaak; Dr. Kaiser von Zug. 2200 frohe Festgenossen saßen an den Tischen. An der Schützengemeinde verlangten die Feldschützen obligatorische Aufstellung von Feldscheiben auf verschiedene Schußweite; die Standschützen dagegen wollten sich nicht durch neue Einrichtungen beengen und an einem Institute rütteln lassen, das so gute Früchte getragen habe. Die Angelegenheit wurde als noch nicht spruchreif zum Untersuch und Gutachten an das Centralkomité gewiesen. In den Stichscheiben haben gedoppelt 434 und in der Feldscheibe 286 Schützen; Kehrscheibenmarken wurden gekauft 32,431.

Alle 9 Stichnummern schossen 2 Schützen; 8 Nummern 6; 7 Nummern 25; 5 Nummern 48. Festthaler in den Kehrscheiben haben erhalten 42 Schützen; Prämien zu 15 Fr. 31; Nummernbecher 37.

Am Freitag schieden Appenzell A.-Rh., Bern, Freiburg, St. Gallen, Graubünden, Neuenburg, Thurgau und Wallis. Bei der Mittagtafel sprachen: Dr. Kasimir Pfyffer, Bundesrath Drüey. An diesem Tage wurden Stichdoppel gelöst 385, in der Feldscheibe 293; Kehrmarken 31,299. Alle Nummern im Stich schoß 1 Schütze; 8 dagegen 7 Schützen; 7 Nummern 16; 6 Nummern 28 und 5 Nummern 55. Festthaler 56; Prämien zu 15 Fr. 35; Becher 22.

Am Samstag den 9. Juli wurde der Schlachttag von Sempach gefeiert. Die Kadetten der Centralanstalt holten zu diesem Zwecke die Siegestrophäen von Sempach im Zeughaus ab, und brachten sie in die Festhütte, wo sie von der Bühne dem Volke gezeigt wurden. Darauf folgte die Vorlesung der Schlachtbeschreibung von Johannes Müller durch Seminardirektor Dula und hielt der Schultheiß, M. Knüsel, die Festrede, die in weihevollem Schwunge in dem Spruche an der Rednerbühne „Wort und That dem Vaterland" das Geheimniß der Heldengröße der Väter und die erste und heiligste Pflicht ihrer Nachkommen nachwies. Nach ihm sprachen: Dula, Staatsanwalt Dubs von Zürich, Dr. Häller, Dr. Schild und Regierungsrath H. Billiger. An diesem Tage schossen alle 9 Stichnummern 2 Schützen; 8 Nummern 9; 7 Nummern 9; 6 Nummern 55. Festthaler wurden herausgeschossen 39; 15 Nummern 33; Nummernbecher 38. Stichdoppel wurden gelöst 331, Felddoppel 257; Kehrmarken 24,594.

Am 8. Festtag, Sonntag den 10. Juli, strömte nach glücklich vollbrachter Heuernte das Landvolk in einer wahren Völkerwanderung herbei und mit ihm ein Gewitterregen vom Pilatus her. Beim letzten Mahle sprachen noch Dr. Kasimir Pfyffer, Präsident Isaak, Regierungsrath Billiger. 1300 Personen saßen an der Tafel.

Stichdoppel wurden noch gelöst 163; Felddoppel 154; Kehrmarken 11,081. 8 Stichnummern schossen 5 Schützen; 7 Nummern 31; 5 Nummern 43. Festthaler 34; Prämien für 15 Nummern 19 und Nummernbecher 23.

Montag den 11. Juli erfolgte die feierliche Preisvertheilung. Die erste Gabe im „Vaterland" erhielt Siegrist Meienberg von Menzingen, Kanton Zug. In der Scheibe „Morgarten": Sattler Jakob Suter von Bern. „Laupen": Architekt Hochstetter von Freiburg. „Sempach": Martin Dimier in Genf; „Näfels": Baltasar Ott, Wirth in Meiringen. „Stoß": Jakob Guggenbühl von Meilen. „St. Jakob": Johann Wunderli von Meilen. „Murten": Scharfschützenlieutenant Suter von Sissach (Baselland). „Dornach": Kaspar Dorer von Baden (Aargau).

Kehrscheibe: Gerichtspräsident Rudolf Riggenbach von Arlesheim (Baselland). Schützenkönig mit den meisten Kehrnummern — 323 — wurde Joh. Staub von Wädenschweil. Lord Vernon aus England hatte sich auch an diesem Feste wieder getreulich mit einer Ehrengabe von 200 Fr. für die zweitkürzeste Linie eingefunden, welche J. J. Bänziger von Wald mit 5652 Theilern gewann. Die kürzeste Linie in den Stichnummern mit 4764 Theilern schoß J. Dürsteler von Wädenschweil. Er erhielt als Prämie ein geschichtliches Gemälde von Kunstmaler Bütler in Luzern: der Bundesschwur der Eidgenossen mit Zürich, im Werth von 1000 Fr. In der Feldscheibe wurden 26,479 Punkte geschossen;

davon die meisten — 52 — Samuel Bänziger von Wald (Kanton Appenzell).

Der Gesammtdoppel im Stand war 2299; im Feld 1581; verkaufte Kehrmarken 224,424. Alle Stichnummern gewannen 9 Schützen; 8 Nummern 36; 7 Nummern 79; 6 Nummern 161; 5 Nummern 295. Festthaler 340; Prämien für 15 Nummern 230; Nummernbecher 221.

An dem Feste waren alle Kantone außer Schaffhausen vertreten. Ohne Unfall oder irgend welche Störung verlief dasselbe vom Wetter begünstigt in hoher, vaterländischer Begeisterung, herzlicher Gemüthlichkeit und im frohen Gefühle brüderlicher Eintracht und Zusammengehörigkeit. Es war in der That zum Versöhnungsfeste der politischen Parteien unter der einen und gemeinsamen eidgenössischen Fahne, dem Symbol aufrichtiger Vaterlandsliebe geworden. Das war auf dem Boden, wo vor kaum sechs Jahren die gleichen Männer in Waffen gegenüber standen, eine höchst bedeutungsvolle Zeiterscheinung von nachhaltiger Wirkung. Die Liebe zum Vaterlande, die in jedem treuen Schweizerherzen flammt, hatte in der Festwoche neue Nahrung und Weihe erhalten. Das schweizerische Nationalgefühl fand sich gehoben durch den Anblick der Siegestrophäen der Väter, durch das Mahnwort der Wägsten und Besten der Zeitgenossen zur republikanischen Tugend. So wurde das eidgenössische Schützenfest in Luzern, wie alle seine Vorgänger, zu einer lebensvollen Schule schweizerischen Gemeinsinnes als Vereinigungspunkt der Bevölkerungen aller 22 Kantone. Der neue Schweizerbund, der durch die Feuerrede Siblers vor 21 Jahren zuerst als Nothwendigkeit dem Schweizervolke an's Herz gelegt worden, fand hier im schweizerischen Volksgeiste seine Verherrlichung. Die guten Saaten, die während des Festes ausgestreut worden, mögen auf verschiedenes Erdreich gefallen sein, aber für das gemeinsame Vaterland haben sie hundertfältige Früchte gebracht.

Siebenzehntes eidgenössisches Schützenfest in Solothurn,
vom 1. bis 8. Juli 1855.

> Das eidgenössische Schützenfest hat die Bedeutung einer freiwilligen Landsgemeinde, an der sich alle zwei Jahre der Kern der Schweizernation versammelt. Sie trägt das Gepräge ihrer Zeit und wird in bewegten Tagen sich anders kundgeben, als in friedlichen; ja das drängendste Gefühl kommt zum Durchbruch und beherrscht die untergeordneten. Wer der vorherrschenden Stimmung Ausdruck zu geben weiß, der ist der Sprecher des Tages, während abgenutzte Phrasen taube Ohren finden und höchstens auf Nachsicht Anspruch machen können.
> „Festbülletin."

In den Centralausschuß des neuen Festortes waren gewählt worden: Staatsschreiber Lack als Präsident; Banquier Franz Brunner als Seckelmeister, J. B. Kiefer als Schreiber. Sodann als weitere Mitglieder: Präsident Fr. Schenker, Vize-Präsident; Gemeinderath Suri; Schützenmeister Kiefer; Regierungsrath Mollet; Regierungsrath Bigier; Amtsschreiber Altermatt; Verwaltungsrath Peter und Regierungsrath Fröhlicher. Diese wackern Eidgenossen gingen mit aller Umsicht und Thatkraft an die Lösung ihrer Aufgabe. Ihrer Einladung folgten auch dieses Mal reiche Ehrengaben, die die hübsche Summe von 29,500 Fr. erreichten. Der Gesammtbetrag des Schießplans belief sich auf 102,500 Fr. Die sechs Stichscheiben neben dem „Vaterland" hießen: Muth; Macht; Kraft; Sieg; Ehre; Friede. Das „Vaterland" umfaßte in 287 Gaben die Summe von 17,670 Fr. Davon die erste als Ehrengabe der Schweizer in Kalifornien 1500 Fr. Die letzte 20 Fr.

Jede der andern Stichscheiben enthielt in 160 Gaben 4000 Fr.; davon die erste 200, die letzte 15 Fr. Die Kehrscheibe umfaßte in 300 Gaben 5000 Fr.; davon die erste 200, die letzte 5 Fr.

Alle sieben Stichnummern erhielten eine Prämie von 100 Fr.; die meisten Kehrnummern in allen Tagen 300 Fr.; die ersten acht Nummern einen Festthaler, 16 Nummern 10 Fr. und 25 Nummern einen silbernen Becher oder eine goldene Uhr im Werth von 100 Fr.

Die Stichfeldscheibe umfaßte in 130 Gaben 4000 Fr.; die Feldkehrscheibe mit Prämien 4750 Fr. Neben den 8 Stichscheiben waren

53 Kehrscheiben aufgestellt und zwar die Standscheiben auf eine Entfernung von 540 Fuß, die Feldscheibe auf eine von 1000 Fuß. Der Doppel im Stich betrug 32 Fr.; die Kehrmarke 30 Rp. Im Feldstich 8 Fr. für 3 Schüsse und im Feldkehr 40 Rp. für die Marke. In letzterer wurden nach Abzug von 25 % für die Kosten sämmtliche Punkte gleich vertheilt. Die meisten Nummern mit den meisten Punkten bestimmten die Reihenfolge der Prämien und Gabengewinner.

Mit dem Schützenfeste war zugleich eine kantonale Industrieausstellung verbunden worden.

Der Festplatz war derjenige wie vor 15 Jahren und die Festbauten waren einfach aber gut eingerichtet, ohne überflüssigen Aufwand.

Samstag den 30 Juni Abends hielt unter Donner und Blitz die eidgenössische Schützenfahne im Begleit von vielen Töchterfahnen und dem amerikanischen Sternenpanner ihren Einzug in die geschmückte Feststadt, schon an der Kantonsgrenze von Abgeordneten des festleitenden Ausschusses begrüßt.

Sonntag den 1. Juli hatte der Himmel sich aufgehellt. Vom Kreuzacker setzte sich 10 Uhr Morgens der Festzug nach dem Schießplatz in Bewegung und fand daselbst die Feier der Fahnenübergabe unter warmem Gruß und Gegengruß statt. Nach derselben übergab Rathsherr Minder die Fahne der Stadt Basel mit wehmüthiger Erinnerung an Munzinger. Bei der Tafel sprachen: Ständerath Schenker, Dr. Dula, des heimgegangenen Isaak gedenkend, Dr. Kasimir Pfyffer, Nationalrath Fuog, Bundeslandammann Broji von Graubünden, Ständerath Blumer, Nationalrath Trog.

Im Schießstand von 1 Uhr an wohlgenährtes Rottenfeuer mit 40 Schüssen auf die Minute. Einzug der Berner Kantonalfahne mit 100 Schützen. Schon den ersten Nachmittag wurden sieben Becher herausgeschossen, und hatte J. Staub von Wädenschweil 133 Feldkehrnummern mit 308 Punkten herausgeschossen.

Am Montag den 2. Juli rückten zuerst die Neuenburger ein; ihnen folgte Winterthur. Bei der Tafel sprachen: Nationalrath Mathey von Neuenburg, Hr. Lombard von Genf,

Meyer von Basel und Kommandant Philippin. Abends Feuerwerk auf dem Weißenstein. Nummernbecher wurden 25 herausgeschossen; Prämien für 16 Nummern erhielten 27 Schützen; für 8 Nummern 42. 17 Fahnen wehten auf der Fahnenburg.

Am Dienstag Aufhellung des Himmels nach regnerischem Morgen. Von der Rednerbühne sprachen: Dr. Bertschinger von Winterthur, Präsident Lack, der katholische Pfarrer Fuchs von Stühlingen und der protestantische Pfarrer Ziegler vom Bucheggberg, der katholische Pfarrer Boßard von Günsberg und der protestantische Pfarrer Dähler von Murten; endlich Nationalrath Mathey, dem vaterländisch gesinnten Glarus sein Hoch bringend. Nummernbecher wurden 40 herausgeschossen; 16 Nummern schossen 51; 8 Nummern 66 Schützen.

Am Mittwoch bei schönstem Wetter Ankunft der Zürcher Kantonalfahne; sodann zum erstenmal die Feldschützenfahne der Ostschweiz und die Kantonalfahne von Waadt mit der Trauer um Drüey, und die vom Kanton Aargau. Sodann die Gesellschaftsfahnen der Städte Schaffhausen, Lenzburg und Chur. Abschied nahmen Stadt Basel und Bözingen. Sprecher bei der Mittagtafel waren: Banquier Brunner, Dula, Präsident Körber von Murten, Staatsrath Bourgois von Waadt. Nummernbecher schossen 28 Schützen; Prämien für 16 Nummern 27; für 8 Nummern 146.

Am Donnerstag: Ankunft der „Schwebelhüetli" in schönster Auswahl; sodann der Appenzeller, St. Galler, Basellländler, der Schützen von Büron und Langenthal. Abschied der Berner. Lebhafte Verhandlungen der Schützengemeinde und Wahl einer Fünfzehnerkommission, um zu untersuchen, ob zur Erhaltung der Einigkeit unter den Schützen eine Abänderung der Statuten nothwendig sei. Bei der Mittagtafel sprachen: Schenker, Oberst Jecker, Präsident Winkler, Regierungsrath Fröhlicher, Pfarrer Fels von Grandson, H. Bachelard von Vivis, bei Anwesenheit von 2000 Personen. Becher schossen 26 Schützen; Prämien für 16 Nummern 27; für 8 Nummern 38 Schützen.

Am Freitag Einrücken der Genfer und Freiburger. Abschied der Zürcher. Sprecher bei der Tafel: Felber, Ch. Dentan von Lutry, Cambassez von Genf, Stehlin von Zürich, Ständerath Salis von Bünden, Schützenmeister Imboden von Bern. Abends Abschied der Schützen der Stadt Bern, Biel, eine wackere Schützin, Bäbeli Glauser, die ihre Nummer im Kehr geschossen, mit ihnen. Abends Stelldichein der Studirenden im Jahrzehent von 1840 bis 1850, unter ihnen der nordamerikanische Konsul Lee von Basel.

Samstag Ankunft der Walliser und Tessiner; Abschied der Bündner und Genfer. Bei der Mittagtafel Anwesenheit von mehr als zwanzig Mitgliedern der Bundesversammlung. Schenker begrüßte den heutigen Jahrestag des Bundesschwures in Stanz. Ständerath Kern ehrte das Andenken der beiden verstorbenen Mitkämpfer Munzinger und Reinert. Nach ihm sprachen Ständerath Ramelli von Tessin, Konsul Lee, Nationalrath Mathey, der König der Rednerbühne, Dula und Oberst Bernold. Abschied nahmen: Genf, Graubünden, Baselland und Schaffhausen. Nummernbecher schossen 16 Schützen; 16 Nummern 23; 8 Nummern 29.

Am Sonntag sprachen bei der Mittagtafel: Stadtammann Bünzli, Nationalrath Barmann, Dr. Jos. Schild von Grenchen, Ständerath Hermann von Obwalden, Nationalrath Trog (den Schweizern im Ausland), Dr. Kasimir Pfyffer, Ständerath G. von Salis. Abends Feuerwerk auf dem Festplatz.

Montags den 9. Juli feierliche Preisvertheilung. Die erste Gabe im „Vaterland" mit 15 Theilern gewann F. L. Corbay von Oron, Waadt. „Muth": Chr. Matti von Bern mit 25 Theilern. „Macht": H. Bogler, Landwirth, von Unter-Engstringen mit 42 Theilern. „Kraft": Schlosser Suter von Sissach mit 13 Theilern. „Sieg": Kaufmann A. Conce von Genf mit 22 Theilern. „Ehre": Fabrikant Ottiker von Männedorf mit 33 Theilern. „Friede": Schreiner Samuel Bänziger von Wald mit 21 Theilern. Im Kehr hatten runde Zweckschüsse J. Hilty von Werdenberg, Kanton St. Gallen; Remigi Heß von Stanz; A. Christen von Wolfenschießen und H. Lang von Neuenburg. Die meisten Kehrnummern in allen Tagen — 189 — schoß J. Staub von Wädenschweil. Im Feldstich gewann die erste

Gabe mit 29 Theilern J. P. Weiß, Kurwirth auf Felsenegg, Kanton Zug. Im Feldkehr hatte J. Staub von Wädenschweil mit 1556 Punkten 837 Nummern geschossen. Stichscheibendoppel wurden gelöst 1537; Feldstichdoppel 691; Standkehrmarken 197,130; Feldkehrmarken 24,915. Im „Vaterland" wurden 642 Nummern geschossen; in den 6 übrigen Stichen 3690; im Standkehr 9805; im Feldkehr 8672.

Auch dieses höchst gemüthliche Verbrüderungsfest ist ohne Mißfall, trotz Störung eines gewaltigen Gewittersturmes am 8. Juli, in gelungener Weise glücklich abgelaufen. Die Kunst des Scharfschießens hatte während der Festwoche einen erfreulichen Fortschritt an den Tag gelegt, und mit ihm auch das Gefühl bundesbrüderlicher Zusammengehörigkeit. Die Festwoche in Solothurn hat ein lichtes Blatt in die Geschichte der kleinen, aber selbstbewußten Schweizernation gezeichnet, das wohl werth ist, im Andenken kommender Geschlechter als ein Lichtpunkt in der Zeitgeschichte fortzuleben.

Achtzehntes eidgenössisches Schützenfest in Bern,
vom 5. bis 15. Juli 1857.

> Das eidgenössische Schützenfest ist „das hohe Lied" des Schweizervolkes, es ist der Meistergesang, den es seiner auf ewig angetrauten Braut, der Freiheit, dichtet. Es ist der poetische Erguß desselben, der idealisirte Ausdruck seiner Gefühle, seines Strebens, seines Ringens. In diesem hohen Liede mischen sich ernste und heitere Töne zur hinreißenden Melodie zusammen. Das Volk führt sich darin die Ereignisse, die es seit dem letzten Fest durchlebt, noch einmal vor die Seele; es feiert das Andenken seiner Vorkämpfer, die es bei frühern Feierlichkeiten begeistert hatten und die jetzt die vaterländische Erde deckt; es freut sich des Glückes der Gegenwart, der bewahrten Freiheit und Unabhängigkeit; es gelobt sich Eintracht und standhafte Treue für alle Wechselfälle, welche die Zukunft bringen mag, und vor Allem ehrt es die weittreffende Waffe und die sichern Schützen, die einen Grundpfeiler seiner Kraft, seines Selbstvertrauens, seines Stolzes bilden. Jedes eidgenössische Freischießen ist eine Selbstschau des Schweizervolkes, eine Prüfung, die es anstellt über seine eigene Gesinnung, seine Handlungsweise, seine Geschichte.
>
> „Bund".

Schwerbewegte Zeitverhältnisse waren diesem Schützenfeste voran gegangen. Der im Herbste mißglückte Royalistenaufstand im Kanton

Neuenburg hatte ernste Mißhelligkeiten zwischen Preußen und der Schweiz herbeigeführt, welche sich den Winter über zur drohenden Kriegsgefahr steigerten. Dieselbe hatte aber eine begeisterte Erhebung des Schweizervolkes, besonders der Schützen wach gerufen, wie sie unser Vaterland seit den ruhmvollen Burgunderkriegen nicht mehr gesehen hatte. Durch Vermittlung Napoleons III. wurde die Gefahr glücklich abgewendet und kam ein ehrenvoller Friede zu Stande, welcher die völlige Unabhängigkeit Neuenburgs herbeiführte. Unter solchen erfreulichen Zeitverhältnissen, welche einen lichtvollen Hintergrund bildeten, kam das eidgenössische Schützenfest in Bern heran. Die Leitung desselben als Centralausschuß war folgenden Bürgern anvertraut: Oberst Kurz als Präsident, Regierungspräsident Migy, Stellvertreter, Oberst Gerwer als Seckelmeister und Alt-Staatsschreiber Hünerwadel als Schreiber. Als weitere Mitglieder: Regierungsrath Schenk, Theodor von Hallwyl, Fürsprech Niggeler, Adjunkt Henzi und Dr. Stanz.

Die eingegangenen Ehrengaben betrugen 65,000 Fr.; der ganze Schießplan umfaßte 177,000 Fr.

Die acht Stichscheiben hießen: Wissenschaft, Kunst, Handel, Vaterland, Industrie, Weinbau, Ackerbau, Alpenwirthschaft; der Feldstich: „Liebe zur Heimat". Die Stichscheibe „Vaterland" umfaßte in 581 Gaben den Betrag von 37,646 Fr.; jede der andern Stichscheiben in 238 Gaben je 8200 Fr.; die Feldstichscheibe in 182 Gaben 5190 Fr.; die Kehrscheibe 10,450 Fr. Im Ganzen waren 68 Scheiben aufgestellt. Mit dem Schützenfeste hatte Bern gleichzeitig eine landwirthschaftliche, Gewerbe-, Industrie- und Kunstausstellung verbunden und so dem Feste eine erhöhte Bedeutung verschafft. Nicht nur die Hauptstadt, sondern jedes Dorf an den Heerstraßen der Schützen hatte sich in Festschmuck geworfen mit Ehrenbogen, Inschriften, Fahnen und Flaggen, die zum Nationalfeste wallenden Eidgenossen würdig zu empfangen. Alle Kantone hatten sich dazu eingefunden. Mit ihnen zahlreiche Abordnungen der drei alten Hansestädte Bremen, Hamburg und Lübeck. Das Fest war meistens von guter Witterung begünstigt.

Der Festplatz war, wie vor 27 Jahren, der schön gelegene in der Enge mit wundervoller Aussicht auf die eisumglänzte Alpenkette des Berner Oberlandes, Eiger, Mönch und Jungfrau mit allen ihren riesigen Geschwistern. Die Festgebäude überraschten durch Größe und Zierlichkeit ihrer Bauart. Die Festhalle war 421½ Fuß lang, 113½ Fuß breit und 65½ Fuß hoch und bot Raum für 4000 Personen. Der Schießstand war 550 Fuß lang und 60 Fuß breit. Die Höhe des Mittelbaues betrug bis zur First 75 Fuß. Der Gabentempel war sehr geschmackvoll in Berner Oberländer-Style ausgeführt und stund am obern Ende des Festplatzes zwischen Speisehütte und Schießstand.

Samstag den 4. Juli, Abends 4 Uhr, hielt die eidgenössische Schützenfahne ihren feierlichen Einzug in die Bundesstadt. Den nächsten schönen Sonntagmorgen bewegte sich von der Plattform der Festzug mit 37 Fahnen und 8 Feldmusiken, 2000 Mann stark, durch die geschmückten Straßen der Feststadt auf den Schützenplatz, wo mit vaterländischen Reden die Fahnenübergabe stattfand. Inmitten der Schweizer schritten mit republikanischem Stolze und in strammer Haltung die Abordnungen der hanseatischen Städte einher. Die Bremer überbrachten dem eidgenössischen Schützenverein eine gewaltige weißrothe Flagge als Geschenk. Bei der ersten Mittagstafel sprachen: Oberst Kurz von Bern und Regierungsrath Schenker von Solothurn. Im Schießstand hatten in Zeit von zwei Stunden der junge Schütze Rudolf Groß von Mönchaltdorf, Kanton Zürich, den ersten Nummernbecher herausgeschossen, eine halbe Stunde später der Burger Eduard Bovet von Fleurier, Kanton Neuenburg, und Knuti, Sohn, von Basel. Der Schütze Staub hatte im Feldkehr am genannten Sonntag Abend 800 Nummern errungen. Am Montag rückten die Neuenburger ein, 14=—1500 Mann, mit begeistertem Jubel als schweizerischer Benjamin empfangen. Bei der Tafel war die französische Sprache die vorherrschende; es sprachen Jurist Jolissaint, Nationalrath Lack, Advokat Lambelet von Neuenburg. Am Nachmittag zogen ein: Schaffhausen, Bremen, Winterthur, die Schweizer aus London und Paris. Am Dienstag: die Amtsschützengesellschaft Fraubrunnen, Niedersimmenthal, die Kantonalfahne von Freiburg. Abschied nahmen Bremen und Hamburg. Am Mittwoch rückten Graubünden und die Urkantone ein, sodann die Schützen des Oberaargau's, 400 Mann stark und mit ihnen die schmucken Töchter desselben, sowie des Emmenthales. Bei der Tafel sprachen: Oberst Kurz, Bundespräsident Fornerod, Nationalrath Fuog, Ständerath Latour, Professor Daguet von Freiburg und Turnlehrer Niggeler von La Chaux-de-Fonds. Nachmittags Ankunft der Zürcher, Tessiner, Luzerner. Abschied der Schweizer aus London und Paris. Am Donnerstag Einzug der Glarner, St. Galler, Appenzeller, Genfer, Baselländler, Aargauer. Bei der Tafel sprach zuerst Dr. Kern, unter tausendstimmigem Jubelruf, sodann Regierungsrath Schenk, Dr. Steiger von Luzern, Landammann Sidler. Abschied nahmen Uri, Graubünden und Neuenburg. Am Freitag sprach bei der Mittagstafel Hr. Carteret von Genf. Ankunft der Zuger. Am Samstag Regen. Ankunft der Walliser; Abreise der Glarner. Sprecher bei der Tafel: Dr. Munzinger, Dr. Kasimir Pfyffer. Der berühmte Sänger Mengis aus dem Wallis, der in Australien und Kalifornien hoch gefeiert worden, trug ein Vaterlandslied vor. Am Sonntag Feldgottesdienst, abgehalten von Hrn. Pfarrer Güder. Am Montag sprachen: R. R. Karlen, Schenker, Dr. Schneider, Pfarrer Fuchs von Solothurn. Abschied nahmen Schwyz, Baselstadt und Waadt. Am Dienstag hat der 17-jährige Feldschütze Bühlmann von Thun mit 300 Kehrnummern einen Becher herausgeschossen. Bei der Tafel sprachen: Imboden, Carteret, Schenker und Großrath Michel und sang Mengis zwei Lieder.

Die St. Galler Schützen hatten Hrn. R. R. Schenk, dem während der Festzeit ein Sohn geboren, die Pathenstelle angeboten, die derselbe bereitwillig angenommen hat. Bei der feierlichen Preisvertheilung erhielten die ersten Gaben: In der Scheibe „Vaterland": Tschanz, Schützenhauptmann, von La Chaux-de-Fonds (13 Theiler). Stichscheibe „Wissenschaft": Siegfried-Sager, Kaufmann in Thalwil (Thlr. 9). „Kunst": Hoffmann, Benedikt, von Muri bei Bern (Thlr. 16). „Handel": Wyser, J. Alb., aus Appenzell (Thlr. 15). „Industrie": Galli, Wilh., von St. Gallen (Thlr. 28). „Ackerbau": Delessert, D., von Moudon, Waadt (Thlr. 5). „Weinbau": Guison, Emil, Kaufmann in

Avenches, Waadt (Thlr. 25). „Alpenwirthschaft": Küng, Georg, Wolfhalden, Appenzell (Thlr. 49). Stichdoppel wurden gelöst 3916; Kehrmarken 348,029; Feldkehrmarken 82,413. Die meisten Nummern im Standkehr hatte Knuti, Sohn, von Basel; im Feldkehr J. Staub von Wädenschweil (1212 mit 1655 Theilern). Alle 7 Stichnummern haben 29 Schützen geschossen; 6 dagegen 94; Nummernbecher für 20 Kehrnummern 236; Stutzer für 25 Nummern haben gewonnen 18. Im Feldkehr haben für 300 Nummern Prämien erhalten 18 Schützen.

Kein Unfall oder Mißton störte das gelungene Verbrüderungsfest. Einen Glanzpunkt desselben bildete die Taufe der frei gewordenen Neuenburger Schützenfahne durch Nationalrath Styger von Schwyz im Namen der Urschweiz, bei der die biedern Eidgenossen Dr. Kern und General Düfour Pathenstelle vertraten und der Sänger Mengis das Wiegenlied sang. Die Feststimmung von Anfang bis an's Ende war eine gehobene treuherziger Zusammengehörigkeit in Freud' und Leid, der Fühlung der höchst gestellten Staatsmänner des Freistaats zur Majestät des Volkes, dessen Urtheil Dr. Kern seine Handlungsweise im Neuenburger Handel vertrauensvoll unterbreitete und dafür mit tausendstimmigem Beifall belohnt wurde. Der Jubel über die gänzliche Befreiung Neuenburg's von Preußen blieb der Grundton des „hohen Liedes der Freiheit" im Schützenfeste von Bern.

Neunzehntes eidgenössisches Schützenfest in Zürich,
vom 3. bis 12. Juli 1859.

> Während hart an den Grenzen drei Völker in blutigen Schlachten um das Prinzip kämpfen, die Sönderung der Nationalitäten zur Verwirklichung zu bringen, finden sich hier dieselben Nationalitäten auf dem Festplatze unter Einem Banner zusammen in Frieden und Freundschaft zu festlichen Spielen. Ihre Einigung beruht auf gegenseitiger Achtung und der Anerkennung der Gleichberechtigung im Bewußtsein einer höhern Einheit, dargestellt in der eidgenössischen Fahne, als Zeichen der schweizerischen Nationalität, für die alle Schweizer als waffengeübtes und einiges Volk mit Gut und Blut einstehen.
>
> Präsident Dr. Dubs.

Schon im Jahr 1851 hatte Zürich, wie wir gesehen haben, sich eifrig um das nächste eidgenössische Schützenfest beworben. Das Loos war ihm aber wiederholt nicht günstig gewesen. Endlich aber war von der Bundesstadt an der Aare die frohe Kunde angelangt, daß die Ehre des nächsten Schützenvorortes dem schweizerischen Athen an der Limmat zu Theil geworden und daß als festleitender Centralausschuß folgende Männer auserkoren seien: Regierungspräsident Dr. Dubs in Zürich als Präsident; Schwarzenbach-Landis von Thalweil als Seckelmeister und Regierungsrath Treichler in Zürich als Schreiber. Sodann als Mitglieder: Regierungsrath Dr. Zehnder in Zürich, Regierungsrath Oberst Benz in Zürich, Baron von Sulzer-Wart in Winterthur, Kantonsrath Dr. Hauser in Außersihl, Oberst von Muralt-Stockar in Zürich und Bezirksgerichtspräsident Stehli in Obfelden.

War das eidgenössische Freischießen in Bern das heitere und fröhliche Tauffest für den schweizerischen Benjamin, das freigewordene Neuenburg, gewesen, so versprachen anfänglich alle Umstände, daß das nächste eidgenössische Schützenfest in Zürich ein nicht minder heiteres sein werde. Allein in unerwarteter Weise hatte sich rasch bei der schweigsamen Politik des Kaisers der Franzosen der politische Horizont von Europa auf höchst bedenkliche Art umdüstert. Unter sehr ernsten äußern Zeitverhältnissen fand daher das großartige schweizerische Nationalfest in Zürich statt. Am Fuße der Alpen, auf den gesegneten Fluren Italiens, wüthete ein blutiger Krieg und kämpften Frankreich und Italien vereint gegen Oesterreich um die Befreiung der Lombardei und von Venedig von des letztern Herrschaft. Diese kriegerischen Vorgänge machten für die Schweiz eine theilweise Grenzbesetzung nothwendig. Vielen schien unter solchen Verhältnissen die Abhaltung des eidgenössischen Freischießens als nicht zeitgemäß. Zürich dagegen fand eine Heerschau der Schweizerschützen in Zeiten allgemeiner Rüstung ganz am Platze, um im ernsten aber feierlichen Waffenspiele zu erproben, daß des Schweizerschützen Auge noch sicher, sein Arm noch fest und sein Herz noch frisch und unverzagt sei. Die Einladung Zürich's in diesem Sinne fand dann auch die freudigste Zustimmung und den erhöhten vaterländischen Wetteifer in reichlichen Ehrengaben und in der begeisterten Zusage für zahlreichen Besuch. Die erstern hatten die bisher noch nie erreichte Summe von 107,550 Fr. errungen. Die Gesammtsumme des Schießens belief sich auf 262,979 Fr. Auch die Schützen der freien Hansestadt Bremen hatten eine köstliche Gabe gesendet mit der Zusicherung ihres Besuches. Gleichzeitig hatte Zürich mit dem eidgenössischen Freischießen das schweizerische Turnfest und ein Schwinget der Schweizersennen mit einer Ausstellung landwirthschaftlicher Werkzeuge verbunden, um das Nationalfest vielseitig und erhebend zu gestalten.

Der Festplatz war eine Viertelstunde von der Stadt Zürich entfernt, der Kirche von Neumünster gegenüber, zwischen der Seefeldstraße und dem See auf einem Feld von 42 Jucharten. Diesen geräumigen Platz umgaben von drei Seiten die prächtigen Festbauten, während die vierte Seite gegen die Straße offen geblieben war. Daselbst stund ein dreifacher Festbogen mit der kolossalen Statue Wilhelm Tells mit dem Knaben, die jetzt den Flecken Altdorf ziert. In der Mitte des Festplatzes erhob sich der Gabentempel mit der Fahnenburg, ein festungsartiges, hohes und schlankes Gebäude in mittelalterlichen Formen. Der untere Theil desselben, eine Art Veranda, war mit einer Gallerie umgeben, zu welcher von vier Seiten Stufen hinaufführten. Ueber der Mitte des Gabensaales, hinter dessen Fenstern die Gaben winkten, streckte sich ein hoher, achteckiger Thurm in die Lüfte, umgeben von vielen kleinern

Thürmchen. Die Spitze des hohen Thurmes war zur Aufnahme der eidgenössischen Schützenfahne bestimmt, die kleinern Thürmchen dagegen für die Fahnen der das Fest besuchenden Schützengesellschaften. Rechts vom Gabentempel erhob sich die riesige Halle der Festhütte in leichtem und anmuthigem Berner Oberländerstyl erbaut und mit Asphaltpapier gedeckt. Blumen und grüne Reiser schmückten das Innere und 4000 Personen fanden an der unabsehbaren Reihe von Tischen bequem Platz. Im Hintergrund stund lang hingestreckt der Schießstand für die Standschützen. An den Mittelbau lehnten sich zwei Flügel an. An denselben schloß sich sodann der Schießstand für die Feldschützen im rechten Winkel an. Beide waren ebenfalls im gefälligen Oberländerstyl erbaut. Neben diesen Bauten waren kleinere, für alle nothwendigen Büreaux, für Telegraph, Absenden, Marken und Speisekarten, für Polizei und Nothstuben; selbst ein Lesezimmer war errichtet. Der Schießplan umfaßte neben dem „Vaterland" 7 Standstichscheiben mit den Namen: Industrie; Jungfrau; Pilatus; Rigi; Titlis; Gotthard; Splügen. Weiter zwei Feldstich: Säntis und Glärnisch; sodann die Stand- und Feldkehrscheibe. Die Stichscheibe „Vaterland" umfaßte in 583 Gewinngaben die Summe von 70,434 Fr. Die Scheibe „Industrie" 16,813 Fr. in 299 Gaben. Die übrigen 6 Stichscheiben je 9200 Fr. in 300 Gaben. Die Stichscheibe „Säntis" 12,565; „Glärnisch" 12,719. Die Standkehrscheibe 12,200 Fr. mit 895 Gaben. Feldkehr 5250 Fr. mit 485 Gaben. Die Nummernprämien im Standstich beliefen sich auf 34,090 Fr.; die Tagesprämien auf 1280, die Wochenprämien auf 1100. Die Nummernprämien im Feldstich 28,990; Tagesprämien 738; Wochenprämien 950 Fr.

Das alte Sprüchwort „Den Zürchern kann kein Fest fehlen" bewährte sich auch dieses Mal. Die unbeständige Witterung im Juni hatte mannigfache Befürchtungen eingeflößt, die am 2. Juli ein glänzender und wolkenloser Himmel siegreich verscheuchte. In schönstem Brautschmuck prangte die Feststadt. Am Vorabend kamen zuerst die Bremer Schützen an, 70 Mann stark, in militärischer Kleidung, überall auf der Durchreise herzlich gegrüßt und bewirthet. Ihnen folgte die eidgenössische Schützenfahne mit 6 Schützenfahnen und der Berner Feldmusik, und hielt unter Kanonendonner ihren feierlichen Einzug in die Festſtadt. Im Glanze eines goldenen Sommertages ſetzte ſich der Feſtzug vom Lindenhof herab durch die von einer ungeheuren Menſchenmenge dicht gedrängten und feſtlich geſchmückten Straßen der Stadt nach dem Schießplatz in Bewegung, wo ſodann die feierliche Fahnenübergabe ſtattfand. Am erſten Mittagmahl nahmen 3000 Perſonen Theil. Die Bremer hatten aus ihrem Rathskeller Rüdesheimer vom Jahr 1624 als Geſchenk mitgebracht. Damit weihte der Feſtpräſident Dr. Dubs dann die Rednerbühne dem freien Worte ein und brachte das erſte Hoch dem Vaterland. Nach ihm trug Prof. Munzinger einen von Gottfried Keller gedichteten Gruß an die Bremer Schützen vor und überreichte Dr. Zehnder denſelben, eine von den Frauen von Neumünſter geſtickte Fahne, wofür Dr. Heineken von Bremen dankte. Im Schießſtande wurde äußerſt lebhaft auf die 96 Scheiben geſchoſſen. Die Entfernung der Standſcheiben betrug 580 Fuß, die der Feldſcheiben 1000 Fuß. Man zählte nicht ſelten 90 Schüſſe auf die Minute. 100 Drotſchken vermittelten den Verkehr mit der Stadt, die ſich durch Tauſende von Fußgängern drängen mußten.

Am Montag den 4. Juli rückten zuerſt die Neuenburger ein; nach ihnen die Graubündner. In der Feſthütte waren die Bremer Schützen die Löwen des Tages. Bei der Mittagstafel drängte Rede auf Rede: zuerſt Oberſt Kurz, dann Konſul von Heymann mit dichteriſchem Gegengruß von F. Ruperti. Die in Zürich anweſenden Amerikaner, die an der Mittagtafel Theil nahmen, feierten den Gedenktag der nordamerikaniſchen Unabhängigkeitserklärung und Oberſt Benz ließ die große Schweſterrepublik hoch leben. Dankend erwiderte der amerikaniſche Konſul Goundin mit einem Hoch auf die ſchweizeriſche Schweſterrepublik. Regierungsrath Migy von Bern trank auf die Befreiung Neuenburgs und Oberſtlieutenant Philippin von Neuenburg auf den ächten Geiſt der Schweizerarmee. An der ſchweizeriſchen Schützengemeinde wurde die Beſtimmung beſchloſſen, daß in allen Stichſcheiben, außer dem „Vaterland", auch Nichtmitglieder des ſchweizeriſchen Schützenvereins auf alle denſelben zugetheilten Ehren= und Geldgaben Anſpruch haben ſollen. Zur Uebernahme des nächſten eidgenöſſiſchen Schützenfeſtes hatten ſich Nidwalden und Neuenburg gemeldet und das Loos hat

später für ersteres entschieden. Am Feste nahmen auch die kriegs=
gefangenen Oesterreicher in voller Uniform Theil, die bereitwillig
im Lohn an den Festbauten mitgeholfen hatten. Auch die Herzogin
von Parma, die in Rapperswil eine Zufluchtsstätte gefunden, war
mit ihren Söhnen an dem Feste erschienen, hatte eine Ehrengabe
gebracht und ließ sich die Einrichtungen des Festes zeigen. Sie
bemerkte dann: die Schweizer wüßten nicht, wie glücklich
sie seien; sie möchten nur ihre schönen Einrichtungen be=
wahren. Abends Gesang der drei vereinigten Männergesangvereine
der Stadt Zürich, abwechselnd mit Musik.

Dienstag den 5. Juli Rundfahrt der Bremer Schützen
auf dem Zürichsee auf Einladung des eidgenössischen Schützenkomité's
mit herzlicher Begrüßung und Bewirthung an beiden Ufern. Wäh=
rend derselben Einzug der Fahnen von Uster und Fischenthal,
der Kantonalfahne von Thurgau. Abschied nahmen die Grau=
bündner. Beim Mittagessen sprachen: Oberst Benz; Dr. Kasi=
mir Pfyffer (den drei Sternen Gott, Freiheit und Vaterland);
Instruktor Ribi; Hr. Jolissaint und Gallmann von Neuen=
burg. Zahlreiches Erscheinen von Frauen aus der Stadt wie vom
Lande. Lebhafter Wettkampf in den Schießständen.

Am Mittwoch den 6. Juli Einrücken der Schützen von Zug,
Hallau und Solothurn, feierlicher Einzug der Schützen der vier
Waldstätte mit der Luzerner Feldmusik, mit vier stattlichen Männern
in den Landesfarben und den großen Schlachthörnern auf der Schul=
ter, gefolgt von fünf Fahnen und einem Zuge von 500 Schützen.
Abends schieden die Bremer Schützen. Bei der Mittagstafel sprachen:
Regierungsrath Treichler; Seminardirektor Dula; Regierungsrath
Schenker von Solothurn; Hauptmann Roß von Bremen und
Schützenmeister Sulser von Azmoos. Oberst Kurz taufte das
Modell des Schiffes „Helvetia", das die Bremer als Ehrengabe
mitgebracht und im Gabensaal aufgestellt hatten.

Donnerstag den 7. Juli ungeheurer Menschenandrang und Fest=
getümmel. Einzug der St. Galler mit vier Fahnen, der Glar=
ner und der Genfer mit drei Fahnen; Appenzeller A. Rh.
und Basellländler; der Aargauer mit acht Fahnen, der Waadt=
länder. Abends flatterten 53 Fahnen über dem Gabentempel.

Bei der Mittagtafel speisten 5000 Personen. Am Komitetisch saßen die Mitglieder des Ständerathes. Sprecher waren: Niggeler, Präsident des Ständeraths; Ständerath Jacottet von Neuenburg; Ständerath G. Salis.

Freitag den 8. und Samstag den 9. Juli schwächerer Besuch des Festplatzes, aber ungeschwächtes Feuer im Schießstand. Abschied der vier Waldstätte, Appenzell A. Rh., von Thurgau und Solothurn. Ankunft der Schützengilde von Stuttgart, 20 Mann stark. Beim Mittagessen zahlreiche Mitglieder des Nationalrathes. Die Tischreden galten vorwaltend der Vereinigung der Behörden mit dem Volke. In diesem Sinne sprachen Dr. Zehnder, Nationalrathspräsident Peyer im Hof. Liedervortrag des Sängers Landolt von Aarau: „O mein Heimatland", und Schlachtruf des Harsthorns von Nidwalden.

Am Samstag Ankunft der Stadt Basler Schützen; Abschied des St. Galler und Berner. Bei der Tafel sprachen: Dr. Hauser (Erinnerung an den Schlachttag bei Sempach); Nationalrath Fuog von Schaffhausen; Nationalrath A. Keller von Aarau; Pfarrer Kälin.

Am zweiten Festsonntag feierlicher Feldgottesdienst der eidgenössischen Schützen mit vaterländischer Predigt des Pfarrers Hiestand von Bach unter Theilnahme von 20,000 Menschen. Am Vormittag noch Ankunft der Tessiner, 35 Mann stark, und endlich der Walliser, die den Kranz der Kantone voll machten. Abschied der Neuenburger, Genfer und Schaffhauser. Bei der Mittagtafel verkündete Präsident Dr. Dubs die soeben angekommene telegraphische Botschaft vom erfolgten Friedensschluß der kriegführenden Mächte in Italien, die mit ungeheurem Jubel begrüßt wurde. Nach ihm sprach Bundesrath Fornerod, der schweizerischen Armee sein Hoch bringend; ferner Staatsrath Mauron von Freiburg, Staatsrath Mathey von Neuenburg, Ständerath Bikari von Tessin Pfarrer Kälin in Zürich und Oberstlieutenant Philippin von Neuenburg.

Nachmittags zogen die Turner aus allen Gegenden der Schweiz ein. Montag den 11. Juli begannen die Uebungen derselben und dauerten zwei Tage. Am zweiten Tag traten die Schwinger auf,

30 bis 40 an der Zahl. Der Kampf derselben dauerte trotz der fürchterlichen Hitze 4½ Stunden. Die vier ersten Sieger waren Hans Ulrich Beer aus Trub, Rohrer von Obwalden, Johann Wenger und Christian Siggenthaler, beide aus dem Emmenthal.

Am Montag den 11. und Dienstag den 12. Juli schieden Neuenburg, Waadt, Aargau, Glarus, Wallis, Uster und die Schützengesellschaft Allmann. Am letzten Tag nahmen noch 3500 Personen am Mittagessen Theil. Es sprachen noch Dr. Zehnder; Dr. Wirz von Basel; Ständerath G. Salis; Kantonsrath Bischoff von Weinfelden.

Am Mittwoch folgte die feierliche Preisvertheilung. Den ersten Preis im „Vaterland" errangen folgende drei Schützen: Fabrikant Heinrich Durrer von Kerns, Obwalden, 2000 Fr. in Gold auf silberner Schaale, von den Schweizern in Paris, Werth 2500 Fr.; Konrad Glogg, Landwirth, von Obermeilen, Trinkhorn von Leipzig, 2500 Fr.; Kaufmann Fr. Oschwald von Lenzburg, von den Schweizern in Neapel, 2000 Fr. „Industrie": Schmied Rud. Nägeli von Zürich, 750 Fr. „Titlis": Johann Wunberli von Richterschweil, 600 Fr. „Pilatus": Mechaniker Jakob Aeberli von Hirslanden, 600 Fr. „Rigi": Dr. Zürcher, Arzt, Bühler, Appenzell, 600 Fr. „Gotthard": Kürschner K. Stablin von Zug, 600 Fr. „Jungfrau": Schmied J. J. Lambert von Chur, runder Zweckschuß, 600 Fr. „Splügen": Uhrenmacher K. Golay von Brasse, Waadt, 600 Fr. Erste Gabe in der Standkehrscheibe: Fr. Sandoz von La Chaux-de-Fonds, 300 Fr. Meiste Nummern — 391 — J. Staub von Wädenschweil. In der Feldstichscheibe „Säntis": Joh. Hauser von Richterschweil, Zweckschuß, 600 Fr. „Glärnisch": Germann von Ottenberg, 600 Fr. Feldkehrscheibe: für Zweckschuß: Privatdozent Hug in Zürich, 150 Fr. Meiste Nummern im Feldkehr: Bär von Männedorf, 487. Standstichdoppel wurden gelöst 4922. Feldstichdoppel 1873. Standkehrmarken 346,496. Feldkehrmarken 241,050. Der Umsatz der Schützenfestkasse betrug eine Million Franken.

Vom schönsten Wetter begünstigt, ohne jegliche Störung, in nachhaltiger Begeisterung und herzlicher Einigkeit verlief das wohlgelungene Nationalfest, tausende befruchtende Keime vaterländischer Gesinnung und republikanischen Gemeingefühls ausstreuend in die Herzen der unzähligen Festbesucher, in denen die schönen Tage von Zürich in lebensfrischer Erinnerung fortleben werden als ein schönes und denkwürdiges Blatt in der Kulturgeschichte des neu verjüngten Schweizerlandes.

Zwanzigstes eidgenössisches Schützenfest in Stanz,
vom 30. Juni bis 9. Juli 1861.

„Eidgenossen!
Wahret den Frieden,
Rüstet zum Krieg,
Gott gibt den Sieg!"
Die 4 Feldstichscheiben
in Stanz.

O Vaterland, wie reich sind deine Gaben;
Wie ist so schön dein Wiesengrund zu schauen,
Das Aehrenfeld so reich, an Früchten gut,
Der Traubenhügel an der Reben Blut.
Erhebt das Glas mit hellem Schweizerweine
Und preist den Bund, der ewig uns vereine.
Vom Seees Rand bis zu dem Tannenwald,
Bis zu der Alpenweide Blumenhald',
Ja bis zum Gletschereis in ew'ger Neuheit,
Blüht unsers Vaterlandes schöne Freiheit.
Die 7 Stichscheiben in Stanz.

Schon den 13 Juni 1859 hatte der durch Ausschüsse einzelner Schützengesellschaften verstärkte Kantonalschützenrath von Nidwalden die Einberufung einer Gemeinde der Nidwaldner Schützen beschlossen, um ihnen die Frage vorzulegen, ob sich die Schützen von Nidwalden für das Jahr 1861 um das eidgenössische Schützenfest bewerben wollen. Drei Tage nachher hatte das hochw. Priesterkapitel von Nidwalden beschlossen, auf dem Wege der Belehrung das Zustandekommen eines eidgenössischen Schützenfestes wo möglich zu verhindern. Den 19. versammelte sich die Schützengemeinde und derselben legte sodann der Schreiber des Kapitels eine im Sinne obigen Kapitelbeschlusses abgefaßte Zuschrift vor. Die Schützengemeinde beschloß aber doch die Bewerbung um das Schützenfest. Daraufhin wendete sich das hochw. Priesterkapitel an den Wochenrath mit dem Ansuchen, den Schützen die hochobrigkeitliche Genehmigung ihres Vorhabens zu untersagen oder doch die Abhaltung des Schießens an Sonntagen zu verbieten. In diesem Sinne erließ der Wochenrath wirklich eine Mahnung an den Präsidenten der Kantonalschützengesellschaft. Darauf erfolgte von Seiten des Schützenrathes eine ablehnende Antwort und zugleich die Anmeldung beim Centralkomité des eidgenössischen Schützenvereins um Uebernahme des eidgenössischen Schützenfestes für 1861. Nun neue Schritte von Seiten des Land- und Wochenrathes zur Verzichtleistung und endlich den 24. Oktober Verweigerung der Bewilligung von Seiten des Landrathes. Darauf Berufung von Seiten der Schützen an die Bundesbehörden und Erlaß einer Zuschrift an die schweizerischen Schützengesellschaften, welche ihre Unterstützung zusagten, während die Schützengesellschaften von Dallenwil und Wolfenschießen sich von der Berufung abschrecken ließen. Der Bundesrath erklärte darauf die Berufung als begründet und lud die Regierung von Nidwalden ein, das eidgenössische Freischießen für das Jahr 1861 auf ihrem Gebiete zu gestatten. Damit hatte das Vorspiel desselben ein Ende erreicht. Die Festleitung wurde folgendem Centralausschuß anvertraut: Gerichtspräsident **Franz Odermatt** von Stanz, Präsident; Hauptmann **Joh. B. von Deschwanden**, Seckelmeister; **Karl von Deschwanden**, Fürsprech, Schreiber. Weitere Mitglieder: Bauherr **Kaspar Blättler**, Rotzloch; Landammann **Jakob Kaiser**, Stanz; Advokat **M. Joller**, Stanz; Dr. **Franz Bucher**, Stanz; Stabsmajor **Ed. Zelger**, Stanz; Lieutenant **Al. Spichtig**, Stanz.

Der beharrliche Kampf, den die Nidwaldner Schützen gegen die Klerisei und die ihr willfährigen weltlichen Behörden siegreich durchgefochten, hatte ihnen die Achtung und Anerkennung aller freisinnigen Eidgenossen im In- und Ausland zugewendet und dieselbe gab sich auch in einer reichen Spende von Ehrengaben kund. Dieselbe belief sich auf 89,551 Fr.; davon 68,440 auf die Schweiz und 21,117 auf die Schweizer und Schweizerfreunde in der Fremde fielen. Der Gesammtgabensatz belief sich auf 240,584 Fr. Es wurden im Ganzen 100 Scheiben aufgestellt und zwar 14 Standstichscheiben, 44 Standkehrscheiben, 2 Stichscheiben für die Brandbeschädigten in Glarus, 8 Feldstichscheiben und 32 Feldkehrscheiben.

Der Schießplan hatte die Scheibe „Vaterland" mit 37,808 Fr in 517 Gaben ausgestattet. Die übrigen Stichscheiben enthielten

9000 Fr. in 300 Gaben. Eine besondere Gabe von 800 Fr. war für den besten Schuß der Bremer Schützen in den 6 Stichscheiben ausgesetzt. Der Nummernkreis hatte 10 Zoll Durchmesser; die Schußweite betrug 574 Fuß. Die Prämie für alle 7 Stichnummern betrug 30 Fr; der Doppel war 30 Fr. Die Kehrscheibe umfaßte in 750 Gaben 8000 Fr. Für 25 Nummern bestund eine Prämie von einem Becher oder einer Uhr oder 100 Fr. in Geld, nach Auswahl.

Die Feldstichscheiben führten die Namen: Eidgenossen, Frieden, Krieg, Sieg. Die Schußweite war 1000 Fuß. Die Scheibe „Eidgenossen" war in 484 Gaben mit der Summe von 37,716 Fr. ausgestattet. Die übrigen 3 Stichscheiben enthielten in 300 Gaben 6200 Fr. Der Doppel in den Feldstichscheiben betrug 20 Fr. In jede konnten 2 Schüsse gethan werden. Die Kehrdoppelmarke kostete wie im Standkehr 30 Rp. Die Stichscheibe „Glarus", in die ebenfalls 2 Schüsse gethan werden durften, enthielt in 296 Gaben 6490 Fr. in gleicher Entfernung wie die Feldscheiben. Sie war in 20 Kreise eingetheilt, von denen der innerste 20, der äusserste 1 Punkt zählte. Der Doppel betrug 5 Fr. Der Ertrag der Scheibe zu Handen des Hülfskomité's von Glarus belief sich auf die Summe von 13,325 Fr.

Der Festplatz befand sich neben dem Landgemeindering zu Wyl an der Aa, 15 Minuten von Stanz entfernt. Die Festhütte war 325 Fuß lang und 107 Fuß breit. Sie enthielt 72 Tische, 2 Musikgallerien und die Rednerbühne. Bei einer Höhe von 50 Fuß schloß sie drei auf der Allmend stehende, lebendige Bäume in sich. In der Mitte befanden sich zwei laufende Brunnen. Der Schießstand war 424 Fuß lang und 36 Fuß breit. Der Gabentempel und die Fahnenburg enthielt auf der Vorderseite zwei Säle, in welchen die Gaben ausgestellt waren. Die Fahnenburg bildete ein viereckiger Thurm in der Mitte des zierlichen Gebäudes, mit zwei kleinern mit Wimpeln geschmückten Söllern zu beiden Seiten. Die Einfachheit der Gebäude entsprach der Natur des Alpenlandes und seiner Bewohner. Das Fest wurde wiederholt von Regengüssen heimgesucht, welche aber dem Schützenleben im Schießstand wie in der Festhütte keinen Abbruch brachten.

Die eidgenössische Schützenfahne hielt mit 25 Gesellschaftsfahnen den 30. Juni ihren feierlichen Einzug auf den Festplatz. An dem Festzug nahm auch eine Schützenschaar von Bremen, doch ohne Fahne Theil. Am Nachmittag rückte die Schützenfahne von Schwyz ein.

Den 1. Juli kamen an: die Schützen von Uri, Waadt, Neuenburg, vom Aargau mit 11 Fahnen; die Feldschützen von Bern, Luzern, St. Gallen, Appenzell und Chur; die Schützen von Solothurn und Interlaken. Bei der Tafel sprachen: Fürsprech Deschwanden; Dr. Diethelm von Lachen; Advokat Joller von Stanz; Dr. Hauser von Zürich; Dr. Bruns von Bremen; Regierungsrath Treichler von Zürich; Bänziger-König von St. Gallen und J. Baptist Deschwanden von Stanz.

Den 2. Juli Ankunft der Schützengesellschaft von Appenzell J.=Rh.; der Kantonalschützenfahnen von Thurgau und Obwalden mit den Ortsschützenfahnen von Alpnach, Kerns, Giswil, Sachseln und Sarnen; die Schützengesellschaft von Olten-Gösgen; die Schützenfahnen von Wallis und Oberhasli.

Sprecher bei der Tafel waren: Regierungsrath Schenker von Solothurn; Kantonsrath Bischoff von Weinfelden; Dr. Kasimir Pfyffer von Luzern; Schützenmeister Ribi von Ermatingen im Thurgau; Nationalrath Bürli von Baden; Landammann Michel von Sarnen; Kanzleidirektor Eberle von Schwyz; Fürsprech Dagobert Schumacher von Luzern; Karl Morel von St. Gallen; Dr. Seiler von Sarnen und Pfarrer Röthelin von Meggen, Kanton Luzern.

Mittwoch den 3. Juli. Ankunft der Schützengesellschaften der Stadt Zug, Baar, Menzingen, Walchwil; der Schützenfahne des Habsburgeramtes im Kanton Luzern; der Kantonalschützenfahnen von St. Gallen und Schaffhausen. Abschied nahmen: Winterthur, Zofingen, Chur, Interlaken, Appenzell J.=Rh., Solothurn, Thurgau, Aargau, Wallis, Oberhasli, St. Gallen (Feldschützen), Habsburgeramt.

Donnerstag den 4. Juli kamen an: die Genfer mit fünf Fahnen, Sursee, Appenzell A.=Rh., Baselland, Bern mit sechs Fahnen und Toggenburg. Bei der Tafel sprachen: Land=

ammann Curti von St. Gallen; Dr. Frd. Kaiser von Zug; Major Kuster von Altstätten, St. Gallen; Hr. Wiechmann von Bremen; Hauptmann Kuster von Altstätten und Regierungsrath Treichler von Zürich.

Freitag den 5. Juli kamen an: Graubünden und Freiburg. Sprecher bei der Tafel waren: Ständerathspräsident Hermann von Obwalden; Staatsanwalt Krieg von Schwyz; Regierungsrath Vigier von Solothurn; Hr. Wiechmann von Bremen; Schultheiß Winkler von Luzern; Landschreiber Huber von Altorf; Schützenhauptmann Müller von Genf; Dr. Feierabend von Luzern. Abschied nahmen: Genf, Schaffhausen und Sursee.

Samstag den 6. Juli Ankunft von Tessin; Abschied von Appenzell A.-Rh., Bern, Toggenburg, Graubünden, Baselland, Baselstadt.

Tafelredner waren: Joller von Stanz; Dr. Brenner von Basel; Lieutenant Gobbi von Altorf; Nationalrath Dapples von Waadt und Fürsprech Gendre von Freiburg.

Am Sonntag den 7. Juli: Nationalrath Karrer von Bern; Oberst Kurz von da; Hauptmann Ribi; Ständerath Hans Ziegler von Schaffhausen. Als Gäste waren anwesend: die Bundesräthe Knüsel und Stämpfli, und die Herzogin von Parma, welche in der Festhütte speiste.

Am Vormittag beabsichtigte das Komité, einen offiziellen Schützengottesdienst abzuhalten. Als aber der bischöfliche Kommissär Niederberger ein diesfälliges Gesuch ablehnend beantwortet hatte, wandte sich das Komité an den hochw. Bischof von Chur. Mit Rückantwort vom 5. Juni entschied aber das bischöfliche Offizialat den Rekurs ebenfalls im verneinenden Sinn und so unterblieb der bisher übliche Schützengottesdienst.

Montag den 8. Juli sprachen: Bundespräsident Knüsel von Bern; Kaplan Schallberger von Obbürgen; Dr. Kasimir Pfyffer von Luzern; Karl Wiechmann von Bremen; Dr. Hauser von Zürich; Oberschreiber Hildebrand von Luzern; H. Bonzanigo aus Tessin und Prof. Kaufmann von Luzern.

Dienstag den 9. Juli: Ständerath G. Salis; Staatsrath Meuron von Neuenburg; Seminardirektor Dula von Luzern; Fürsprech

Joller von Thalwil; Hr. Meier von Zofingen; Karl Morel von St. Gallen; Advokat Luz von Thal, Kanton St. Gallen; Simon Rütimann von Rüti, Kanton Aargau; Adolf Schniber von Sursee; Advokat Durrer von Stanz; Landschreiber Huber von Altorf; Chorherr Ghiringhelli von Tessin; Advokat Manzinoi von Chur; J. Woodley von London; Direktor Zangger von Zürich und Großrath Berney von Waadt. Abschied nahm Tessin. Die Fahnen der vier Waldstätte blieben bis zum Schlusse des Schießens auf dem Festplatze.

Abends fand bei dem gemalten Modell des Winkelried-Denkmals in der Festhütte zu Ehren des Jahrestages der Sempacher Schlacht eine einfache Gedächtnißfeier statt, bei der Landammann Kaiser von Stanz das Wort führte. Die Stand- und Feldschützen von Glarus entschuldigten ihr Fernbleiben wegen den Folgen des Brandes vom 10. und 11. Mai. Telegraphische Grüße waren eingetroffen vom Schützenverein in Bremen; von den Bracker-Oldenburger-Dedesdorfer Schützen; von den Schweizern in Wien; von den deutschen Schützen in Gotha; von den Grenabiren von Lausanne. An die Glarner Schützen wurde ein brüderlicher Gegengruß durch den Telegraph erlassen.

Während des Festes hatte eine Kunstausstellung der Nidwaldner Maler und Bildhauer stattgefunden, die viel Theilnahme gefunden hat.

An der Schützengemeinde in Stanz sind die Feld- und Standschützen als gleichberechtigt anerkannt worden.

Den 10. Juli, Vormittags, fand die feierliche Preisvertheilung statt. Die erste Gabe im „Vaterland", 1000 Fr. mit einer Gypsstatue der Berna, Ehrengabe der Stadt Burgdorf, gewann der Speisewirth Bollier am Hirzel mit 30 Theilern. Im Stich „Wiesengrund" gewann die erste Gabe: Niederhäuser von Oberried, Kanton St. Gallen. „Aehrenfeld": F. Gempel von Freiburg im Breisgau. „Traubenhügel": Aepli von Rapperschwil, Kanton St. Gallen. „Tannenwald": Wirth Imfanger in Flüelen, Kanton Uri. „Alpenweid": A. Borel von Neuenburg. „Gletschereis": K. Huber von Hausen, Kanton Zürich. Im Feldstich „Eidgenossen": J. Dubois von Bülle, Kanton Freiburg, mit 40 Punkten,

1000 Fr. vom schweizerischen Bundesrath. „Friede": J. Sturzenegger von Trogen, mit 40 Punkten, 300 Fr. „Krieg": J. Müller von Winterthur. „Sieg": Vier runde Zweckschüsse von den Schützen Krähenbühl von Malters; Pfarrer Aeberli von Inwil, Kanton Luzern; Merk von Bühlau und Bär von Männedorf, Kanton Zürich. Prämien für 100 Kehrnummern wurden im Stande 94 herausgeschossen. Der 3-zöllige Carton im Feldkehr ward 1498 mal getroffen. Doppel wurden gelöst im Standstich 3538; im Feldstich 2145; in der Scheibe „Glarus" 2665. Alle sieben Stichnummern schossen 11 Schützen. In allen Stichen wurden 8124 Nummern geschossen; im Standkehr 10,419; im Feldkehr 39,102. Kehrmarken im Stand wurden gelöst 242,509 und im Feldkehr 283,463; zusammen 525,972. Die Mannstreffer im Feldstich betrugen 38 %. Die Zahl der Mitglieder des eidgenössischen Schützenvereins betrug 7777, davon waren in Stanz eingetreten 1087 und daselbst anwesend 3587. Die Aktie von 100 Fr. hatte einen Reingewinn von 15 %.

Trotz des vielen Regens während der Festtage strömten die Festbesucher zahlreich nach Stanz. Das Fest verlief ohne irgend welchen Mißton oder Unfall bei guter Ordnung und in heiterer aber maßvoller Stimmung, zur Beruhigung ängstlicher Gemüther, welche in der Abhaltung des Festes eine Gefährdung der Sittenreinheit der frommen Unterwaldner befürchteten. Dieses erste auf dem Boden der Urschweiz gefeierte eidgenössische Schützenfest ist ein glänzendes Zeugniß von der unwiderstehlichen Macht der fortschreitenden öffentlichen Meinung. Im Jahr 1832 durften die Regierungen der Urkantone es wagen, ihren Angehörigen den Besuch des eidgenössischen Schützenfestes in Luzern zu verbieten. Nun mußte der Landrath von Nidwalden der Einladung des Bundesrathes entsprechen, die Abhaltung des eidgenössischen Schützenfestes auf seinem Gebiete zu gestatten.

Einundzwanzigstes eidgenössisches Schützenfest in La Chaux-de-Fonds,

vom 12. bis zum 21. Juli 1863.

> Der Hauptzweck des eidgenössischen Schützenfestes in den Neuenburger Bergen liegt wohl in der Gelegenheit der Einigung und Eintracht der Neuenburger selbst. Der Geist des Freisinnes und Fortschrittes muß uns Alle beleben, der eben die Wesenheit aller eidgenössischen Schützenfeste ausmacht, und in allen unsern Bestrebungen das gemeinsame Schweizervaterland über den Kanton und die Gemeinde setzt.
>
> A. Cornaz von La Chaux-de-Fonds.

Neben Schaffhausen hatte Neuenburg sich um das nächste Schützenfest beworben und letzterm war das Loos günstig gewesen. Das eidgenössische Nationalfest in den Neuenburger Bergen fiel indessen in eine schwierige Zeit drückender Geldverlegenheiten in Folge der Eisenbahnbaute. Aber Neuenburg hielt es für seine Pflicht, durch Uebernahme des Festes seine Freude über die erlangte Unabhängigkeit und sein Vertrauen auf die Mithülfe der Miteidgenossen kund zu geben. Und dieses Vertrauen wurde glänzend gerechtfertigt. Die Ehrengaben erreichten die außerordentlich hohe Summe von 173,682 Franken; davon legten Behörden, Vereine und einzelne Bürger des Kantons Neuenburg 72,345 Fr. 60 Rp. zusammen, die übrige Schweiz 51,950 Fr. 25 Rp., die Schweizer und Schweizerfreunde im Auslande 49,437 Fr.

Das festleitende Centralkomité bildeten folgende Bürger: Ariste Lesquereux, Großrath, Präsident; Scharfschützenhauptmann U. Humbert-Ranüz, Seckelmeister; A. Cornaz, Großrath, Schreiber. Fernere Mitglieder: Nationalrath Oberst Philippin; Großrath A. Ribaux; Nationalrath A. Girard in Renan; Alt-Nationalrath H. Grandjean von Locle; J. Scholl von La Chaux-de-Fonds und Artillerie-Hauptmann U. Mattey-Doret von da.

Der Schießplan umfaßte den bisher noch nie erreichten Gabensatz von 386,126 Fr. Bei demselben war Stand und Feld gleich berücksichtigt. Die Stichscheibe „Vaterland" im Stand umfaßte

38,351; die Stichscheibe „Winkelried" 16,103; „Erlach" 16,141; „Reding" 16,041; „Wengi" 16,430; „Baillod" 16,370. An Prämien 12,000. In gleicher Weise waren die Feldstichscheiben ausgestattet; die Industriescheibe im Stand „Joh. Richard" umfaßte 9000 Fr.; ebenso „Jaquet=Droz", die Industriescheibe im Feld. Beide Kehrscheiben im Stand und Feld umfaßten an Tages= prämien 1200, an Wochenprämien 1040 und an Nummernprämien 44,500 Fr.; in Gaben 11,559. Die Schußweite für den Stand betrug 580 Fuß; für Feld 1000 Fuß. Scheiben waren 120 auf= gestellt. Im Jahr 1862 waren die Schweizerschützen an das deutsche Schützenfest nach Frankfurt am Main, nach Belgien und Italien eingeladen worden. Am erstern erschienen 1200 Mann, darunter Mitglieder der eidgenössischen Räthe und der Kantonalbehörden. In geringerer Zahl zogen sie nach Turin und Brüssel. In Folge dieser Vorgänge erließ das festleitende Centralkomité ebenfalls warme Einladungen an die Schützen von England, Frankreich, Belgien, Deutschland und Italien. Ebenso wurden die eidgenössischen Be= hörden zur Festtheilnahme geladen.

Der Festplatz befand sich in der Nähe des Bahnhofes. Zwei ungeheure mit dem Schweizerschild und Fahnen geschmückte Säulen stunden am Eingang desselben. In der Mitte zwischen Schießstand und Festhütte stund der Gabentempel, ein Vieleck in maurischem Styl, über ihm die Fahnenburg. Der Schießstand war einfach aber bequem. Die Festhütte hatte Raum für 5000 Personen; zu beiden Seiten zwei Thürme mit Uhren, auf der Westseite das Winkelried= Denkmal in Transparent; auf der Ostseite Tells Apfelschuß. Das Innere der Hütte war ganz mit lebendigem Grün, mit Blumen= gewinden und den Wappenschilden der 22 Kantone geschmückt. Ueber der Rednerbühne wehten neben der eidgenössischen Fahne jene von Frankreich, England, Belgien, Deutschland, Italien und Nordamerika und verliehen so dem Feste einen internationalen Charakter. Alle Festbauten waren solid und geschmackvoll.

Ein starker Nordwind, der bei heiterm Himmel an dem 3500 Fuß hoch gelegenen Festorte gewöhnlich weht, war Anfangs den Schützen hinderlich, bis sie sich „eingeschossen" hatten. Schon am Vorabend des Festes trafen 250 Schützen von Deutschland fast gleichzeitig mit der eidgenössischen Schützenfahne in der reich und geschmackvoll geschmückten Feststadt ein. Sie waren in Basel festlich empfangen worden. Bald nach ihnen trafen 30 Schützen aus Italien und die Schweizerschützen aus Paris ein. Am Festzug zur feierlichen Fahnenübergabe nahmen 5000 Personen Theil. So viel saßen auch an der ersten Tafel, bei welcher als Sprecher auftraten: Präsident Lesquereux; Oberst Philippin; Landammann Kaiser von Stanz; Oberst Girard; Dr. Plata, im Namen des deutschen Schützenbundes; Jolissaint von Courtelary; Dr. Frd. Kaiser von Zug; Konsul von Heymann von Bremen; Oberst Kurz von Bern; H. Buff von Bremen und Notar Hediger von Schwyz. Nachmittags rückten die Schweizer aus Besançon ein und nach ihnen die Walliser.

Am zweiten Tag: Ankunft der Zürcher; Uebergabe der deutschen Schützenfahne. Bei der Mittagtafel sprachen: Joller von Stanz; Oberst Philippin; Dr. Grün von Frankfurt; Dr. Cullery von La Chaux-de-Fonds; Graf Ladislaus Plater. Abends rückten die Waadtländer ein, 250 Schützen, und ihnen folgten die Freiburger.

Am Mittwoch rückten die Schützen des St. Immerthales ein, bei 2000 Mann, mit einem Wald von Fahnen. Sprecher bei der Tafel waren: M. Ribaux; Dr. Frd. Kaiser; M. Dürüz; M. Cornaz; M. Fuog; Advokat Gendre von Freiburg; Dr. Cullery; Dr. Schwab von St. Immerthal; Oberst Beillon; Konsul von Heymann; Redaktor Müller von Frankfurt; Dr. Heinelen von Bremen. Nachmittags kamen die Solothurner an; sodann die Schweizer aus London; Baselland, Schaffhausen.

Am Donnerstag war das Komité von Nidwalden von den Bürgern von Locle auf Besuch geladen, daselbst feierlich empfangen und bewirthet, und der greise Obermatt durch die Hand eines Mädchens mit einem Blumenkranze geschmückt worden. An der Schützengemeinde wurde beschlossen, daß eine frühere Anmeldung für Uebernahme des eidgenössischen Schützenfestes vor spätern ohne Loos den Vorrang haben solle. In Folge dieses Beschlusses fiel die Ehre des nächsten Schützenvorortes der Stadt Schaffhausen zu. Wäh-

rend dem Verlaufe des Tages rückten die Thurgauer und Appen=
zeller ein. Nachmittags die Berner mit ihrem Mutz und meh=
reren Fahnen, die Genfer und Tessiner. An dem Tage kamen
4 Bundesräthe und 16 Mitglieder des National= und Ständerathes
an. Während der dicht gedrängten Tafel sprachen: Oberst Girard;
Bischoff von Weinfelden; Banquier Brunner von Solothurn;
M. Furrer von Stanz; Alphons DuPaquier von Neuen=
burg; Staatsschreiber Elie Ducommun von Genf; M. Sulser
von St. Gallen; Nationalrath Battaglini von Tessin; Großrath
Bachelard von Vivis; Präsident Migy, Nationalrath Grand=
pierre. Abends gab die italienische Abordnung, aus Parlaments=
mitgliedern, Grafen und 20 Schützen bestehend, im Gasthof zur
„Lilie" ein ausgesuchtes Nachtessen von 90 Gedecken, zu dem
60 Gäste, darunter das Komité der deutschen Schützen und von
Nidwalden geladen worden.

Am sechsten Tag Ankunft von Zug und Graubünden. Bei
der Mittagtafel sprachen: M. Cornaz; DuPaquier; James
Fazy; Ständerathspräsident Häberlin aus dem Thurgau; A.
Carteret von Genf; Ständerath Brunni aus Tessin; M. Sol=
ler aus Graubünden; Oberst Corbaz aus Waadt; Fenzi aus
Italien. Abends trugen die zahlreichen Gesangvereine von La Chaux=
de=Fonds und Locle ihre Lieder vor.

Am siebenten Tag: Ankunft der Glarner und von zwei
Schweizern aus Australien mit einer Fahne, welche das eidgenössische
Schützenfest in Melbourne geschmückt hat.

Bei der Tafel sprachen: Dr. Heer von Glarus, Präsident des
Nationlrathes; Bundesrath Dr. Dubs; Präsident Gertillart
von La Chaux=de=Fonds; M. Bautier von Genf; Staatsrath
Friedrich von da; Billoz von La Chaux=de=Fonds; Chorherr
Ghiringhelli aus Tessin; M. Lambelet.

Bei fortdauernd herrlicher Witterung waren die Mitglieder der
eidgenössischen Räthe zu einer gelungenen Fahrt zum Doubs=Fall
eingeladen worden mit gastfreundlichem Empfang in Locle.

Am zweiten Festsonntag beim Feldgottesdienst sprach Pfarrer
Redat prophetisch von einer Zeit, die da kommen werde, wo jeder
sein eigener König und Priester sein werde. Bei der vollbesetzten

Tafel sprachen: Lesquereux; Prof. Pechier von Genf; Präsident Karrer von Bern; Landammann Curti von St. Gallen; Nationalrath Bonmatt; Prof. Desor von Neuenburg und Hr. Egger, ein Schweizer aus Italien. Hr. Prof. Oswald Schön trug ein deutsches und Ant. Carteret ein französisches Festgedicht vor. Im Schießstand wurde sehr lebhaft und gut geschossen. Im Ganzen wurden Standstichdoppel gelöst 3982; Feldstichdoppel 2676 und für Eintrittsgelder in die Industriescheibe bezahlt 26,682 Fr.; Standkehrmarken wurden gelöst 355,399 und Feldkehrmarken 402,102, zusammen somit 757,501. Die Gesammteinnahme der Schützenkasse betrug 447,998 Fr. Den ersten Preis im „Vaterland" (Stand) gewann Büchsenmacher Pfister von Frauenfeld, im Stich „Winkelried": Franz Hürlimann, Schützenmeister, von Walchwil, Kt. Zug. „Erlach": Schreiber Melchior Ulrich in Schwyz. „Reding": Müller Rudolf Winkelmann in Mettmenstetten, Kanton Zug. „Wengi": Fritz Römer, Wirth in Biel, Kanton Bern. „Baillod": Müller Jakob Vogt von Menzifen, Kanton Aargau. Im Standkehr: Büchsenmacher J. J. Rieder von Interlaken, Kt. Bern. In der Industriescheibe „J. Richard": Büchsenmacher J. Vannod in Lausanne. Im „Vaterland" (Feld) gewannen zusammen den ersten, zweiten und dritten Preis: Schuster Remigi Niederberger von Stanz, Pulverkontroleur Sträßler in Bern und Ludwig Aninoz von Bulle, Kanton Freiburg, mit 40 Punkten. In der Stichscheibe „Rhein": Hauptmann R. Lattig von Dürnten, Kanton Zürich. „Rhone": eidgn. Stabsmajor A. Müller in Biel. „Tessin": Joh. Hauser, Kaufmann in Richterschweil. „Reuß": R. Pfenninger in Stäfa. „Aar": Barbier Hößli in Zürich. Im Feldkehr: J. Bargetzi, Bierbrauer in Solothurn. In der Industriescheibe „Jaquet Droz": Major Zaugg von Bern. Die meisten Nummern im Feldkehr — 383 — hatte Staub von Wädenschweil. Dagegen im Standkehr: Samuel Bänziger von Wald, Kanton Appenzell. Im Standkehr wurden 224 Nummernbecher herausgeschossen;. im Feldkehr sogar 434. Während der 10 Festtage wurden 38,537 Speisekarten gelöst. Für die Abgebrannten in Seewis wurden 7000 Fr. Liebesgaben gesammelt.

Telegraphische Glückwünsche während des Festes trafen ein:

von Frankfurt, vom badischen Landesschießen, von den westphälischen Schützen in Dortmund und von den fränkischen von Nürnberg, sowie von den Städten Berlin, Bremen, Como, Köln, Konstanz, Erlangen, Emskirchen, Fürth, Frankfurt, Genua, Heidelberg, Innsbruck, Lötzen, Lichtensteig, Mannheim, Mailand, Mülhausen, Maisach, Oldenburg, Rastenburg, Warschau und Zürich.

Während der Festtage fand eine sehr sehenswerthe Ausstellung von Uhren statt. Ein hübscher Zug von diesem gelungenen Schützenfeste verdient aufbewahrt zu werden. Als Schuster Remigi Niederberger von Stanz nach La Chaux-de-Fonds abreiste, wünschte ihm der wohlbestellte Dorfwächter viel Glück in der Scheibe „Vaterland". „Schon gut," erwiederte Remigi, „wenn mir das Glück günstig ist, so sollst Du ein Paar funkelnagelneue Schuhe bekommen." Als nun der wackere Schütze heimkam mit seinen 40 geschossenen Punkten, da war sein erster Gang zum Nachbar Dorfwächter, um ihm das Maaß für die versprochenen Schuhe zu nehmen.

Waren die eidgenössischen Schützenfeste bisher trauliche Familienzusammenkünfte der drei verschiedenen Völkerstämme der Schweiz zur Belebung des eidgenössischen Gemeinsinnes und der Liebe und Begeisterung für Freiheit und Vaterland gewesen, so gestaltete sich das eidgenössische Schützenfest in La Chaux-de-Fonds durch den Besuch der Schützen der drei benachbarten großen Nationen zu einem Feste einer internationalen Verbrüderung auf der Grundlage der Völkerfreiheit und der Wehrhaftigkeit. Manch' gewichtiges Wort wurde von den begeisterten Sprechern in diesem Sinne während der Festtage gesprochen und in der Achtung und Liebe der ausländischen Festbesucher wurden dem kleinen Schweizerlande thatkräftige Bundesgenossen erworben, welche an sittlichem Werthe die feinsten diplomatischen Allianzen weit übertreffen.

Zweiundzwanzigstes eidgenössisches Schützenfest in Schaffhausen,

vom 2. bis 12. Juli 1865.

> Das Volk in Waffen verbunden durch Eintracht und Brüderlichkeit, in diesen Worten liegt die ganze Bedeutung unserer Schützenfeste. Das Volk in Waffen will praktischen Ernst auch in seinen festlichen Vereinigungen; es will Fortschritt und Vervollkommnung zumal im größten und schönsten Nationalfeste, aber das Volk in Waffen will auch freie und volksthümliche Bewegung und Raum für Alle, denen es Ernst ist mit der Pflege des Schützenwesens. Das Volk in Waffen will rüstig und unverdrossen vorwärts schreiten, aber es will auch anerkennend und dankbar rückwärts blicken auf die bisherigen Träger und Förderer seiner Feste. Das, Eidgenossen, ist das Volk in Waffen durch Eintracht und Brüderlichkeit verbunden.
>
> Festpräsident Nationalrath Peyer im Hof.

Die öffentlichen Zeitverhältnisse waren dem Gelingen dieses Nationalfestes sehr günstig. In Europa herrschte Frieden. Unser freies Vaterland war von innern politischen Stürmen glücklich verschont geblieben und nach Außen geehrt und geachtet. Zur Leitung des Festes waren folgende Bürger auserkoren: Nationalrath Fr. Peyer im Hof, Präsident; Regierungsrath Dr. von Waldkirch, Seckelmeister, und Oberrichter Ch. Schenkel, Schreiber. Fernere Mitglieder: Regierungsrath J. Hallauer von Trasadingen; Regierungsrath J. L. Bringolf von Unterhallau; H. Moser auf Charlottenfels; Kommandant Rauschenbach; Kommandant E. Ringk; Präsident Hans von Ziegler von Schaffhausen. Auf deren Aufruf waren 462 Ehrengaben im Werthe von 37,035 Fr. auf den Altar des Vaterlandes aus der Heimat wie aus der Fremde zusammengelegt worden. Der Gesammtgabensatz betrug 388,830 Fr. Der Schießplan hatte beiden Scheiben „Vaterland" im Stand und Feld je 35,000 Fr. in 500 Gaben zugetheilt, davon die erste im Stand die Winkelriedgruppe von Schlöth im Werth von 6000 Fr. oder 4000 Fr. in Baar; die kleinste 10 Fr.; im Feld=„Vaterland" die erste Gabe 2210, die kleinste ebenfalls 10 Fr. Die übrigen Standstichscheiben trugen die Namen Rheinfall, Munoth, Hohenklingen, Randen, Klettgau und Hegau. Jede derselben war mit 350 Gaben ausgestattet.; die erste derselben betrug

500, die letzte 10 Fr.; die Gesammtsumme derselben betrug 12,000 Franken. Der Standkehr umfaßte 8000 Fr. und die erste Gabe 200 Fr. Die Feldstichscheiben hießen: Wilhelm Tell, Stauffacher, Fontana, Johannes von Müller, Davel, Escher von der Linth. Sie waren den Standstichen gleichgestellt. Der Feldkehr umfaßte in 120 Gaben 15,000 Fr., davon die erste 200, die letzte 5 Fr. Als neue Einrichtung war endlich eine Infanteriestichscheibe „Hans Wieland" aufgestellt mit 7000 Fr. in 250 Gaben, davon die erste 250, die letzte 5 Fr. Der Infanteriekehr umfaßte 1800 Fr. auf 200 Gaben, davon die erste 100, die letzte 5 Fr. betrug. Auf sämmtliche Stichscheiben waren 24,000 Fr. für Prämien angewiesen; für sämmtliche Kehrscheiben 118,980 Fr. Es waren 150 Scheiben aufgestellt auf übliche Schußweite für Stand und Feld.

Den 1. Juli Abends hielt die eidgenössische Schützenfahne unter Donner und Blitz am Himmel wie vom Munoth herunter ihren feierlichen Einzug in die bräutlich geschmückte, altehrwürdige Feststadt, freudig begrüßt durch ihre jubelnde Bevölkerung.

Mit Eröffnung des Festes folgte gute Witterung, nur hie und da durch einen Gewitterregen unterbrochen, der in wohlthuender Weise die schwüle Sommerhitze kühlte. Die Schützen sämmtlicher Kantone mit ihren Fahnen erschienen an dem schönen Verbrüderungsfeste, mit ihnen 100 Schützen des deutschen Schützenbundes, eine Abordnung des schwäbischen Schützenbundes und ebenso Schützen aus Belgien und Frankreich mit ihren Fahnen. Bei der ersten Festtafel sprachen: Präsident Peyer im Hof; Dr. Kasimir Pfyffer; Regierungspräsident Ammann; Oberst Girard. Mit jedem Tag wuchs der Andrang einer wahren Völkerwanderung auf den Festplatz, der fünf Minuten vom Bahnhof weg auf einer anmuthigen Hochebene sich befand. Die Festbauten daselbst waren schön und geschmackvoll. Die zierliche Festhütte faßte 4000 Personen. An zwei Festtagen mußte eine zweite Mittagtafel gedeckt werden. Bei der zweiten Mittagtafel sprachen: Dr. Imthurn; Hans von Ziegler; Dr. Benedey von Frankfurt; Dr. Schoch von Schaffhausen und der damalige katholische Pfarrer Bohrer daselbst. Eifriges Feuer im Schießstand.

Dienstag den 4. Juli beehrte der Große Rath des Standes Schaffhausen das Fest mit seinem Besuche und rückten die Bündner Schützen ein. Sprecher bei der Tafel waren: Großrathspräsident Hans von Ziegler; Dr. Benedey; Pfarrer Näf von Moskau; Scharfschützenhauptmann Ribi; Dr. Schoch. Nachmittags rückten ein: Solothurn; Waadtland; die Zürcher Feldschützen; die Appenzeller; die Schützen von Ob= und Nidwalden.

Am vierten Festtag: Ankunft der Zürcher, 500 Mann stark, der Luzerner, Urner, Genfer und Aargauer, der Glarner und Schwyzer und der Tessiner; der Basler und Thurgauer, zuletzt der Berner in großer Zahl. An der Schützenlandsgemeinde Beschluß der Mehrheit, die Schützenangelegenheit im bisherigen Stande zu belassen. Sprecher bei der Tafel waren: Staatsrath Carteret von Genf; Fürsprech Marti von Schwyz; Kantonsrath Bischoff von Weinfelden; Kommandant von Roten aus Wallis. Abschied nahmen der deutsche Schützenbund und Neuenburg.

Am fünften Festtag: Empfang der Amerikaner, 30 Mann stark, als Sprecher Dr. Felder, gebürtig von Ebnat, Kanton, St. Gallen, seit 12 Jahren eingebürgert in Amerika, dessen treue Anhänglichkeit an die alte Heimat Thränen in die Augen der Zuhörer lockte. Aus dem Aargau rückte der erste Infanterieverein mit einer Fahne ein. Bei der Tafel sprachen: Kommandant Rauschenbach; Regierungsrath Schenker von Solothurn; Pfarrer Aebli von Wiesendangen; Dr. Felder; Student Perret.

Am sechsten Festtag Ankunft der Mitglieder der eidgenössischen Räthe, 10 Mann stark, um der eidgenössischen Landsgemeinde ebenfalls beizuwohnen. Ankunft der Walliser. Bei der Mittagtafel sprachen: Nationalrathspräsident von Planta; Bankdirektor Kaiser von Solothurn; Hr. Cambessèdes von Genf; Dr. Schoch; Graf Plater. Der treffliche Sänger Landolt von Aarau trug unter großem Beifall das bekannte Lied, „Treue bis zum Grabe" vor. Abschied nahmen: Ob= und Nidwalden, St. Gallen, Graubünden. Der Bundesrath war im Begleit der Landesregierung von den Bewohnern des Klettgau's zu einem Besuch in

Hallau eingeladen, wo sie mit ächtem Hallauer Traubensaft vortrefflich bewirthet wurden. Von da ging der Marsch nach Neunkirch und dann nach Neuhausen zu einem durch Trinksprüche sehr belebten Bankett. Prachtvoll war die Beleuchtung des Rheinfalls.

Eine zweite Ausfahrt fand am 7. Festtag nach Stein am Rhein mit dem Dampfschiff statt. Bei der Tafel sprachen: Bundespräsident Schenk; Gaudenz v. Salis; Baron v. Kronberg von Karlsruhe; Hr. v. Planta. Der Sänger Landolt trug „Sängers Abschied" in hinreißendem Liede vor. Es schieden Genf, Uri und Lenzburg.

Am 8. Festtag: Einrücken des 60 Mann starken Infanterievereins von Herisau und von 600 Infanterieschützen von Zürich. Sprecher bei der Mittagtafel: Ständerath Dotta aus Tessin, Reallehrer Hegnauer von Neunkirch, Hr. Petrazzini; Nationalrath Karrer; Hr. Besserer aus Mexiko (Gruß der Schweizer in da); Konsul Wildberger von Schaffhausen, in Philadelphia; Ständerath G. v. Salis. Frau Mayer von St. Gallen, welche einen Nummernbecher herausgeschossen, wurde von den St. Galler Schützen in Wort und Gesang gefeiert.

Am zweiten Festsonntag war Schützenfeldgottesdienst in Anwesenheit von 4000 Zuhörern mit gediegener vaterländischer Anrede von Hrn. Antistes Metzger.

Am neunten Festtag Erinnerungsfeier der Schlacht bei Sempach durch Dr. Schoch von Schaffhausen; Antistes Metzger von da; Fürsprech Schenker von Luzern. Ankunft einer Abordnung des italienischen Schützenvereins. Abschied der Feld- und Infanterie-Schützen von Zürich.

Am zehnten Tage sprachen bei der Mittagstafel: Fürsprech Bächtold und Pfarrer Bohrer von Schaffhausen; H. Ducommun von Neuenburg und Pfarrer Zehnder von Winterthur, der ein gelungenes Festgedicht vortrug; Hr. Ambühl von Schaffhausen.

Am letzten Tag endlich: Capitän Carlei von Florenz; Fürsprech Freuler von Schaffhausen; Nationalrath Peyer im Hof; Professor Dr. Pfaff; Redaktor Bleuler von Winterthur.

Im Schießstand wurde nicht nur viel, sondern auch sehr gut

geschossen. Stichstandboppel wurden gelöst 3571; Feldstichboppel 3971 und Infanteriescheibendoppel 1116; Kehrmarken 937,980.

Die erste Gabe im „Vaterland" Stand gewann Jakob Hochstraßer, Landwirth, von Horgen, Kt. Zürich (mit 18 Theilern). Im Stich „Rheinfall" Rapin-Jaminin, Landwirth von Peterlingen, Kt. Waadt (mit 8 Theilern). Stich „Munoth" Trischler, Georg, von Lenzkirch, Baden (mit 15 Theilern). Stich „Randen" Schlosser Fritz Elmer von Interlaken (mit 22 Theilern). Stich „Hegau" Balthasar Fährer, Holzschnitzler, von Oberhasle (mit 11 Theilern). Stich „Hohenklingen" Büchsenmacher Melchior Bozard von Wiedikon, (mit 15 Theilern). Stich „Klettgau" Cäsar Nigg, Kaufmann in Luzern (mit 10 Theilern). Im Feld „Vaterland" schossen 40 Punkte und damit die erste Gabe Franz Schild, Arzt von Grenchen (Solothurn); Feilenhauer Grobet von Vallorbe, (Waadt); Büchsenmeister Rudolf Jöhl von Ragaz; Weinhändler Johann Bär von Männedorf (Kt. Zürich). Stich „Tell" Hr. Hohenemser von Frankfurt am Main; Stich „Fontana" Schiffmeister Spielmann von Obergösgen (Solothurn); Stich „Staufacher" Titus Fellenberger von Walzenhausen (Appenzell); Stich „Escher von der Linth" Crivelli, Carl von Lugano (Tessin). Im Infanteriestich schoß 40 Punkte Wirth J. Kamm von Filzbach (Glarus).

Die meisten Nummern im Standkehr — 1000 — schoß Handelsmann Streiff-Luchsinger von Glarus in 3 Tagen und wurde als Schützenkönig bekränzt. Die erste Gabe im Standkehr gewann Jos. Rinderknecht von Wollishofen; im Infanteriekehr S. Bänziger von Wald.

Die meisten Nummern im Feldkehr: — 600 — schoß Staub von Männedorf. Im Ganzen wurden in allen Scheiben 15,216 Nummern herausgeschossen. Nummernbecher im Stand wurden geschossen 194, im Feld 889 und im Infanteriekehr 104.

Kein Unfall noch Mißton störte das gelungene Schützenfest, das dem Festorte zur Ehre gereicht.

Telegraphische Begrüßungen trafen während der Festwoche ein: Von den Kadetten in Neuenburg; von den Schweizern in

Venedig und in Wien; vom Central-Komité des zweiten deutschen Bundesschießens in Bremen; von der schweiz. Gesellschaft in London.

Dreiundzwanzigstes eidgen. Schützenfest in Schwyz,
vom 10. bis 17. Juli 1867.

> Die Schweiz, aus drei verschiedenen Völkerstämmen dennoch innig verbunden, hat eben die Aufgabe, aller Welt den Beweis zu leisten, daß nicht nur die Spracheinheit ein Volk oder einen Staat zu bilden im Stande ist; ebenso, daß nicht weite Grenzen ein Volk glücklich machen. Die Schweiz liefert vielmehr durch den Kitt ihrer drei Völkerstämme den Beweis, daß des Schweizers Heimat eine freie und glückliche mit geistigen, leiblichen Gütern reich gesegnete ist, daher dieselbe die innigste Liebe und eine bedingungslose Hingebung im vollen Maße verdient.
>
> Nationalrath Karl Styger von Schwyz.

Dieses zweite eidgenössische Nationalfest auf dem Boden der alten Urschweiz fand unter bedrohlichen äußern Zeitverhältnissen statt. Zur Leitung desselben als Centralausschuß waren folgende Bürger erwählt worden: Nationalrath Karl Styger von Schwyz, als Präsident; Statthalter Friedrich Holdener, Seckelmeister und Kriegskommissär, Julius Eberle, Schreiber.

Weitere Mitglieder: Kanzleidirektor Ambros Eberle; Alt-Landammann Anton Büeler; Damian Camenzind von Gersau; Regierungsrath Gottfried Faßbind von Arth und Regierungsrath P. Suter aus dem Muotathal.

Dem Aufrufe dieser Festlenker fehlte auch diesmal die gewohnte Opferwilligkeit der Schweizer und ihrer Freunde in der Heimat wie in der Fremde nimmermehr. Die zusammengelegten Ehrengaben beliefen sich auf 90,000, der Gesammtgabensatz auf 300,000 Fr.

Der Schießplan bestimmte für die Scheibe „Vaterland" Stand 400 Gaben; für die übrigen Stichscheiben „Rhein", „Rhone", „Tessin", „Reuß" je 300 Gaben. Das „Vaterland" Feld umfaßte 500 Gewinngaben. Die übrigen Stichscheiben „Morgarten", „Sempach", „St. Jakob", „Stooß", „Giornico", „Rothenthurm" je 330 Gaben. Die Kehrscheibe Stand und Feld je 800 Gaben.

Die Infanteriescheibe „Vaterland" 300 Gewinnste, die andern beiden Stiche „Freiheit", „Einigkeit" 250, die Kehrscheibe 200 Gaben. Die Hinterladungsscheibe „Unabhängigkeit" hatte 150 Gaben, von denen die erste mit 26, die letzte mit 10 Treffern gewonnen wurde. Scheiben waren 130 aufgestellt, davon 80 für das Feld, 24 für den Stand, 22 für Infanterie und 1 für Hinterlader.

Der Festplatz befand sich mitten in dem schönen Schwyzerboden, Angesichts der beiden herrlichen Mythen und der anderseits umgebenden Berge, sowie des klassischen Vierwaldstättersee's in wunderschöner Lage. Die Festgebäude waren sehr geschmackvoll, aber einfach und zweckdienlich.

Beständig schönes Wetter und der Geist brüderlicher Eintracht und Offenheit verherrlichte dieses gelungene Schützenfest. Unter Anführung von Dr. Kopp aus Wien hatte sich eine Abordnung deutscher Schützen eingefunden, die Schweizerschützen zum nächstjährigen deutschen Bundesschießen nach Wien einzuladen.

Sonntag den 10. Juli feierliche Uebergabe der eidgenössischen Fahne.

Montag der Fahne von Uri, Baselstadt. Sprecher: Präsident A. Eberle; Landesstatthalter Camenzind von Gersau; Großrath Ambühl von Schaffhausen; Dr. Gyr von Schwyz; Landammann v. Hettlingen von Schwyz; Oberst Bürnand von Schaffhausen; St. Baumgartner von Sirnach und Bezirksamtmann Bürgi von Arth.

Am Dienstag Aufzug von Zürich, Feld= Infanterie= und Standschützen zusammen und vom Aargau. Sprecher in der Festhalle waren: Präsident Bisig von Einsiedeln; Landammann Styger; Regierungsrath Moser=Ott von Schaffhausen; Dr. Schild von Grenchen; Professor Zschetsche von Zürich.

Mittwoch den 10. Juli Ankunft der Glarner, Thurgauer, Waadtländer, Luzerner, Zuger und St. Galler. Bei der Tafel sprachen: Statthalter Holdener von Schwyz; Kantonsrath Bischof von Weinfelden; Nationalrath Ruchonnet von Lausanne; Kommandant Rauschenbach von Schaffhausen; Kommandant Hauser von Wädenschweil; Dr. Fd. Keiser in Zug; Landammann v. Hettlingen von Schwyz und Dr. Obermatt von Beckenried. Nach dem Mittagessen Schützengemeinde und Beschluß, Feld- und Stand einträchtig neben einander so stehen zu lassen bis zur Entwicklung des Sieges der neuen Militärorganisation.

Donnerstag den 11. Juli Ankunft von Solothurn; Appenzell Außer- und Inner-Rhoden; Nidwalden; Freiburg; Neuenburg; Genf; Obermarch und Bern. Sprecher bei der Tafel: Landammann Styger; Professor Plattner von Chur; Schulinspektor Cambesedes; Landammann Curti von St. Gallen und Landammann v. Hettlingen. Von Einsiedeln erschienen zwei 84-jährige Schützen, die zu Fuß über den Hacken an das Fest gepilgert waren. Abends künstliche Beleuchtung des Festplatzes und Hochfeuer auf allen Bergen.

Freitag den 12. Juli Ankunft der Kantonalschützenfahne von Tessin. Abschied von St. Gallen und Solothurn. Abends Einzug der Mitglieder der eidgenössischen Räthe mit 3 Mitgliedern der großen japanesischen Gesandtschaft, welche damals die Staaten Europa's bereiste, unter majestätischem Donnerwetter mit wundervollem Regenbogen. Sprecher in der Festhalle: Kantonsrath Röthlin von Sachseln; Fürsprech Durrer; Landammann Suter aus dem Muotathal; Landammann Schenker von Solothurn.

Samstag den 13. Juli: Ankunft der Polytechniker von Zürich. Glanzpunkt des Tages war die Ankunft der Schweizer-Amerikaner, Hr. Bandelier von Pruntrut an der Spitze, der seit 10 Jahren in Amerika eine zweite Heimat gefunden. Er schilderte die Macht des Schweizerheimweh's mit so tiefem Gefühl, daß hunderte von Männeraugen feucht wurden. Sprecher bei der Tafel: Bundespräsident Fornerod; Bundesrath Dubs; Landammann Bigier; Nationalrath Stehlin von Basel; Hr. Sulfer aus St. Gallen; Nationalrath Friedrich von Genf; Dr. Blumer, Ständerathspräsident von Glarus; Dr. Kasimir Pfyffer von Luzern; Forney, Sekretär der vereinigten Staaten von Nordamerika. Zu Ehren der Mitglieder der eidgenössischen Räthe, sowie der Japanesen fand nach der Tafel eine Wagenfahrt über die Axenstraße mit Rückfahrt im Dampfboot zu den klassischen Stellen des Urnerseees statt. An den drei Quellen auf Rütli tranken die

Japanesen aus dem Osten, wie die Schweizer aus Kalifornien aus dem Westen der Erde auf die Wohlfahrt des freien Schweizerlandes.

Sonntag den 14. Juli schieden Schaffhausen, Zürich, Neuenburg, Genf, Uri und Luzern. Sprecher bei der Tafel: Regierungsrath Faßbind von Arth; Fürsprech Gyr; Dr. Kopp von Wien; Generalkonsul Hitz von Washington.

Montag den 15. Juli Sprecher: Präsident Kündig von Schwyz; Bandelier aus Amerika; Konsul Germann aus Manila; Ständerath Demarchi aus Tessin; Hanselmann aus Oberegg Appenzell J.-Rh.

Dienstag den 16. Juli. Sprecher: Statthalter Holdener von Schwyz; Verhörrichter Ulrich, Kantonsrath Horat; Staatsanwalt Krieg. Abends feierliche Beleuchtung des Fleckens Schwyz und der umliegenden Berge.

Mittwoch den 18. Juli erfolgte die feierliche Vertheilung der ersten Preise.

Im Standstich „Vaterland" hatte die erste Gabe: Balthasar Kamm, Landwirth auf Kerenzen, Kt. Glarus, 966 Theiler; „Rhein": Gärtner Ammann in Männedorf, Zürich, 1000 Theiler; „Rhone": L. Altherr in Trogen, Appenzell, 956, „Tessin": Karl Liebe von Thun, Bern, 965; „Reuß": Müller Iselin von Trub, Bern, 985. Im Feldstich „Vaterland": J. Jecker, Schreiber, von Mümliswil, Kt. Solothurn, 3432; „Morgarten": Kellenberger von Walzenhausen, Appenzell, 3411; „Sempach": Arnold Fierz, Wirth von Wattwil, Kt. St. Gallen, 3467; „St. Jakob": Kaufmann Lehmann von Büren, Bern, 3289; „Stooß": Kaspar Schwyter, Wirth, von Näfels, Glarus, 3368; „Giornico": Kaufmann Heinrich Knecht von St. Gallen 3368; „Rothenthurm": Kaufmann C. Hantschin von Gelterkinden 3400. Im Infanterie-Stich „Vaterland": Hr. Näf von Thalweil, Zürich, 3284; „Freiheit": Jos. Weber, Landwirth, in Emmen, Luzern, 3102; „Einigkeit": Büchsenmeister R. Blumer von Glarus, 3116. Hinterladung „Unabhängigkeit": Kommandant Camillo Dotta von Tessin, 47 Punkte. Schützenkönig im Standkehr mit 1150 Nummern Heinrich Wüest von Basel; die meisten Nummern im

Feld: Franz Schmitter von Näfels, Glarus. Nummernbecher wurden herausgeschossen im Feldkehr 565; im Stand 99; im Infanteriekehr 78. Die Becher waren von ausgezeichneter Arbeit, von Goldschmied Schellhas in Zürich ausgeführt.

Stichdoppel wurden gelöst 2559; Feldstichdoppel 2546; Infanteriedoppel 1077; Hinterladerdoppel 320; Kehrmarken 637,224.

Telegraphische Grüße sind während der Festtage eingetroffen vom Grütliverein von Neuenburg auf den Ruinen von Aventicum; vom Schweizerklub von Brüssel; von der Militärgesellschaft vom Rhonestab von Villeneuve; von den festfeiernden Luzernern auf dem Schlachtfeld ob Sempach; vom schweizer. Musikfest in Zürich; von einer Schweizergesellschaft in Paris durch Minister Dr. Kern; von den Militärgesellschaften von Vivis, Orbe, Charbres, Villon; von General Dufour und Schulfreunden in Genf; Professor Neßler in Lausanne; Georg Büeler von Flüelen; vom Abt von Einsiedeln als Spender des Leutschen-Ehrenweines und von der Gesellschaft Hinterthurgau.

Auch dieses Nationalfest mit kosmopolitischem Charakter, bei dem die Fahnen von Oesterreich, Deutschland, Frankreich, Italien und Nordamerika aufgepflanzt waren, hat ohne Mißton und Unfall seinen glücklichen Verlauf genommen, voll gemüthlicher Herzlichkeit, brüderlicher Eintracht und warmer, vaterländischer Begeisterung.

Vierundzwanzigstes eidgenössisches Schützenfest in Zug,
vom 11. bis zum 24. Juli 1869.

> Ein Freiheitsfest, ein Friedensfest, wir wollens scharf betonen,
> Das knallt aus Euern Büchsen laut, das d:nnern die Kanonen!
> Es rausch' im Ton, es hall' im Lied, es tön' im freien Worte,
> Es sänsle von der Fahnenburg, von manch' beflaggter Pforte!
> Dr. Frd. Kaiser.

Schon Anfangs der vierziger Jahre hatte Zug sich muthig und beharrlich um die Ehre des eidgenössischen Schützenvorortes beworben, aber stets war ihm das Würfelloos ungünstig gewesen. Endlich hatte seine Beharrlichkeit gesiegt.

Ungünstige Zeitverhältnisse waren in den furchtbaren Ueberschwemmungen im Herbste 1868 dem Feste voran gegangen, welche die Opferwilligkeit der Miteidgenossen sehr stark in Anspruch nahmen. Zug ließ sich jedoch dadurch in seinem Vorhaben nicht abschrecken. In den Centralausschuß wurden gewählt: Landammann L. B. Merz von Unterägeri, als Präsident; L. F. Zürcher von Zug, als Säckelmeister; Fürsprech Fidel Billiger von Cham, als Schreiber.

Fernere Mitglieder: Ed. Schwerzmann in Zug; Oberst J. M. Letter in Zug; W. Henggeler in Zürich; Oberst Müller in Zug; Dr. Frb. Kaiser in Zug; Dr. Kaiser-Muos in Zug.

Der Einladung des deutschen Schützenbundes war im Sommer 1868 ein starkes Bataillon Schweizerschützen nach der schönen Kaiserstadt Wien gefolgt und dort glänzend gefeiert worden. Wiederum folgte eine Abordnung des deutschen Schützenvereines an das schweizerische Nationalfest in Zug. Ebenso eine solche der Schützen Italiens und der Schweizer-Schützen aus Boston in Amerika, mit Hermann aus Boston als Sprecher. Trotz der Ungunst der Zeitverhältnisse beliefen sich die eingelaufenen Ehrengaben auf 75,769 Fr. 20 Rp. Der Gesammtgabensatz umfaßte Fr. 300,000. Der Standstich „Vaterland" erhielt in 400 Gaben Fr. 18,000, die übrigen Stichscheiben in je 300 Gaben Fr. 7000. Der Standkehr in 400 Gaben 4000 Fr.

Gaben in den Feldscheiben waren: 450 im „Vaterland" mit Fr. 25,000; in fünf weitern Stichscheiben je 300 mit Fr. 8000, endlich Kehr 600 Gaben mit Fr. 75,000; Infanteriescheibe: 450 Gaben im „Vaterland" Fr. 10,000; in drei weitern Stichscheiben 300 mit 6000 und Kehr 250 Gaben mit Fr. 3000; Gaben in der Hinterladerscheibe 250; Ehrenscheibe mit Fr. 5000 und je 200 mit Fr. 2500 in den Stichscheiben. Prämien im Standstich und Kehr Fr. 30,000, im Feld Fr. 67,500 und in der Infanteriescheibe Fr. 39,000.

Endlich war auch eine Schnellfeuerscheibe aufgestellt mit zwei Minuten Schießzeit.

Der Festplatz befand sich auf einer weiten grünen Wiese

nördlich vom Bahnhof in unmittelbarer Nähe desselben. Die Festhalle war 300 Fuß lang, 130 Fuß breit und 61 Fuß hoch, in Basilikastil erbaut mit Raum für 3400 Gäste und reichem innern und äußern Schmuck. Der Schützenstand hatte eine Länge von 781 Fuß nnd eine Breite von 41 Fuß. Ueber dem Mittelbau desselben befand sich eine Terrasse, von der man eine wundervolle Rundaussicht auf das gesegnete Zugergelände, den See und die Alpen genoß. Auf 580 und 1000 Fuß Schußweite stunden dem Schießstande gegenüber 124 Scheiben; davon 28 für den Stand und 96 für das Feld. Die 12 Standstichscheiben waren: 2 „Vaterland"; dann weitere Stichscheiben: „Heinrich von Hünenberg", „Ammann Kolin" und „Werner Steiner". Das Feld zählte 12 Stichscheiben: „Vaterland", „Eiger", „Mönch", „Jungfrau", „Rigi" und „Pilatus". Die Infanterieabtheilung zählte 8 Scheiben für den Stich: „Vaterland", „Rhein", „Rhone", „Reuß". Das Schnellfeuer zählte 3 Scheiben für den Stich (1 Ehrenscheibe und 6 für die übrigen („Fertigkeit", „Behendigkeit"). Der Gabentempel mit der Fahnenburg hatte als Grundlage eine gleichmäßige Kreuzform und 3 Stockwerke. Er entsprach in Bauart der Festhalle. Ein besonderer Schmuck des Festplatzes war ein aus prächtigen Tuffsteinen hervorquellender Springbrunnen, mit geschmackvoller Umsäumung des Wasserbeckens und dem Gnom „Uto", von Professor Kaisers Meisterhand.

Das Schützenfest in Zug war von herrlichem Wetter begünstigt und entfaltete einen heitern fröhlichen Ton eidgenössischen Gemeinsinnes und brüderlicher Zusammenhörigkeit, der die Mißstimmung St. Gallens über den Schießplan weichen mußte.

Nach der feierlichen Fahnenübergabe sprachen in der Festhalle: Hr. E. Schwerzmann; Dr. Frd. Kaiser; Nationalrath Girard von Neuenburg. Nachmittags Ankunft der Fahnen von Uri, Aargau und des deutschen Bundes. Abends Beleuchtung der Stadt. Im Infanteriekehr hatte Staub von Männedorf, vollständig als Infanterist ausgerüstet und mit dem Tornister bepackt, in Zeit von 2 Stunden mit dem Vetterligewehr 100 Nummern geschossen.

Am zweiten Tag sprachen bei der Tafel: Oberst Letter von

Zug; Regierungsrath Faßbind von Arth; Staatsanwalt Schwerzmann in Zug; Fürsprech Billiger von Cham.

Am dritten Tag rückten zuerst die Neuenburger mit drei Fahnen ein; Nachmittags folgten die Obwaldner. Bei der Tafel waren Sprecher: Dr. Frd. Kaiser; Dr. Kopp von Wien; Dr. A. Zürcher von Zug (Verwahrung gegen Wolfgang Menzels Verunglimpfung der Schützenfeste); Oberst Phillippin von Neuenburg; Staatsrath Humbert von Neuenburg.

Der vierte und belebteste Festtag brachte die Luzerner, Glarner, Unterwaldner, Solothurner, Zürcher mit 9 Fahnen; die Thurgauer, St. Galler und Schaffhauser; Nachmittags: die Berner. Sprecher bei der Tafel waren: Sekundarlehrer Zimmermann von Unterägeri; Dr. Hermann aus Hamilton, (Cincinnati in Amerika); Franz Vigier von Solothurn; Rathsherr Stadlin von Zug; Major Wickart von Zug. Die Schützengemeinde war von 1000 Schützen besucht. Anmeldung für das nächste Schützenfest erfolgte von Tessin, Thurgau und noch vier Ständen. Der alte Standstutzer wurde aberkannt und an seinen Platz trat nun der Hinterlader. Als einheitliche Distanz wurden 800 Fuß angenommen.

Am fünften Festtag den 15. Juli tummelte sich eine ungeheure Menschenmenge auf dem Festplatz. Zuerst rückten die Genfer ein, sodann die Außerrhödler, Tessiner, Freiburger. Bei der Tafel sprachen: Dr. Stadlin, Dr. Schild; Staatsrath Friedrich von Genf; Sänger Landolt trug unter großem Beifall ein von Munke in Paris komponirtes Schützenlied vor.

Am sechsten Festtag Ankunft der Polytechniker von Zürich; ihr Sprecher Schobinger von Luzern ließ den freien Schweizergeist hoch leben. Weitere Sprecher bei der Tafel waren: Dr. Staub; Regierungsrath Schenker von Solothurn; Sulzer von Azmoos; Dr. Censi von Lugano. Nachmittags schieden Bern und Solothurn und die deutschen Schützen. Am Abend trafen die hohen Gäste der Bundesversammlung ein, 40 Mann stark. Ihnen zu Ehren ward am Samstag Abend eine Rundfahrt auf dem Zugersee mit Beleuchtung der Ufer und Berge veranstaltet. Am Samstag sehr stark besetzte Tafel, darunter auch viele Frauen. Sprecher: Wyß, Präsident des Organisationskomite's; Bundesrath Dr. Dubs; Dr. Casimir Pfyffer; Nationalrath Fratecolla und Nationalrath Cérésole (in allen drei eidgen. Sprachen); Julius Stiefel und Nationalrath Ruchonnet. Ankunft einer kleinen Truppe Italiener. Abschied nahmen Thurgau, Appenzell, Tessin. Wettschießen zwischen 5 englischen und 5 schweizerischen Schützen. Auf 1000 Fuß siegten die Schweizer, auf 1600 Fuß hielten sich die Kämpfer mit 34% die Waage.

Bei den Engländern war der berühmte Schützenkönig Peak.

Bei der Mittagstafel, Sonntag den 18. Juli, sprachen: Landammann Adolf Kaiser von Zug; Landammann Keller von Aarau; Stabsmajor Ribi; Nationalrath Karrer von Bern und eidgenössischer Schulrath Ghiringhelli aus Tessin; Landammann Bigier von Solothurn; Simon Rüttimann von Rüti und Manzahoja aus Graubünden. Abschied der Graubündner, der Polytechniker und St. Galler.

Am Montag sprachen bei der Tafel: Ständerath Dossenbach von Baar; Kanzleidirektor Eberle von Schwyz; Seminardirektor Dula von Wettingen; Pfarrer Grob von Hedingen.

Am letzten Festtag sprachen noch Kaufmann Imboden von Bern; Hr. Alf. Wyß von Zug; Hr. Chovat von Grandson; Dr. Sidler von Küßnacht; Rektor Billiger von Zug; Stabsmajor Sedevilla von Lugano und Staatsanwalt Schwerzmann von Zug.

Am Donnerstag fand die feierliche Ueberreichung der ersten Preise an die Schützen statt. In der Standstichscheibe „Vaterland" erhielt die erste Gabe: Gustav Heinrich Giroud von Recavaux, Neuenburg, 34 Theiler; Stich „Heinrich v. Hünenberg": Küfer Joh. Guggenbühl von Meilen, Zürich, 34; „Kolin": Büchsenmacher Wirz von Wyl, St. Gallen, 51; „Schwarzmaurer": Weber Alex. Donza von Speicher, Appenzell, 0; „Werner Steiner": Schützenhauptmann K. Nabholzer von Bischofszell, Thurgau, 0; Feldstichscheiben „Vaterland": Uhrenmacher Karl Ringli in Einsiedeln, 8 Theiler; „Eiger": Julius Rosselat von Sonceboz, Bern, 37; „Mönch": Christian Rohner von Reute, Appenzell, 0; „Jungfrau": Thomas Richmuth, Landwirth von

Schwyz, 27; „Rigi": Kaufmann J. J. Rüegg von Zofingen, Aargau, 29; „Pilatus": Peter Baumann, Wirth, im Kienholz bei Brienz, Bern, 0; Infanteriestich „Vaterland": Schreiber Viktor Wyß, von Solothurn, 3546 Punkte; „Rhein": Schreiner Samuel Bänziger von Wald, Appenzell, 2342; „Rhone": Schwitter, Franz, von Näfels, Glarus, 3342; „Reuß": Dubois, Franz von Morsee, Waadt 3233; Schnellfeuerscheiben „Ehrenscheibe": Bösiger, J. U. von Roggweil, Bern, 36 Treffer und 65 Punkte; „Behändigkeit": Büchsenmacher Brechbühl, Joh., Thun, Bern, 38 T. 55 P.; „Fertigkeit": Brechbühl, Joh. von Steffisburg, Bern, 39 T. 62 P. Die meisten Kehrnummern im Feld (709) hatte Schütz Bösiger von Roggweil, Bern, geschossen. Im Ganzen sind 674 Becher herausgeschossen worden; davon 128 im Stand, 232 im Feld und 214 im Infanteriekehr. Stichdoppel wurden gelöst: 2308; Feldstichdoppel: 2225; Infanteriestich: 1209; Schnellfeuer: 506; Kehrmarken: 564,761. Nachdoppel 190. Ausweismarken zu Fr. 3 sind gelöst worden: 2388; zu 6 Fr. 676.

Telegraphische Begrüßungen sind während der Festtage eingegangen: Von den Mitgliedern des gesammten deutschen Schützenbundes und den Wiener Schützen; vom Schützenverein Wien und Pinkersdorf; von der Schweizerkolonie Venedig; von den deutschen Schützen in Leipzig; von den Schützengesellschaften von Oron, Marseille, Klagenfurt; von Vaterlandsfreunden in Brenets; von den vereinigten Artilleristen in Locle; von einer jugendlichen Reisegesellschaft in Flüelen; von den Festfeiernden in Sempach; dem Jugendfestkomité in Aarau; den Aspirantenschulen von Bière und Nyon; von Konsul Heymann in Bremen; General Düfour in Genf und Franz Fabricius in Frankfurt a. Main. In Bezug auf Verwendung der neuen Waffen im Schießstande haben Peabody, Martini und Vetterli sich so ziemlich in die Herrschaft getheilt. Namentlich hat das Martinigewehr sich im Schnellfeuer bewährt.

Fünfundzwanzigstes eidgenössisches Schützenfest in Zürich,

vom 14. bis 23. Juli 1872.

> Die Geschichte alter und neuer Zeit lehrt uns, daß die Eidgenossen mit einander hadern können, daß sie aber auch wieder zusammenstehen als Brüder und Söhne Einer Familie und ihre Opfer darbringen, wenn das Vaterland sie fordert. Die Freiheit des Einzelnen blüht nur in der Freiheit des Ganzen. Das Ganze steht über dem Einzelnen. Das Vaterland über Allen.
> Nationalrath Widmer-Hüni.

Für das nächste eidgenössische Schützenfest hatten sich nicht weniger als sechs Bewerber zusammengefunden: Frauenfeld, Tessin, St. Gallen, Baselstadt, Waadt, Glarus. Frauenfeld und Tessin hatten den Vorrang, da beide das Fest noch nie gehabt. Zuerst trat Frauenfeld wegen Distanzschwierigkeiten zurück. Sodann entstand der eidgenössische Feldwaffenverein und der schweizerische Schützenbund schwebte in Gefahr, sich in aufgeregter Parteiung aufzulösen. Unter solchen bedenklichen Zeiterschwerungen traten Basel, Glarus, Waadt und Tessin von ihrer Bewerbung zurück. Dagegen beharrte Zürich bei seiner Bewerbung als Festort und erhielt den 1. Januar 1870 wirklich die Zusage. In den waltenden Zwistigkeiten zwischen den Alten und den Jungen im schweizerischen Schützenbund gelang es dem weisen und vermittelnden Vorgehen Zürich's, einen vereinbarten Statutenentwurf zu Stande zu bringen, der von beiden Lagern mit überwiegender Mehrheit angenommen wurde. Zur Festleitung wurden in den Centralausschuß folgende Bürger auserkoren: Nationalrath Widmer-Hüni von Horgen, als Präsident; Dr. Hauser von Außersihl, Seckelmeister; Peter, Dampfschiffdirektor, Schreiber.

Als weitere Mitglieder: Professor Dr. Treichler in Zürich; Fürsprech Ryf von Horgen; Regierungsrath Walder von Unterstraß; Regierungsrath Oberst Hertenstein von Winterthur; Stadtpräsident Dr. Römer in Zürich; Hr. Zellweger-Wäffler von Winterthur.

Da im Januar 1871 noch kein Ende des furchtbaren Völkerkampfes abzusehen war, welcher auf den Gefilden des benachbarten Frankreichs wüthete, so wurde im Einverständniß mit dem abtretenden Centralkomité die Vertagung des eidgenössischen Schützenfestes auf das Jahr 1872 beschlossen. Sowie dann der Weltfriede geschlossen und die Versöhnung der Schützen vollbracht war, nahm das neue Centralkomité seine Arbeiten mit aller Thatkraft auf, der auch die lebhafteste Betheiligung der Mitbürger entsprach. Dasselbe hatte 1500 Aktien zu Fr. 100 ausgeschrieben, statt derselben wurden von 393 Zeichnern 5566 Aktien unterschrieben. Der Gesammtgabensatz betrug Fr. 314,190. Die anfangs nur spärlich fließenden Ehrengaben erreichten bis zum Beginn des Schützenfestes die beträchtliche Summe von Fr. 127,901 und verliehen dem Gabentempel einen besonders reichen Schmuck. Vor allem aus glänzte das schöne silberne Kaffeegeschirr mit zwölf feinen Porzellantassen, das Geschenk der altbefreundeten Stadt Straßburg im Werth von Fr. 3500, als Zeichen der Dankbarkeit für ihre Bruderhilfe zur Zeit der Noth und Bedrängniß. Ebenso prächtig waren die Thee- und Kaffeegeschirre der Schweizer in Wien, Paris und Havre. Unweit davon prangte in geschmackvollem Futteral die Gabe des deutschen Schützenbundes: der deutsche Reichsadler, umgeben von einem reichen Kranz blinkender Zwanzigfrankenstücke. Unter den vielen und prachtvollen Bechern überragte alle an Größe und Schönheit der Form der Ehrenpokal des abtretenden Festkomité's in Zug, der mit einem grünen Lorbeerkranz mit goldenen Früchten geschmückt war. Ebenso originell war der Trinkpokal des Graubündner Schützenfreundes Trepp in Dresden. Wegen Neuheit der Gabe waren erwähnenswerth: das mit einem Deckel in Holzmosaik geschmückte Album der Stadt Triest von den dort wohnenden Schweizern und ein Tisch in farbiger Mosaik von den Schweizern in Neapel.

300 Nummernbecher und 1000 Festthaler lobten in Zeichnung und Ausführung ihren Meister. Der Gesammtgabensatz belief sich auf Fr. 300,000. Davon waren Fr. 84,411 der Stichscheibe „Vaterland" zugetheilt; jede der andern 6 Stichscheiben: „Rhein", „Rhone", „Reuß", „Aare", „Limmat", „Tessin" waren mit 16,700 Franken bedacht.

Der Festplatz war zehn Minuten vom Bahnhof entfernt und umfaßte eine ebene Wiese in der Gemeinde Außersihl. Vier mit einem dichten Mastenwald und grünen Laubgewinden geschmückte Straßen führten zu demselben. An jedem jungen Tannenbaum hing das Bild eines berühmten Eidgenossen mit einem Wahrspruch aus dessen Leben, eine sinnreiche Gallerie verdienter Schweizer. Die geschmackvolle Ehrenpforte am Haupteingang trug die Wappenschilder der Kantone, welche bisher Schützenvororte gewesen sind. In der Mitte des weiten Festplatzes prangte der geschmackvolle Gabentempel mit dem „Lueg in's Land" und der Fahnenburg. Auf zahlreichen schlanken Säulen ruhte sein Dach, und über demselben erhob sich thurmartig der Oberbau mit dem farbenreichen Fahnenschmucke. Vier breite Treppen führten zu den großen Schaufenstern hinan, welche während der Festzeit immerfort von Schaaren neugieriger Zuschauer umdrängt waren. Links vom Gabentempel warf ein gewaltiger Springbrunnen seine zahlreichen Wasserstrahlen rings Kühlung verbreitend hoch in die Luft empor. Rechts vom Gabentempel überraschte aus lebendigem Baumgrün hervor eine in Gyps ausgeführte kolossale Statuengruppe, der alte Stand und der junge Feldschütze sich die Hand reichend. Unten am hohen Fußgestell stand die Inschrift: „Ein Schützenbund, Ein Vaterland." Ueber ihnen stund, einige Fuß höher, Mutter Helvetia, die eine Hand auf den Schweizerschild gestützt, in der andern den Lorbeerkranz segnend auf die Häupter der versöhnten Gegner herab senkend. Ihr reiches Gewand schmückten die Wappenschilde der 22 Kantone und ein faltenreicher Mantel fiel von den Schultern zu den Füßen hinab.

Die Festhalle, ein Parallelogramm, überspannte frei und luftig ohne irgend welche Säule einen Flächenraum von 72,750 Quadratfuß bei einer Länge von 485 und einer Breite von 150 Fuß. Sie enthielt an der unabsehbaren Reihe von Tischen Sitzplätze für 5000 Personen. An der nordöstlichen Wand erhob sich die Rednerbühne. Ueber derselben befand sich das Orchester für die Festmusik, ihm gegenüber über dem Haupteingang eine zweite Bühne für angekommene Musikchöre sowie für Gesangvorträge. Die auf der Nordseite angebaute Küche hatte eine Länge von 300 Fuß. Bei hereingebrochener Nacht erleuchteten neun große Kronleuchter mit 692 Gasflammen die weite, hohe Halle. Von außen bot der hübsche Bau mit seinen vier mit Wimpeln und Fahnen geschmückten Eckthürmchen einen imposanten Anblick dar. Die einzelnen Felder des Gebälkes waren mit den 22 Schildern der Kantone und mit sinnigen Denksprüchen geschmückt. Unter denselben schloß eine mit lebendigem Grün versehene Gitterverzierung ab, die ihrestheils wieder über dem Rande des Schindeldaches in zahllosen Flaggen ihren Abschluß fand. Eine niedrige Brüstung, welche sich von Pfeiler zu Pfeiler hinzog, schied die Halle nach außen ab. Wenige Schritte vom westlichen Eingang derselben entfernt, dehnte sich in unabsehbarer Länge der Schützen= und Scheibenstand aus. Links standen 100 Kehrscheiben für „schweren", rechts ebenso viel für „leichten Abdruck"; in der Mitte die 7 Stichscheiben. In der ganzen geschickten Einrichtung bewährte sich das bekannte Organisationstalent der Züricher.

Am Vorabend der Eröffnung des eidgenössischen Schützenfestes, Samstag den 13. Juli, trat in Aegeri, in der Nähe des ruhmgekrönten Schlachtfeldes am Morgarten, die eidgenössische Schützenfahne nach dreijähriger Hut daselbst in Begleit der Zuger Musik ihren Triumphzug nach der neuen Feststadt an. Derselbe führte zuerst nach dem reich geschmückten schönen Dorfe Horgen, im Kt. Zürich, das durch sein blühendes Seidengewerbe mit dem Kanton Zug in lebhaftem Verkehr steht und der Wohnsitz des neuen Präsidenten des eidgenössischen Centralkomité's, des Hrn. Nationalrathes Widmer=Hüni ist. Trotz sündfluthlichem' Regen fand daselbst durch das Kadettenkorps der feierliche Empfang des Fahnengeleits statt. Neue Regengüsse begleiteten darauf auch die Dampfschifffahrt nach Zürich. Den nächsten Morgen aber lachte die heißeste Julisonne am wolkenlosen, blauen Himmel. Um 9 Uhr begleiteten 4000 Schweizerschützen in strammer Haltung vom Münsterplatz die eidgenössische Schützenfahne zur feierlichen Uebergabe auf den Festplatz. Daselbst stieg zuerst aus dem Munde sämmtlicher anwesender Stadtsänger der bekannte herrliche Schweizerpsalm weihevoll zum Himmel empor, mitten im Gedränge einer ungeheuren Menschenmenge, die aus allen Kantonen und weit über die Grenzen hereingeströmt war, um in gehobener vaterländischer Stimmung der Eröffnung des Verbrüderungsfestes beizuwohnen.

Nach dem Festgesange übergab der abtretende Präsident des schweizerischen Schützenvereins, Hr. Landammann Merz, das eidgenössische Schützenpanner mit einem kurzen Rückblick auf die Geschichte der eidgenössischen Schützenfeste an den neuen Vorstand, der selbes mit der freimüthigen Hinweisung auf die brennende Frage der Zeit, die Bundesrevision, entgegen nahm, die den Hauptgegenstand der zehntägigen Besprechung der Schweizer Schützen bilden werde. In gleich entschiedener Weise eröffnete derselbe Sprecher bei der Mittagtafel die Reihen der Festreden, dem freien Worte sein Hoch bringend, das zur befriedigenden That der Bundesverbesserung führt. Nach ihm setzte Dr. Kaiser von Zug dem päpstlichen Bannfluch den Segenswunsch Christi für seine Feinde entgegen und sein Hoch galt der religiösen Freiheit und Selbständigkeit der zur Mündigkeit berufenen menschlichen Gemeinden. Nach der Mittagtafel übergab Ständerath Huber von Altdorf die Panner der Schützen der drei Urkantone, die 600 Mann stark heran gekommen waren. Der Sprecher gab die Versicherung ab, daß auch die Urkantone der Forderung der Zeit Rechnung tragen werden. Ebenso sprach sich der entschiedene Führer der waadtländischen Gegner der Revision, Nationalrath Ruchonnet, nun für die Wiederaufnahme derselben aus. Ihm folgte Ständerath Clausen, der Sprecher der Walliser, welcher erklärte: „Wo das Schweizervolk in zwei fast gleichen Hälften einander gegenübersteht, da kann von keiner Vergewaltigung die Rede sein, sondern ist der Zeitpunkt brüderlicher Verständigung zur Vereinigung der entzweiten Gemüther unabweisbar gekommen." Nationalrath Numa Droz von Neuenburg endlich erklärte die Verwerfung der Bundesrevision durch das Neuenburger Volk geradezu als ein Mißverständniß. Anderseits erklärte Bundespräsident Welti die Ursache und Niederlage am 12. Mai in mangelhafter Selbsterkenntniß und empfahl daher den Fortschritt, der auf derselben ruht. Ständerath Keller verglich das eidgenössische Schützenfest mit dem Versöhnungsfest der Juden, die bei demselben ein offenes Sündenbekenntniß ablegen. Ein solches sei auch den Revisionsfreunden zu empfehlen. Direktor Hüni-Peter wollte nichts von einer vermittelnden Verwischung der Gegensätze wissen, sondern nur von einem feurigen Kampf, aber ohne Bitterkeit, mit Läuterung der Wahrheit.

Den ersten Festtag allein wurden 10,000 Personen durch die Eisenbahnen befördert. Auch die Dampfschiffe schleppten unzählige Schaaren herbei. Aus dem Wehnthal, dem Kelleramt und von den beiden Seeufern kamen schön geschmückte Wagen an Wagen mit festlich gezierten Landleuten. An demselben Tag zogen die Berner ein, 600 Mann, den Mutz, die Schützenpanner von Bern, Thun und Herzogenbuchsee nebst der Thuner Kadettenmusik an der Spitze.

Am Montag Einzug der Büchsen- und Schiffergesellschaft von Genf; der St. Galler in großer und der liberalen Freiburger in kleiner Zahl.

Am Dienstag Schaffhausen mit dem Bock als Wappenthier; Aargau, Bünden und Neuenburg.

Am Mittwoch: Einzug der Schützen von Macon und Umgebung, 185 Mann stark, sowie einer Schützenabordnung der Schweizer Schützen in Neu-Orleans, der Italiener Schützen aus Mailand und endlich der Tessiner.

Am Donnerstag: Ankunft der Schützen von Appenzell, Glarus und Luzern. An diesem Tage wurde die Rednerbühne vorzugsweise durch die Redner in welscher Zunge in Anspruch genommen. Mit ihren Trinksprüchen wechselten Musikvorträge der Feldmusiken von Genf, Luzern und Zug.

Telegraphische Grüße kamen vom Grütliverein in Washington, von den Ungar-Schützen in Presburg, den Wiener Schützen aus Baden bei Wien, und von den Schweizern in Paris und Hamburg. Trotz schlechter Witterung bewegte sich eine ungeheure Menschenmasse auf dem Festplatz. Die übrigen Festtage blieb der Himmel fortwährend günstig.

Am Freitag rückten die Baselländer und am Samstag die Walliser ein, so daß alle Kantone an dem Verbrüderungsfeste vertreten waren.

Am Sonntag zeigte sich noch einmal die Hochflut einer Völkerwanderung. Beim Feldgottesdienst der Schützen waren über zehntausend Menschen auf dem Festplatz versammelt. Pfarrer Lang von Zürich sprach mit weithin schallender, klarer Stimme Worte, die aus dem Herzen kamen und wieder in die Herzen der Zuhörer drangen. In der während der Festwoche bewiesenen Selbstbeherrschung des Volkes, in dem friedlichen und versöhnlichen, aber für zeitgemäßen Fortschritt entschiedenen Geiste der Festreden begrüßte er den Weg zur Einigkeit. Von der erhebenden Feststimmung ergriffen, traten auch die ergrauten Kämpfer der dreißiger und vierziger Jahre auf die Rednerbühne, noch einmal an das Schweizervolk zu sprechen. So Präsident Dr. Zehnder von Zürich, Dr. Curti, Dr. Keller, Ständerath Kappeler.

Zweimal verklärte eine venetianische Nacht bei der Tonhalle und auf dem See in tausendfältigen Flammen Stadt und Gelände von Zürich in feenhafter Pracht.

Im Schießstande hatten die neuen Waffen, das Vetterligewehr und der Martinistutzer, bemerkenswerthe Erfolge errungen. Schützenmeister Hauri von Reinach hat 1700 Kehrscheibennummern geschossen und war damit Schützenkönig geworden. Im Ganzen sind 636 Nummernbecher herausgeschossen worden. Es wurden 5501 Stichdoppel und 919,000 Kehrmarken gelöst und im Ganzen 127,619 Kehrscheibennummern herausgeschossen.

Im „Vaterland" gewann mit 84 Theilern Landesweibel Locher von Trogen die schöne Gabe der Stadt Straßburg. Weitere Bechergewinner in den andern sechs Stichscheiben waren: „Aare": 36 Theiler, F. Bürki, Photograph in Chur; „Limmat": 83 Th., Zurbrücken, Wirth, in Aeschi; „Reuß": 50 Th., Brechbühl, Büchsenschmied von Thun; „Rhein": 12 Th., Eggimann in Romanshorn; „Rhone": 53 Th., Zaugg, Gärtner, in Bern; „Tessin": 53 Th., Kellenberger Fabrikant in St. Gallen. Die Rigibahngesellschaft hatte jedem Erstgewinner in den Stichscheiben sieben Freikarten zur Rigifahrt als Zugabe gegeben.

Sechsundzwanzigstes eidgenössisches Schützenfest und fünfzigjährige Jubelfeier desselben in St. Gallen,

vom 19. bis 27. Juli 1874.

> Dem Feind die Faust, dem Freund die Hand,
> Zu Schutz und Wehr dem Vaterland!
> Festbogeninschrift.

Glänzend hatte der freisinnige Theil des Schweizervolkes den 19. April 1874 die Scharte der Niederlage vom 12. Mai 1872 in der Bundesrevision ausgewetzt mit einer Mehrheit von mehr als 100,000 Stimmen. In voller Freude über diesen schönen und unblutigen Volkssieg gingen nun die rührigen St. Galler an die Vorbereitungen zu dem bedeutungsvollen Doppelfest und aus ihrem Doppelvorschlag bezeichnete der abtretende Centralausschuß als seine Nachfolger folgende Bürger: Nationalrath G. A. Sager, Präsident; Landammann C. Pfändler, Stellvertreter; Bataillons-Kommandant E. Bärlocher, Seckelmeister und Dr. Hungerbühler, Schreiber. Sodann als weitere Mitglieder: eidgen. Oberst J. Bruderer, Bataillons-Kommandant A. Bürgi, Kaufmann J. Stäheli, Schützenmeister Glinz und Nationalrath J. U. Hafner.

Dieses Centralkomité erließ ein warmes Einladungsschreiben an die schweizerischen Schützen, sowie an die der Nachbarstaaten. In demselben setzte es auseinander: „Ein halbes Jahrhundert ist dahin geflossen, seit im Juni 1824 in Aarau vaterländisch gesinnte Männer den eidgenössischen Schützenbund geschlossen zum Zweck: „ein Band mehr zu ziehen um die Herzen der Eidgenossen, die Kraft des Vaterlandes durch Eintracht und nähere Verbrüderung zu mehren und nach eines Jeglichen Vermögen gleichzeitig zur Förderung und Vervollkommnung der schönen, sowie für die Vertheidigung der Eidgenossenschaft höchst wichtigen Kunst des Scharfschießens beizutragen". Was die Besten des Volkes damals erstrebt, ist im Laufe eines halben Jahrhunderts errungen worden. Die Eintracht hat in dieser Zeitfrist das Schweizervolk stark gemacht. Im Gefühle der gekräftigten Einheit und Zusammengehörigkeit hat sie das Nationalbewußtsein entfaltet und der Bund der Schützen ist zum Bund der Nation ge=

worden. Mit der bessern Waffe und ihrer gewandten Führung ist auch gleichzeitig das bessere Gesetz und die politische Freiheit erkämpft worden. Letztere muß aber mit der geistigen Hand in Hand gehen und kann nur durch Wahrheit, Fortschritt und Bildung errungen und erhalten werden." — Von dieser Ueberzeugung ausgehend, hat der festleitende Ausschuß von St. Gallen zur würdigen Jubelfeier des eidgenössischen Schützenfestes in den fünf Stichscheiben **Vaterland, Freiheit, Fortschritt, Bildung und Wahrheit** bedeutungsvolle Zielpunkte den Schützen vor die Augen gestellt.

Den Ehrentag des Schweizervolkes würdig zu begehen, hatten auch dieses Mal die Schweizer in der Fremde wie in der Heimat, die eidgenössischen, kantonalen und Gemeindebehörden, wie die unzähligen Vereine jeglicher Art und die benachbarten verbrüderten Schützengilden in edlem Wetteifer sich angestrengt, mit werthvollen Gaben den Altar des Vaterlandes im Gabentempel zu schmücken. Die Gesammtsumme der Ehrengaben belief sich auf 133,051 Fr. Unter denselben befand sich als erste und untheilbare Gabe im „Vaterland" die hübsche Summe von 5000 Fr. in Gold in einer Krystallschaale, von der Schützengesellschaft in Buenos-Ayres. Der Scheibe „Vaterland" waren 1620 Gaben zugetheilt worden im Betrag von 98,088 Fr.; der Stichscheibe „Fortschritt" in 1000 Gaben 30,000 Fr.; der Scheibe „Freiheit" 25,000 Fr.; ebenso viel den beiden übrigen Stichscheiben „Bildung" und „Wahrheit". Die Kehrscheibe hatte in 1000 Gaben 12,000 Fr. erhalten; die Kavalleriescheibe 6442 Fr. Für Extraprämien waren 102,305 Fr.; für Wochenprämien 4000, für Tagesprämien 1825 und für Extrastichprämien 320 Fr. ausgesetzt. Der Betrag der Gesammtgewinnste überstieg 330,000 Fr.

Der **Festplatz** war 20 Minuten von St. Gallen entfernt in einer sanft ansteigenden Wiese oberhalb St. Fiden. Dieselbe lehnt sich südlich an den weithin gestreckten Höhenzug an, von dessen theilweise bewaldeten Kuppen die schmucken Festgebäude wie Perlen auf dunkelm Sammtgrunde sich abhoben. Das galt vor allen von der im reinsten Basilikenstyl erbauten Festhalle, deren Grundform ein Kreuz bildete mit vier zierlichen Eckthürmen. Geschmackvoll im Aeußern, licht und luftig, ohne Säulen im Innern, bot sie mit ihren hohen, farbigen Seiten- und Giebelfenstern, den zahllosen geschmackvollen Sträußen aus Tannenreisern und Papierblumen einen höchst angenehmen Anblick. Weiter schmückten selbe die 22 Kantonswappen und launige Sprüche von Professor Götzinger. Ueber dem Haupteingang und ihm gegenüber über dem Eingang in die Küche erhoben sich zwei Musikbühnen und zwischen ihnen die Rednerkanzel. Zwei weitere Seitenbühnen boten Raum für Zuschauer.

Etwas tiefer als die Festhalle gelegen, erhob sich die in den edelsten Verhältnissen erbaute Fahnenburg und der Gabentempel. Der letztere war in einer Ellipse zu beiden Seiten als eine Doppelhalle an erstere angebaut. In demselben winkten schön geordnet die glänzenden Zeugen immer reger Vaterlandsliebe den Blicken der Zuschauer, welche in Bewunderung versunken während der Festzeit in dichten Schaaren stets die Schaufenster des Gabentempels umlagerten.

Einige hundert Schritte östlich von der Festhalle und dem Gabentempel entfernt, dehnte sich der Schießstand in lang gestrecktem Bann weithin aus, und 1000 bis 1500 Fuß davon entfernt und etwas höher leuchteten über 100 Scheiben, dem Schützenauge „hübsch-g'sichtig" die hellblinkenden Scheiben mit ihren schwarzen Nummernkreisen. 156 Droschken vermittelten auf einer eigens erstellten Rundfahrtstraße den Verkehr mit der Feststadt. Unterhalb des Schießstandes auf einer weiten Wiese hatten Holtei's „Vagabunden" eine ganze Budenstadt jeglicher Art errichtet, von der Riesendame bis hinab zum Affentheater, mit all dem sinnbetäubenden Jahrmarktlärm, der drum und dran hängt.

Samstag den 18. Juli verließ unter einem stattlichen Geleit von vielen hundert Zürcher Schützen die eidgenössische Schützenfahne ihre bisherige Feststadt Zürich. An der Grenze bei der Eisenbahnstation Whl wurde sie von einer Abordnung des Organisationskomité's, sowie der Stadt Whl begrüßt. Abends 6 Uhr hielt sie unter dem Donner der Kanonen ihren feierlichen Einzug in die wie eine glückliche Braut im schönsten Festschmuck prangende Stadt St. Gallen, in deren sinnig und geschmackvoll geschmückten Straßen sie der begeisterte Jubel ihrer Bürger empfing. Fast gleichzeitig mit ihr waren die Schützen aus dem deutschen und österreichischen Kaiserreich, 60 Mann stark, von Rorschach her angerückt und waren daselbst herzlich begrüßt worden.

Ihnen folgten denselben Abend Abordnungen der italienischen Schützen aus Mailand und der Sharpshooters Society von Chicago in Amerika. Auch die Vertreter der Presse des In- und Auslandes, sowie berühmte Zeichner hatten sich eingefunden, um in Wort und Bild das Jubelfest der Schweizernation zu verherrlichen.

Sonntag den 19. Juli, früh Morgens 6 Uhr, bei herrlicher aber heißer Witterung verkündigten 22 Kanonenschüsse den Beginn des Festes. Um 9 Uhr sodann ordnete sich in dem geräumigen Klosterhof der Festzug. Voraus ein Peloton Infanterie. Sodann die Zeiger in ihrer bunten Tracht; die Kadetten mit eigener Musik. Hernach die treffliche Festmusik von Konstanz, eine Abtheilung Feldschützen, die eidgenössische Schützenfahne, begleitet von den kantonalen Schützenfahnen von Zürich und St. Gallen, die beiden Centralkomités, die Abordnung der Behörden und Ehrengäste, das Organisationskomité und seine Spezialkomités, die Gesangvereine der Stadt St. Gallen, eine Abtheilung Infanterie, die Schützengesellschaften von St. Gallen und Tablat, die Feldmusik, sämmtliche anwesenden Schützengesellschaften mit ihren Fahnen, die Jägermusik, die Schreiber und Warner und am Schluß wieder eine Abtheilung Infanterie. Die Spitze des gewaltigen Zuges hatte bereits den Festplatz erreicht als die letzten Gruppen desselben den 20 Minuten entfernten Klosterhof verließen.

Unermüdlich jauchzten die Schützen und schwenkten die Hüte beim Anblick des noch nie so schön entfalteten Schmuckes der Straßen, der 250,000 Fr. gekostet haben soll. Auf dem Festplatz harrte eine unabsehbare Menschenmenge auf die Ankunft und Uebergabe der eidgenössischen Schützenfahne. Nachdem die Gesangvereine den herrlichen Schweizerpsalm von Zwyßig kräftig und rein vorgetragen, übergab der abtretende Präsident des schweizerischen Schützenvereins, Hr. Nationalrath Widmer-Hüni von Horgen, die eidgenössische Fahne an seinen Nachfolger, Hr. Nationalrath Sazer in St. Gallen, wobei er auf den nationalen Charakter der schweizerischen Schützenfeste als eigentlicher Landsgemeinden zur freimüthigen Besprechung der gemeinsamen eidgenössischen Angelegenheiten hinwies und die glücklich errungene neue

Bundesverfassung freudig begrüßte. Hr. Nationalrath Sayer, nachdem er die Fahne entgegengenommen, betonte darauf das bedeutungsvolle Zusammentreffen der ersehnten Errungenschaft mit der 50jährigen Jubelfeier des schweizerischen Schützenbundes und erkannte in der Verjüngung der schweizerischen Eidgenossenschaft die Berufung zu neuen Segnungen des öffentlichen Wohls, zu neuem Schutz und Trutz für die Wehrhaftigkeit des Schweizervolkes. Diese Begrüßungsworte blieben gleichsam der Grundton der begeisterten Reden, welche beim Empfang wie beim Abschied, beim Festmahl wie bei der Gabenspende aus dem Munde der würdigsten Männer der Schweizernation ertönten und in allen Herzen freudigen Beifall fanden. Bei der ersten Mittagtafel sprachen: Nationalrath Sayer, Landammann Zäch, Kommandant Baumann und Dr. Wiener, Präsident des Schriftstellervereins in Wien. Um 1 Uhr begann das Schießen. In 78 Minuten hatte Hr. Knecht, Sohn, von St. Gallen, bereits den ersten großen Nummernbecher herausgeschossen und wurde auf den Schultern seiner Kameraden zum Gabentempel und dann mit dem Becher in die Festhütte getragen, in der die Genfer Landwehrmusik und die Regimentsmusik von Konstanz um die Palme des Tages rangen und der unverwüstliche, wieder vom Tode auferstandene „Trompeter von Säckingen" (Schickel) durch sein Stücklein mit den lerchenhaften Trillern immer neuen jubelnden Beifall erntete.

Am zweiten Festtag rückten zuerst die Genfer ein mit neuen Geschenken, aber auch mit der Bewerbung um das nächste eidgenössische Schützenfest. Ihnen folgten die Schützen von Appenzell A.=Rh., 1500 Mann, ein wehrhaft Volk in Waffen, mit dem gewohnten Sängergruß. Ihnen folgten 300 regsame Toggenburger mit ihrer 360 Jahre alten Fahne, die einst der Papst ihnen geschenkt. Nachher kam Appenzell J.=Rh. Nachmittags Empfang der Mailänder, Bündner, Waadtländer, Schaffhauser, Thurgauer, in Gruß und Gegengruß geschichtliche Erinnerungen gegenseitiger besonderer Beziehungen. Im Schießstand lebhaftes Feuer und treffliche Leistungen. Zeughausverwalter Major Litscher von St. Gallen, der im Dienste des Vaterlandes den linken Arm verloren, hatte, mit dem Rücken sich anstemmend, mit dem rechten

Arm innerhalb drei Stunden mit hundert Nummern einen großen Becher herausgeschossen.

Am Mittwoch Empfang der Aargauer mit der alten eidgenössischen Schützenfahne von 1824; sodann der Berner, der Pariser Schützen, sowie der Schützen von Baselstadt und Luzern. Bei der Mittagtafel sprachen: Hr. Direktor Peter von Zürich, Dr. Kopp von Wien, der greise alt Landammann Curti und alt Staatsrath Chenevière von Genf. Abends erschienen auf Einladung des Festkomité's zehn Veteranen, welche im Juni 1824 an der Gründung des schweizerischen Schützenbundes Theil genommen hatten. Sie wurden hoch gefeiert und bewährten sich noch als wackere Schützen.

Donnerstag bei andauernd herrlichem Wetter Empfang von Solothurn, Glarus, der Urkantone, der Neuenburger, Baselländler und Freiburger. Ausgeblieben bei dem Feste eidgenössischer Verbrüderung sind Zug und Wallis. Bei der Mittagtafel traten als Sprecher auf: Bundesrath Cérésole, Ständerathspräsident Köchlin, Landammann Dr. A. Keller von Aarau, Nationalrath Censi von Lugano. Abends Gesangaufführung sämmtlicher St. Gallischer Gesangvereine abwechselnd mit Musikstücken und allgemeinen Liedern, in die die gedrängte Masse der 6= — 7000 Festtheilnehmer einstimmte. An diesem Abend hatte beim Glanze von 800 Gasflammen das Hüttenleben in maßvoller Fröhlichkeit einen unerhörten Höhepunkt erreicht.

Am Freitag minderte regnerische Witterung den Volksandrang auf dem Festplatz. Um so eifriger ertönte das Knattern der Stutzer im Schießstand. Bei der Mittagtafel betraten als Sprecher die Rednerbühne: Hr. Bielmann von Freiburg, der muthige Vorkämpfer der dortigen Freisinnigen, Nationalrath Brosi von Solothurn, Saurer von Arbon, Advokat Begazzi von Lugano, Pfarrer Wirth von Rheineck und der Freiburger Veteran Dürr von Montet. Abends gemüthliche Tafelrunde der St. Galler und Solothurner mit begeisterten Reden und Liedern bei platzendem Regen auf das trefflich schirmende Dach.

Am Sonnabend, bei andauerndem Regen, eifriges Leben im Schützenstand. Frau Link-Isler von Winterthur that einen Meisterschuß in die Stichscheibe „Freiheit" und schoß mit 50 Kehrnummern einen kleinen Becher heraus. Bei der zahlreich besuchten Mittagstafel sprachen: Oberst Kirchhofer von St. Gallen, Chorherr Ghiringelli von Bellinzona, der greise Professor Karl Bölter von Kappel, Dr. Ruppaner aus New-York und Jenni-Ott von Basel. Am Abend entfaltete sich trotz des strömenden Regens ein gemüthliches Hüttenleben, besonders am Basler Tisch, wo 31 errungene Becher mit perlendem Schaumwein eingeweiht wurden.

Der für den Sonntag angeordnete Feldgottesdienst konnte wegen drohender Regenwolken nicht abgehalten werden. Bei der Mittagstafel betrat daher der bestimmte Festprediger, Hr. Dekan Meier von St. Gallen, zuerst die Kanzel und brachte sein Hoch dem Saatkorn, das am 19. April in die Schweizererde gelegt worden und dessen Aufgehen wir sehnsuchtsvoll von der Zukunft erwarten, nämlich der vaterländischen Volksschule. Nach ihm sprachen: Hr. Landammann Roth von Teufen und Schmied Grubenmann von da; Dr. Ruppaner, Stabsmajor Ribi aus dem Thurgau, Regierungsrath Pfändler von St. Gallen und Hr. Oprecht von Erlen. Anwesend waren: die Bundesräthe Näff und Cérésole und der eidgen. Generalkonsul Hitz von Washington. Nachmittags reges Leben im Schießstand und eine wahre Menschenflut auf dem weiten Festplatz.

Der letzte Festtag, der 27. Juli, hatte noch einmal bei klarem Himmel eine Menge Festbesucher auf den Festplatz hinaus gelockt. Die letzte allgemeine Mittagstafel erhielt noch eine dichterische und künstlerische Weihe durch die glänzende, hochpoetische Improvisation von Hrn. Gaudenz Salis von Chur auf die Alpenlerche der Freiheit, durch das berühmte Frohsinn-Quartett der Herren Denzler, Engler, Frei und Kunzler und durch den Solo-Vortrag des Erstern aus dem „Postillon von Lonjumeau". Als Redner traten noch auf: Ständerath Morell und Pfarrer Grob von St. Gallen. Das Hüttenleben gestaltete sich zu einem traulichen Familienleben, bei dem das herrliche Konzert vom Donnerstag seine glänzende Wiederholung fand und die Freude über das wohlgelungene Nationalfest alle Herzen erfüllte.

Dienstag Morgens fand zum Schluß die feierliche Vertheilung

der erften Preife ftatt. Die erfte Gabe im „Vaterland", 5000 Fr. in Gold in einer Kryftallfchaale, erhielt ein jüngerer angehender Kaufmann, Georg Danufer von Chur, dem zur Einrichtung feines Ladens die hübfche Summe wohl zu ftatten kam. Er hatte in zwei Treffern 4866 Theiler. Die zweite Gabe, zwei Treffer 4284 Theiler, japanefifche Gold- und Silbermünzen in einem Lack-Etui, 2500 Fr. an Werth, gewann Bierbrauer Brunner von Herisau. Nummernbecher wurden herausgefchoffen 385 Stück. Stichdoppel wurden gelöst 5725, Kehrfcheibenmarken 1,001,257, eine Summe, wie fie noch auf keinem eidgenöffifchen Freifchießen erreicht worden ift. Als Schützenkönig hat Hr. Streiff-Luchfinger von Glarus 1504 Kehrfcheibennummern- gefchoffen.

In fchönfter und mufterhafter Ordnung, ohne Unfall und irgend welche Störung, in maßvoller und herzlicher Freude, verlief die würdige zehntägige Jubelfeier und bot ein glänzendes Beifpiel dar, wie die Freiheit die Menfchen adelt, und von der Wahrheit des finnigen Wahrfpruches auf einem der Feftbogen: Unfer höchfter Adel ift, gute Eidgenoffen zu fein.

An dem Verbrüderungsfefte reichten fich die Ja- und Neinfager vom 19. April 1874 verföhnt die Bruderhand, der Freiheit und dem Fortfchritt treu zu bleiben und alles ihnen Feindliche bis in den Tod zu bekämpfen. Dem Jefuitismus und feinem vaterlandsverrätherifchen Anhange wurde unverföhnlicher Krieg auf Tod und Leben erklärt. Bezeichnend war in diefer Beziehung der Ausfpruch von Hrn. Fürfprech Hoffmann von St. Gallen: „Herunter von den hohen Roffen mit den fchwarzen Rittern, und weigern fie fich, fo fchmeißen wir fie herunter."

Bezeichnend für die Volksftimme über das gelungene Jubelfeft ift der Ausfpruch einer 48jährigen Bauernfrau von Eggersried, die mit ihrem Buben herbeigekommen war, fich das Schützenfeft anzufehen. Diefelbe fagte: „J bi anno 1838 am eidgenöffifche Schieße in St. Galle no e zwölfjährige Gof gfi, aber d'Muetter heb mi nöd hi gloh. Es g'heit mi no jetzt, daß i nid ha dörre goh. Drum heb jetzt de Bueb müeffe mitcho. Er ift jetzt 7 Johr alt, und cha das nächft eidgenöffifch Schieße i St. Galle wohl erlebe. Mi Vater, der 85jährig Ma, wär hür gwiß au cho luege, wenn er nid färn gstorbe wär. Jo wäger gwiß, gwiß, es gheit mi no jetzt, daß i bim letzte nid gst bi." Wie diese einfache Bauernfrau, so haben während den zehn Festtagen hundert und tausende von Festbesuchern neue Begeisterung für Freiheit und Vaterland, Bildung und Fortschritt und vor Allem Liebe zur reinen Wahrheit geschöpft und das war die beste Ehrengabe, die sie heimgebracht vom wohlgelungenen Jubelfeste, das St. Gallen zu großer Ehre gereicht für immerdar.

Rückblick.

Ein halbes Jahrhundert ist hinabgeflossen in's Meer der Ewigkeit, seit das zarte Reis des schweizerischen Schützenbundes an der Aare Strand in gut eidgenössischen Boden gepflanzt worden ist. Im Laufe von fünf Jahrzehnten ist dasselbe zur mächtigen Eiche herangewachsen, gleich dem ehrwürdigen Ahorn von Truns, in deren Schatten sich alle zwei Jahre die Völkerschaften von vier verschiedenen Sprachstämmen zu einem eidgenössischen Laubhüttenfeste zusammenfinden als ein einig Volk von Brüdern, als eine kleine aber wehrhafte und durch den Geist der Freiheit starke Nation. Mit dem Erstarken des Schützenbundes und der Entfaltung der eidgenössischen Schützenfeste ging das politische Selbstbewußtsein des Schweizervolkes Hand in Hand. Wir sahen im Laufe der Zeiten, wie die eidgenössischen Schützenfeste zur Landsgemeinde der Schweizernation wurden, an welcher die wichtigsten Angelegenheiten des gemeinsamen Vaterlandes zur Sprache gebracht werden. In dem innigen Gefühl der Zusammengehörigkeit und der Verbrüderung der Tausende und Tausende vaterländisch gesinnter Eidgenossen, die sich bei dem nationalen „Stelldichein" der eidgenössischen Schützenfeste die Bruderhand reichen und gegenseitig sich die Herzen öffnen, in der begeisterten Pflege des Freiheitsgeistes, der die Köpfe braver Bürger erleuchtet und ihre Herzen erwärmt, liegt die wesentliche Bedeutung der eidgenössischen Schützenfeste, die denselben bleiben wird, so lange die gleiche Gesinnung warme Schweizerherzen durchglüht. Wohl sind die hohen Ziffern der

Ehrengaben sprechende Beweise treuer Anhänglichkeit und edel=
müthiger Opferwilligkeit der Schweizer für die theure Heimat.
Wohl ist die eifrige Pflege der edlen Kunst des Scharfschießens
ein treffliches Mittel zur Wehrhaftigkeit der Schweizernation.
Wohl macht die Menge des verknallten Pulvers und der in's
Schwarze getroffenen Kugeln, und endlich der äußere Werth der
zur Vertheilung kommenden Preise einen bedeutungsvollen Ein=
druck; aber die Hauptbedeutung der eidgenössischen Schützenfeste
liegt in dem starken Bande, welches der schweizerische Schützen=
bund um die Herzen der Eidgenossen gezogen hat und auch in
Zukunft um dieselbe ziehen wird; und so lange dieses geschieht,
wird dem wichtigsten eidgenössischen Volksfeste seine volle Be=
deutung der allgemeinen vaterländischen Landsgemeinde auch ver=
bleiben. Es möge so geschehen!